Minna Popken

Im Kampf um die Welt des Lichts

**Lebenserinnerungen und Bekenntnisse
einer Ärztin**

**Popken, Minna: Im Kampf um die Welt des Lichts –
Lebenserinnerungen und Bekenntnisse einer Ärztin
Hamburg, SEVERUS Verlag 2013**

ISBN 978-3-86347-584-0
Druck: SEVERUS Verlag, Hamburg, 2013

Bibliografische Information der Deutschen National-bibliothek:
Die Deutsche Nationalbibliothek verzeichnet diese Publikation in der Deutschen Nationalbibliografie; detaillierte bibliografische Daten sind im Internet über http://dnb.d-nb.de abrufbar.

Die digitale Ausgabe (eBook-Ausgabe) dieses Titels trägt die ISBN 978-3-942382-40-3 und kann über den Handel oder den Verlag bezogen werden.

© **SEVERUS Verlag**
http://www.severus-verlag.de, Hamburg 2013
Printed in Germany
Alle Rechte vorbehalten.

Der SEVERUS Verlag übernimmt keine juristische Verantwortung oder irgendeine Haftung für evtl. fehlerhafte Angaben und deren Folgen.

Severus

Warum ich dieses Buch geschrieben habe

Ein Vorwort

Das vorliegende Buch ist zum größten Teil aus gelegentlichen Niederschriften entstanden, die ich im Laufe von Jahrzehnten gemacht habe, ohne daran zu denken, daß ein Buch daraus werden könnte. In späteren Jahren habe ich die Blätter zusammengefügt, ergänzt und überarbeitet, um sie dereinst meinen Freunden zu hinterlassen, denen sie, wie ich dachte, wohl irgendwie dienen könnten. Einzelne Hefte gab ich dann Nahestehenden zum Lesen, die großes Interesse und Freude daran bezeugten und mich drängten, ein Buch daraus werden zu lassen. Wegen der Intimität der Niederschriften und wegen meiner Scheu vor größerer Öffentlichkeit konnte ich nur schwer dazu bewogen werden. Schließlich aber dachte ich, es dennoch tun zu müssen in der Erkenntnis, daß nicht nur mir selbst oder wenigen gehört, was ich je und je empfangen habe.

Nun ich als alte Frau auf mein Leben zurückschaue, sehe ich alles, was ich gelebt, geliebt und gelitten, gekämpft und gearbeitet habe, wie eine lange Kette von Bildern vor mir. Neben düstrem, schreckhaftem Erleben tauchen auch liebliche, beglückende Erinnerungen vor mir auf. Immer aber lag über meinem Werdegang eine gewisse Traumbefangenheit wie ein dichter Schleier, der sich nur dann lichtete, wenn das mir eigene starke Innenleben ins Bewußtsein drang.

Heute weiß ich, daß mein Leben von der Kindheit an in zwei ganz verschiedenen Welten sich abgespielt hat, die manchmal nebeneinander herliefen, oft ineinander übergingen, meistens aber widereinander stritten, bis ich zur Klarheit und Einheit meines Seins gelangte. Besonders über meiner Kindheit und Jugend lag ein Suchen und Tasten, das später zum Grübeln und Forschen wurde, bis die Wahrheit und Wirklichkeit mir aufging wie die Sonne in ihrer Macht und ich aus dem Traumleben erwachte.

Die Welt des inneren Seins und die Welt der Erscheinungen, Ewigkeit und Zeitlichkeit, Licht und Finsternis haben von früh an um meinen Menschen gestritten. Mein Werden und Reifen unter dem Einfluß dieser beiden Welten, mein Suchen und Kämpfen um Wahrheit, der endliche Sieg der ewigen Welt und das daraus entstehende Denken, Wirken und Arbeiten — das bildet den Inhalt dieses Buches.

Das Bekenntnis meines Lebens kann vielleicht dazu dienen, Suchenden und Ringenden den Weg in die Welt der ewigen Wirklichkeit zu zeigen.

So sende ich das Buch denn hinaus mit tiefem Dank gegen Gott und zum Zeugnis dafür, wie er durch Leiden und Irrwege hindurch die Welt des Lichtes in mir zum Siege geführt hat.

Die meisten der Briefe, die mir nach dem Erscheinen der beiden Bände meiner Lebensgeschichte zugekommen sind, enthielten warme, teils sehr lebhafte Dankesbezeugungen für empfangene Hilfe in seelischer Not oder für die Beantwortung schwieriger, schon längst bewegter Fragen. Und immer wieder fand ich die Bemerkung: »So vieles von dem, was Sie in Ihrem Werdegang schildern, habe auch ich erlebt.« Das gab mir zu denken, weil doch die meisten meiner Leser nach außen hin anders geführt worden sind als ich. Darin sehe ich von neuem, daß trotz unendlicher Variationen die Menschen im Grundwesen einander gleich sind. Aber das erkennen wir erst im Lichte des Evangeliums.

Durch meine Offenheit veranlaßt, haben manche in ihren Briefen mir ernste Beichten vorgelegt. Und weil ich gegen mich selbst schonungslos gewesen bin, konnte ich etlichen — von Herzen bewegt — auch schonungslos antworten. Das hatte Beugung und Anbetung auf beiden Seiten zur Folge.

Andere glaubten, in mir einen besonders begnadeten Menschen zu sehen, so etwas wie eine »evangelische Heilige«. Solches Urteil tat mir leid; denn ich glaubte in meinen Büchern dargestellt zu haben, daß ich unter dem Lichte Gottes mich immer mehr als fehlbaren, sündigen Menschen erkennen mußte.

Einer der Brüder, die mir geschrieben haben, nannte mich eine »Zölibatärin« und konnte sich bei meiner und ähnlichen Biographien des Eindruckes nicht erwehren, als gäbe es zweierlei Christentum: »ein spezifisches der Nachfolge, der Christusähnlichkeit für die erwählten, besonders berufenen und begnadeten Werkzeuge — und ein solches für den weiteren Kreis der Durchschnittsgläubigen«.

Das muß ich entschieden ablehnen. Wohl gibt es Stufen im Glaubensleben. Die Bibel unterscheidet »neugeborene Kindlein«, die noch der Milch des Evangeliums bedürfen, von solchen, die dem »vollen Wuchs in Christo« sich nähern und schon »feste Speise« aus Gottes Wort nehmen. Wer in der Wortverkündigung nur Milch darreicht, verfehlt sich an denen, die es nach fester Speise hungert.

Es gibt auch verschiedenartige Aufgaben innerhalb der Gemeinde Jesu. Wenn ich die Bibel recht verstehe, schätzt Gott den stillen Dienst einer gläubigen Mutter und Hausfrau sowie eines einfachen Arbeiters ebenso hoch ein wie den Dienst besonders Beauftragter. Ich sehe da keinen grundsätzlichen Unterschied. Jeder Gläubige, auf welcher Stufe er auch stehe und in welcher Weise er Gott dient, gehört zum Leibe Christi, zur Gemeinschaft der Heiligen, die im Blick auf die Gesamtheit aber heute noch »die kleine Herde« ist, auf der des Vaters Wohlgefallen ruht.

Die Welt von heute ist zum großen Teil christianisiert, und auch außerhalb der Gemeinde Jesu hat das Christentum unübersehbare Wandlungen hervorgebracht. Wer sich durch bloße Annahme einer christlichen Moral und Ethik »Christ« nennen will, der mag es tun, doch ist er es in Wirklichkeit nicht, wenn ihm die Lebensgemeinschaft mit Christus fehlt. Christ im wirklichen Sinn wird der Mensch nur durch die neue Geburt, die er in seiner Bekehrung empfängt. Sein Werden und Wachsen geschieht durch das stille, stetige Wirken des Heiligen Geistes. Jeder Gläubige tut wohl daran, sich als berufen und erwählt von Mutterleibe an zu betrachten und danach zu wandeln. Das bewahrt ihn vorm Steckenbleiben und Abfallen. Auf diesem »Wege« aber ging und geht es allezeit und allerorts durch Unterliegen zum Sieg und durch viel Trübsal zur Herrlichkeit. Wer diesen Weg nicht gehen will, verliert sein Kronenrecht und bleibt im eigentlichen Sinne kein Christ. Aber niemand, der diesen Weg erwählt hat, lasse sich entmutigen, wenn er noch tastend und strauchelnd ihn geht. Gott sieht das Herz an und läßt es den Aufrichtigen gelingen.

Nun seien alle herzlich gegrüßt, die Gemeinschaft mit mir gefunden haben durch meine Bücher. Es ist etwas Köstliches, das Einssein in Christo mit vielen Gotteskindern immer wieder zu erleben. Wie wird es sein in der Ewigkeit, wo es ein Erkennen ohne die Hüllen und Entfernungen gibt, die uns heute noch voneinander trennen?

Minna Popken

Erstes Kapitel : Kindheit und Jugend

> Es ist ein köstlich Ding einem Menschen, daß er das Joch in seiner Jugend trage. Klagel. Jer. 3, 27

1 Das Elternhaus

In Bremen, der damals noch Freien Hansestadt, wurde ich am 29. August 1866 geboren. Mein Vater, Heinrich Engelbrecht, stammte aus Kassel, wo seine Eltern beim Kurfürsten Friedrich Wilhelm von Hessen im Schloßdienst gestanden hatten. Meine Mutter, Friederike Wilhelmine geb. Wiegmann, kam aus einer Bremer Handwerkerfamilie. Sie war einundzwanzig Jahre alt, als mein damals vierzigjähriger Vater sie heiratete. Dieser Ehe entstammten fünf Kinder, von denen ich das älteste war. Ein Büblein, der kleine Andres, starb wenige Monate alt, und Lottchen, das Jüngste, mit sechs Jahren. Mein Bruder Heinrich war einundeinhalb Jahr und meine Schwester Lilli drei Jahre jünger als ich.

Mein Vater führte einen großen Glasereibetrieb: eine Bau- und Kunstglaserei, eine Spiegelglasbelege und ein Bilderrahmungsgeschäft. Auch eine Tischlerei und eine Vergolderei gehörten dazu, und Spiegel aller Art wurden fabriziert. Daneben restaurierte mein Vater alte Gemälde und Kupferstiche. In einem flotten Ladenbetrieb wurde die Kundschaft bedient. und in einem großen Geschäftszimmer, in dem wir auch wohnten und aßen, empfing mein Vater Bauunternehmer und Handwerker andrer Berufszweige. Viele Arbeiter waren bei uns beschäftigt; sie hantierten in den verschiedenen Werkstätten und auf Bauplätzen und gingen fortwährend aus und ein. Es lärmte und klingelte den ganzen Tag um uns herum, und wir Kinder mußten früh schon mithelfen. Zur Weihnachtszeit zum Beispiel hatten wir Hunderte von gerahmten Bildern zu putzen, bevor der Hausdiener sie fortbrachte.

Mein Vater war ein tüchtiger Geschäftsmann, er hielt auf Ordnung und Pünktlichkeit. Mit den Arbeitern war er streng, aber gerecht und wohlwollend. Manche von ihnen blieben jahrzehntelang bei uns und konnten mit Darlehen des Vaters sich kleine Häuser mit Gärtchen kaufen, wie sie in den Arbeiterkolonien unsrer Stadt damals gebaut wurden.

Meine Mutter stand dem Vater tatkräftig zur Seite; sie besorgte mit ihrer schönen, klaren Handschrift die Buchführung und Korrespondenz. Oft hat sie halbe Nächte hindurch Rechnungen geschrieben. Tagsüber führte sie den Haushalt, die Küche und das Ladengeschäft, wobei ich ihr früh schon zur Hand ging. Wenn die Mutter krank war, wie es durch spätere Fehlgeburten etliche Male vorkam, dann mußte ich einen Teil ihrer Arbeit übernehmen. Schon vom fünfzehnten Jahre an habe ich — mit Zagen und Angst — am Herd gestanden oder hinterm Ladentisch die Kunden bedient, und oft war ich dabei in großer körperlicher und seelischer Not.

Später, in den großen Anforderungen, die das Leben an mich stellte, lernte ich tief danken für die stramme Zucht meines Elternhauses. Wo hätte ich schwächliches Mädchen mit dem empfindsamen Innenleben wohl besser geschult werden können für meine Laufbahn als gerade dort?

Wir wurden zu unbedingtem Gehorsam, zu Pflichterfüllung und zur Arbeit, zum Schweigen und Dienen angehalten. Zwischenhinein aber spielten und lärmten wir, durften auch viel ins Freie gehen und im Sommer verreisen. Dann ging es mit Vater oder Mutter an die Nordsee, in den Harz, oder auch mit einem Kindermädchen aufs Land. Das waren allemal köstliche Zeiten. Die Eltern taten für uns, was sie für notwendig hielten. Sie waren darum bemüht, uns allerlei lernen und erleben zu lassen. So ließen sie uns auch Klavierunterricht geben. An Sonn- und Feiertagen gab es oft geselligen Verkehr bei uns; dann kamen Freunde und Nachbarn zu Besuch oder wir gingen zu ihnen; man machte Ausflüge miteinander in den Bürgerpark oder an die Weser. Doch wurden wir in allen Dingen knapp gehalten, und ein behagliches Familienleben konnten uns die Eltern in dem unruhigen Geschäftsbetrieb nicht verschaffen.

Mein Vater konnte recht fröhlich und unterhaltend sein, besonders wenn er auf seiner Gitarre spielte und lustige Lieder dazu sang. Er war ein rühriger, intelligenter Mann, lebhaft und gemütswarm, aber oft aufgeregt bis zum Jähzorn. Von Gestalt war er kaum mittelgroß, hager, mit markanten Gesichtszügen, rasch in seinen Bewegungen und originell in seinen Aussprüchen, von denen mir manche noch heute im Gedächtnis sind.

Sehr lustig war es für uns Kinder, wenn der Vater aus seiner Jugendzeit erzählte, von dem großen, schönen Schloß auf Wilhelmshöhe, von den wunderschönen Parkanlagen dort und den berühmten Wasserspielen. Als ich fünfzehn Jahre alt war, ist er einmal mit meinem Bruder und mir nach Kassel gereist und hat uns mit Freuden das alles gezeigt. Er erzählte wohl auch von dem großen Respekt, mit dem die Kinder damals mit ihren Eltern verkehrt hätten, die noch mit »Sie« von ihnen angeredet wurden: »Mutter, ich hab' so'n Hunger, bitte, geben Se mer en Weck!« — Das kam uns ungeheuer komisch vor.

Ganz klein anfangend, hatte mein Vater in Bremen das eigene Geschäft gegründet, das er im Verein mit der jungen, intelligenten Frau schnell zum Blühen brachte. Die günstigen Verhältnisse in den siebziger Jahren mögen dabei wesentlich mitgeholfen haben. Bald schon wurde der Vater einer der angesehensten Handwerker unserer Stadt. Manchmal habe ich mit meinem Bruder auf der Straße gestanden, wo der »Meister Engelbrecht« mit seiner Arbeitertruppe große Spiegelscheiben einsetzte. Dann stand er auf dem Wagen, der die mächtigen Gläser herbeigeführt hatte, und kommandierte wie ein Feldherr. Viele Leute schauten dabei zu; wir aber standen im Hintergrund und waren sehr stolz auf den »bewunderten« Vater. Was er in die Hand nahm, gelang, und was er riet, wurde beachtet.

Ich hatte von klein an Interesse an dem, was der Vater tat, und liebte ihn, habe auch viel von seinem praktischen Sinn geerbt. Manchmal, wenn er das beobachtete, sagte er: »Schade, daß du kein Junge bist, aus dir würde ein tüchtiger Geschäftsmann.« Dann wieder packte er mich fest am Arm und schüttelte mich. Wenn ich erschrocken fragte: »Warum denn? Ich tue ja nichts«, dann sagte er barsch: »Eben darum! Du bist eine Traumliese, das sollst du nicht sein.« Er hatte wohl recht, der liebe Vater, denn ich führte von klein an ein Doppelleben, sann und redete oft still vor mich hin und verstand von dem, was um mich her vorging, nur wenig. Es war mir, als seien die Gestalten und Geschehnisse meiner Umwelt gar nicht wirklich. Sie blieben mir trotz meines lebhaften Dabeiseins innerlich fremd und fern.

Besonders zu meiner Mutter gewann ich nie eine rechte Beziehung. Ich erkannte, daß sie tüchtig und fleißig war, und merkte später auch, daß sie allerlei ideale, oft etwas schwärmerische Anschauungen hatte. Aber nach außen hin war sie in ihrer nordischen Art kühl und streng, vor allem gegen mich, ohne jede Zärtlichkeit und ohne Eingehen auf die Bedürfnisse meines Gemütslebens. Ich hatte stets eine Art Heimweh im Elternhause und fühlte mich an jedem andern Ort wohler, war oft traurig und elend und wußte nicht warum, ging wie im Traum umher, suchte Wirklichkeit und wußte nicht wo. Früh schon merkte ich, daß die Ehe meiner Eltern nicht glücklich war und daß der Friede nicht unter uns wohnte. — Drückender Ernst lag über meiner Kindheit und Jugend. Noch heute denke ich mit Kummer daran, besonders im Gedanken an die vielen Kinder, die so einsam, mit nie gestilltem Sehnen durch ihre Tage gehen.

Unser Haus lag mitten in der Stadt unter andern hohen, alten Gebäuden in einer schmalen Straße, die ihren Namen von dem Katharinenkloster trägt, das vor etlichen Jahrhunderten dort gestanden hatte, nahe der Liebfrauenkirche, um die herum wir mit andern Kindern unserer Straße viel gespielt haben. Diese alte Kirche hat einen spitzen, etwas schiefen Turm, dessen oberer Teil sich bei starken Winden hin und her bewegt, als müsse er jeden Augenblick herunterfallen; aber er steht bis heute noch, gerade so schief und schwankend wie damals.

Die schweren, breiten Grundmauern unseres Hauses und einiger Nachbarhäuser ließen noch etwas erkennen von dem Gebäudekomplex jenes großen Klosters. Auch die Reste des Klostergartens waren hinter unserm Hause noch vorhanden. Er war im Laufe der Zeiten immer mehr bebaut worden; auch von uns aus hatten Werkstätten und Schuppen ihn bedeutend verkleinert. Schon zu meiner Jugendzeit war er zu einem Wirtschaftshof geworden, hinter dem nur noch ein kleines Stück Garten mit einer Laube darin grünte und spärlich blühte. In diesem Stückchen Freiland haben wir oft tolle Spiele mit den Nachbarskindern aufgeführt. Dort hielten wir auch Hühner, Enten und Kaninchen. Meine Schwester hatte sich sogar eine Froschkolonie angelegt, in der sie Kaulquappen züchtete. Das war ihre wunderliche Liebhaberei.

Als mein Vater mehr als siebenzig Jahre alt geworden war, zogen die Eltern sich ins Privatleben zurück und bewohnten fortan ein bequemes Haus in den schönen Wallanlagen der Stadt. Mein Bruder übernahm das Geschäft. Aber er wollte mit seiner Familie nicht länger in dem unruhigen Haus an der Katharinenstraße mitten im Geschäftsbetrieb wohnen, sondern baute sich eine schöne Villa in der Nähe der Stadt. Nachdem mein Vater dreiundachtzigjährig gestorben war, verlegte mein Bruder auch das Geschäft in besser geeignete Räumlichkeiten und verkaufte das elterliche Haus an eine Aktiengesellschaft. Die riß im Umkreis des alten Klosters vieles nieder und erbaute dort ein großes Kino.

Zeiten kommen und Zeiten gehen, und mit ihnen die Geschlechter der Menschen — »und ihre Stätte kennet sie nicht mehr«.

2 Leiden und Freuden eines Kindergemüts

Etwas sehr Köstliches brachten mir die Leiden meines Kinderherzens in der rauhen Atmosphäre des Elternhauses. Es war ein inniges, ganz seltsames Gebetsleben, das schon im Alter von vier bis fünf Jahren begann. Dieses Beten bestand nicht im Nachsprechen von vorgesagten Verslein. Dazu war ich weder durch Bitten noch durch Schelten meiner Umgebung zu bringen, so daß meine Mutter mir später einmal sagte: »Das ist doch sonderbar, daß gerade du fromm geworden bist; du wolltest als Kind ja nie beten.« Die Mutter ahnte nicht, welch wundersame Gabe ich an Stelle der auswendig gelernten Gebetlein empfangen hatte.

Mein Gebet war ein freies Reden aus meinem Herzen mit dem »lieben Gott«. Das bedeutete mir ein Aussprechen mit jemand Gutem und Großem, den man nicht sah, der aber doch da war. Der Ort, an dem ich meinen »lieben Gott« gegenwärtig glaubte, war mein Bett, und ich hatte die Ansicht, daß auch andere Kinder und die großen Leute in ihrem Bett mit ihm redeten. Da aber niemand mit mir davon sprach, lebte ich in dem Glauben, dieses Aussprechen mit Gott sei etwas Verborgenes, das man nur im Bett tun und worüber man nicht sprechen dürfe. Wenn ich mich abends vergewissert hatte, daß meine jüngeren Geschwister schliefen (sie waren, so meinte ich, ja noch zu klein, um so zu beten), dann kniete ich in meinem Bett nieder und zog die Bettdecke über den Kopf, den ich auf die gefalteten Hände legte, so daß ich ganz im Verborgenen war. Hier glaubte ich den lieben Gott gegenwärtig, dem ich nun alles, alles sagen wollte. Wie ich zu der knienden Stellung kam, weiß ich nicht, hatte ich doch nie jemanden niederknien sehen zum Gebet. Und dann begann ich ganz leise und doch hörbar zu reden mit dem großen Gott von all den kleinen Dingen meines kleinen Lebens. Ich weinte meine Leiden vor ihm aus, sagte ihm von meinen Freuden und brachte ihm alle Neuigkeiten des vergangenen Tages. Wenn mir jemand weh getan hatte, klagte ich ihn vor Gott an und meinte dann, Gott würde ihn nun strafen. Auch meine kleinen Wünsche brachte ich vor ihn in der Gewißheit, daß der liebe Gott sie mir erfüllen werde.

Dieses Mitteilungsbedürfnis wurde mir etwas so Natürliches und Unentbehrliches, daß, wenn mir tagsüber etwas Schmerzliches widerfuhr, wenn ich gescholten oder geschlagen wurde, wenn ich Kopfschmerzen oder Leibweh hatte oder auch, wenn mir etwas Gutes begegnete oder etwas Schönes mich freute, ich allemal dachte: Wenn es nur erst Abend wäre, dann sage ich's dem lieben Gott. In diesem Reden mit Gott war die Aktivität nur auf meiner Seite. Aber indem ich mein Herz vor ihm ausschüttete, wußte ich, daß Gott mich sieht und hört, und das genügte mir. Das Ergebnis dieser Aussprachen war allemal innere Beruhigung und Zufriedenheit — und so schlief ich dann selig ein. Ich erinnere mich deutlich, daß, wenn ich mich nach solchem Beten zum Schlafen niederlegte, manchmal ein ganz Heller Schein in meiner Nähe war wie von einem überirdischen Licht. Einen besonderen Eindruck machte mir das nicht; ich glaubte, das gehöre dazu.

Diesem naiven Verkehr eines Kindes mit Gott lagen moralische Erwägungen nicht zugrunde; er kam aus einem ungestillten Sehnen nach Liebe und Verständnis und bildete das verschwiegene Glück meiner ersten Lebensjahre. Was ich dort in meinem Bett nur halbverstanden erlebte, war göttliche Realität. Es bildete den ersten, kleinen Anfang zu der Brücke, die hinüberführt in die Welt des Lichtes. Seit jenen Kindheitstagen mit ihrem seligen Geheimnis trug ich, ohne es zu wissen, einen Talisman im Herzen, durch den ich vor niederen Einflüssen, Versuchungen und Gefahren der Jugendzeit bewahrt blieb.

Früh schon erwachte das Gewissen in mir, ich konnte wie aus einem inneren Unvermögen auf etwas Schlechtes oder Gemeines nicht eingehen. Von Natur hatte ich ein rasches, ungestümes, rechthaberisches Wesen, konnte wild und ausgelassen sein; doch fühlte ich mich hinterher immer gestraft. Damals schon setzten erste Anfänge zur Umgestaltung meines Wesens ein. Auch den reinen Idealismus späterer Jahre sowie mein stetes Suchen nach Wahrheit führe ich auf dieses Berührtsein von Gott in meiner Kindheit zurück. Hier lagen auch die Wurzeln zum Emporwachsen des ganz neuen Lebens, das dreißig Jahre später durch meine

Bekehrung zu Gott einsetzte. Das brachte mir den Beweis für die Echtheit jenes frühen Gebetslebens. — Welch ein Wunder ist das vor meinen Augen! Wie deutlich redet es von der Wirklichkeit Gottes und von der Tatsache der göttlichen Berufung eines Menschen vom Mutterleibe an! Die innere Einsamkeit meiner Kinderjahre bewirkte die seligste Erfahrung, die ein Menschenherz erlangen kann.

Einen jähen Eingriff in meine Beziehungen zu dem lieben Gott brachte mir der erste Schultag. Etwa dreißig kleine Mädchen sind wir gewesen, die als neue Ankömmlinge in der Höheren Töchterschule halb neugierig, halb verlegen auf den Bänken saßen und diese neue Welt, von der man uns schon Wochen vorher erzählt hatte, vorsichtig betrachteten. Die Lehrerin redete freundlich zu uns — und dann sagte sie: »Nun wollen wir beten.« In diesem Augenblick erfaßte mich eine große Angst über das, was die Lehrerin tat. Es war mir, als müßte ich laut rufen: »Tu das nicht, das darf man nicht«; aber die Angst saß mir in der Kehle — und die Lehrerin betete. An diesem ersten Schultage war mein ganzes Denken ausgefüllt mit den Fragen: Darf man das tun? Ist der liebe Gott nicht in meinem Bett? Wo ist er denn? Ist er auch in der Schule? Ich war plötzlich aus meiner Verbindung mit Gott herausgerissen und wußte nicht, wo ich ihn wiederfinden konnte. Eine große Verlassenheit kam über mich und etwas wie Enttäuschung; ich verstand so gar nichts von dem, was vorging. Jeden Morgen wiederholten sich die Gebete der Lehrerin, die ganz anders mit Gott redete wie ich, sie sagte etwas wie einen Vers zu ihm. Und ach, in der Verborgenheit meines Bettes entschwand mir der liebe Gott immer mehr. Wohl suchte ich noch nach dem gewohnten Austausch des Abends; aber ich kniete dabei nicht mehr in meinem Bett. Etwas Liebes, Hingebendes war mir aus dem Herzen weggenommen. Auch am Tage wurde das Verlangen nach Gott immer schwächer, bis es ganz verging, und damit hatte auch mein Beten zu Gott aufgehört. Das Glück eines Kinderherzens war zerstört.

Aber lange erträgt ein lebhaftes Kind solche Verödung nicht. Auch meine Seele suchte unwillkürlich nach Ersatz für das Verlorene und fand ihn bald schon — in der Schule. Diese nahm mich nach und nach ganz gefangen, so daß auch die Erlebnisse im Elternhause in den Hintergrund traten. Seit ich durch die Zerstörung meines Gebetslebens den festen Ruhepunkt in Gott verloren hatte, suchte ich ihn bei den Menschen. Dieses Suchen dauerte solange, bis ich die Heimat in Gott wiederfand. Unter unseren Lehrerinnen war eine, die mich besonders anzog. Sie war Humanistin, verehrte Goethe und glaubte nicht an den Gott der Bibel. Diese Lehrerin, die mit ihren großen, schönen Augen und ihrem harmonischen Wesen die Klasse regierte, wurde mein Ideal, das ich leidenschaftlich verehrte. Auch unserm Schulvorsteher und Geschichtslehrer Kippenberg, einem echten Pädagogen voll Herzensgüte und Humor, schenkte ich meine Zuneigung. Diese beiden stellten mir edles Menschentum dar; so wollte ich auch werden. Bald erwachte auch mein Durst nach Wissen; Geschichte, Literatur und Naturwissenschaft hielten mich im Bann; aber alles verknüpfte sich mir mit den Persönlichkeiten der betreffenden Lehrer, bei denen ich suchte, was das Elternhaus mir nicht zu geben vermochte.

In diesem Leben unter dem humanistischen Einfluß der Schule gab es in meinem zwölften Lebensjahre eine Unterbrechung. Ich bekam eine (wahrscheinlich tuberkulöse) Entzündung am Fuß, mit der ich einige Monate stilliegen mußte. Mein Krankenzimmer befand sich im obersten Stock des Hauses, abseits von Lärm und Unruhe. Dort lag ich meistens mir selbst überlassen, da niemand Zeit hatte, sich viel um mich zu kümmern. Das Alleinsein, das anderen Kindern oft zur Qual wird, war mir eine unerklärliche und unbeschreibliche Wohltat. Was ich in jenen Krankheitswochen getrieben oder gelesen habe, weiß ich nicht mehr. Ich erinnere mich nur an Schulbücher, die auf meinem Bett lagen, weiß aber noch genau, daß ich damals überaus glücklich war und mich nie allein fühlte. Dort in der Stille, wo ich dem Einfluß von außen, auch dem der Schule, entzogen war, setzte leise ein Verkehr mit Gott wieder ein. Es war nicht mehr das naive Beten der ersten Zeit, es fehlte ihm auch jede feste Form, aber ich spürte etwas ganz Schönes, Erquickendes um mich und in mir, das ich »Gott« nannte und das mich unendlich froh machte. Dieses innere Erleben zog mein Sinnen und Trachten von allem andern ab, selbst von meiner so schwärmerisch verehrten Lehrerin. Als sie mich einmal besuchte, machte das nur wenig Eindruck auf mich. Meine Bindung an sie hatte sich in jenen stillen Wochen gelöst.

Als ich von diesem Krankenlager aufstehen durfte und das gewöhnliche Leben wieder einsetzte, war es mir, als sei ich aus der Heimat in die Fremde gekommen. Von jener Zeit her ist mir eine eigentümliche Neigung zur Einsamkeit geblieben. So oft ich in meinem wechselvollen, vielgestaltigen Leben wirklich allein sein konnte, berührte mich immer wieder jenes wundersame Nahesein Gottes, das mich als zwölfjähriges Mädchen so beglückt hat.

In den Sommerferien dieses Jahres durften mein Bruder und ich zur Erholung aufs Land gehen. Unser Kindermädchen nahm uns mit nach Hause zu seinen Eltern. Meine Ferienzeit wurde auf Anordnung des Arztes über die Sommerferien hinaus verlängert. Dieser Aufenthalt auf einem niedersächsischen Bauernhofe gehört zu meinen schönsten Kindheitserinnerungen. Dort ging uns Stadtkindern eine neue, frohe Welt auf, und eine von mir bisher nicht gekannte, natürliche Lebensfreude kam über mich.

Eines Tages hatte ich große Lust, mit den Dorfkindern in die Schule zu gehen. Ich fragte den Lehrer, ob ich hereinkommen dürfe, und er nickte mir Gewährung. Da saß ich nun unter vielen flachsköpfigen Bauernkindern auf der hintersten Bank. Der Lehrer erzählte eine Geschichte: In Norwegen, auf einem hartgefrorenen Fjord, befand sich eine buntbewegte Menge. Musik spielte, Fahnen wimpelten, Kunstreigen wurden aufgeführt, und alles gab sich der Freude am Eissport hin. Oben am Abhang über der Meeresbucht steht eine kleine Hütte; dort liegt auf ihrem Strohlager eine alte, gelähmte Frau. Von ihrem Bett aus blickt sie hinab auf das fröhliche Treiben. Auch die Ihren sind darunter, und sie ist ganz allein geblieben. Da plötzlich sieht sie eine merkwürdige Wolke über dem Meer und hört hoch in der Luft ein verdächtiges Sausen und Klingen. Die wetterkundige Greisin weiß, daß nun ein Südweststurm im Anzug ist, der eine mächtige Bö in den Fjord werfen und das Eis ganz plötzlich zum Bersten bringen wird. Und die dort unten merken in ihrem Festtrubel nichts von der nahenden Gefahr. Entsetzliche Angst packt die alte Frau, sie ruft, sie schreit; aber niemand hört sie. Sie fleht zu Gott, indes der Himmel sich dichter bewölkt, das Sausen in den Lüften stärker wird und die Gefahr von Minute zu Minute wächst. Die da unten merken noch immer nichts. Da faßt die alte Frau in ihrer Angst einen furchtbaren Entschluß: Sie kann mit ihren verkrüppelten Händen ein Bündelchen Streichhölzer ergreifen, hält sie einen Augenblick betend fest — dann zündet sie ihren Strohsack an, und bald schlägt eine hohe, helle Lohe aus der ärmlichen Hütte empor. Feuer, Feuer! schreien sie nun dort unten, und alles läuft hinzu, um zu schauen, zu helfen, zu retten. Als der letzte Mann die Eisfläche verlassen hat, setzt pfeifend der Orkan ein, brüllend und donnernd stürzt sich eine Flutwoge in den Fjord, und krachend bricht die Eisdecke. Alle sind gerettet; die alte Heldin findet man verkohlt unter den Trümmern ihres Hüttleins.

So ungefähr lautet die Geschichte, die der Lehrer so fesselnd erzählte, daß wir alle voll Spannung dasaßen. Mir klopfte das Herz zum Zerspringen. Nach einer weihevollen Pause fragte der Lehrer: »Wer will diese Geschichte noch einmal erzählen?« Alles blieb still. Da warf ich den Arm in die Höhe, der Lehrer nickte mir zu, schnell stand ich auf und wiederholte in heller Begeisterung, die ich noch heute in der Erinnerung fühle, diese kleine Geschichte. Ich war sonst schüchtern und begriff selber nicht, wie mir die Worte jetzt so beredt herauskamen, aber ich schwitzte vor Freude darüber. Als ich dann nach Hause ging, dachte ich: »Ja, das war herrlich von der alten Frau, so etwas möchte ich wohl auch einmal tun!«

Lange noch bewegte mich dieser Gedanke, der mehr war als der Ausdruck einer momentanen Gemütsbewegung oder eines aufkeimenden Idealismus. Heute sehe ich darin die erstmalige Regung eines dunklen Dranges, in irgendeiner Weise mein Leben hinzugeben. Dieser nur halb bewußte Drang zeigte sich in der Folge öfter wieder und wirkte sich in kleinen Anlässen auch manchmal aus. Später las ich einmal die Geschichte eines tapferen englischen Mädchens, das von glühendem Eifer erfaßt wurde, zu den Aussätzigen nach Sibirien zu gehen, um sich der Pflege dieser Ärmsten hinzugeben, von deren entsetzlichem Elend sie gelesen hatte. Da sie weder Geld noch einflußreiche Freunde besaß, wandte sie sich schließlich an die Königin Victoria. Diese, von dem Eifer und der Beharrlichkeit der Bittstellerin bewegt, gab ihr Mittel und Schutz zu der damals gefährlichen Reise. Das Mädchen kam ans Ziel ihrer Sehnsucht und verlor ihr Leben im Dienst an den Aussätzigen in Sibirien. Etwas unbeschreiblich Drängendes erfaßte mich, wenn ich solche oder ähnliche Dinge las. Erst im reiferen Alter lernte ich solchen Drang verstehen und einschätzen. Damals aber, als zwölfjähriges Mädchen, spürte ich ihn zum erstenmal, und das hat sich mir so stark eingeprägt, daß es mir aus jenem Landaufenthalt als Haupterlebnis in Erinnerung geblieben ist.

Schließlich kam die Zeit der Heimreise. Aus der Weite der

nordischen Landschaft gings nun in die Enge der Straßen und Häuser zurück, aus der Stille des friedlichen Bauernhofes in den lärmenden Betrieb unsres großen Geschäftshauses. Das Zurechtfinden daheim wurde mir sehr schwer, und nur in der Schule fand ich noch einige Freude am Leben.

Der Konfirmandenunterricht hatte begonnen. Er brachte mir aber keine Freude und Erquickung, sondern verhinderte für lange hinaus mein Suchen und Verlangen nach Gott. Der Pastor, der den Unterricht vor nahezu zweihundert Kindern erteilte, war ein bekannter Kanzelredner der liberalen Richtung, ein in seinem Amte einflußreicher Mann. Meine Mutter verehrte ihn und besuchte regelmäßig seine Predigten. Ich aber hatte von Anfang an eine kaum begreifliche Abneigung gegen ihn, verstand auch nicht viel von dem, was er sagte. Das kam wohl daher, daß mein gottempfindliches Herz keine Nahrung durch ihn fand. Nur manchmal, beim Singen geistlicher Lieder, kam es wie tiefes Heimweh über mich nach etwas ganz Schönem, das in weiter Ferne lag. Besonders das Lied »Wo findet die Seele die Heimat, die Ruh, wer deckt sie mit schützenden Fittichen zu?«, das wir häufig sangen, fand tiefen Widerhall in meinem Herzen.

Zu den Füßen dieses Pastors machte ich die erste Bekanntschaft mit Jesus, die überaus schlimm für mich ausfiel. Jesus wurde uns als Idealmensch geschildert, dem man nachfolgen müsse, um Gott zu gefallen. Das empörte mich gerade so, wie wenn meine Mutter mir irgendein Mädchen als tugendhaftes Vorbild hinstellte. Ich war doch ich und nicht das andre! Mit kindlicher, aber berechtigter Logik dachte ich: »Wenn in der ganzen Welt durch so viel hundert Jahre hindurch niemand diesen Jesus erreicht oder übertroffen hat, warum soll ich dann den Versuch machen, ihm nachzufolgen?« Es war mir unbegreiflich, daß Gott von allen Menschen verlange, was nur einer konnte. Viel lieber wollte ich doch irgendeinen idealen Menschen, den ich kannte, als Vorbild annehmen. Diesen Jesus wollte ich nicht, und den Gott meiner frühen Kindheit fand ich nicht mehr. Wenn ich unseren Pastor beten hörte in mir so fremden, hohen Worten, die mich im Herzen gar nicht berührten, dann fühlte ich mich vom Beten abgestoßen. Und doch sehnte ich mich nach Gott, machte auch nachts im Bett noch einige Versuche, das Vaterunser zu beten; sie mißlangen aber und hörten bald ganz auf. Die nun folgende Konfirmation, zu der mich nur die Überredungskunst des Pastors bringen konnte, kam mir sinnlos und fast meineidig vor. Danach schloß sich mein Herz nach Gott hin zu.

Und dann kam der schwere Tag, an dem ich auch die geliebte Schule verlassen mußte. Wie gern hätte ich noch weiter gelernt und den Weg zu einem nützlichen Beruf eingeschlagen! Aber das war damals noch nicht Sitte. Ich durfte das Weißnähen, Schneidern, Kochen erlernen, um dann im Hauswesen und im Geschäft meiner Eltern mitzuarbeiten.

Die Kindheit war vorbei, die Schule verschlossen — mein Wissensdrang blieb unbefriedigt. Weder in mir noch außer mir hatte ich einen festen Stützpunkt, und die Zukunft bot mir kein Ziel. Das Leben im unruhevollen Elternhaus wollte mich erdrücken, und bald war ich ein unglückliches, fast schwermütiges Mädchen geworden.

3 Suchen nach Wahrheit

Wenn ich mich durch den Einfluß des Religionsunterrichtes und der Konfirmation auch bewußt von Gott abgewendet hatte, wurde ich in meinem Herzen doch nie ganz von ihm gelöst. Immer wieder sickerte durch allen Schutt hindurch ein Sehnen und Suchen nach Wahrheit. Es war ein kaum bewußtes »Hungern und Dürsten nach der Gerechtigkeit«.

Meine Mutter besuchte damals mit großem Eifer die Vorträge des Protestantenvereins, wohin sie mich öfters mitnahm. Dort wurden von liberalen Pfarrern religionsphilosophische, soziale und ethische Probleme behandelt. In meiner liberal gesinnten Vaterstadt hatte der Protestantenverein einen ziemlich großen Einfluß, und die Vorträge wurden stark besucht. Dort war es, wo ich zum erstenmal eine entscheidende Wendung zu Gott hin erlebte und einen festen Entschluß für ihn faßte, zwar nicht im Sinne der dort verkündeten Lehren, sondern gerade im Gegensatz zu ihnen. Das kam so: Als sechzehnjähriges Mädchen befand ich mich in einem dieser Vorträge, dessen Thema lautete: »Das Streben nach Wahrheit.« Auf dem Höhepunkt jenes Vortrages zitierte der Redner das bekannte Lessingsche Wort, das ich nach dem Gedächtnis so wiedergebe, wie es sich mir damals eingeprägt hat: »Wenn Gott in seiner Rechten alle Wahrheit hielte und in seiner Linken das Streben nach Wahrheit und er spräche zu mir: Wähle!, ich fiele ihm mit Demut in seine Linke und sagte: Vater gib! Die reine Wahrheit ist ja doch nur für dich allein!« Dieser Anschauung Lessings schloß sich der Redner mit vollster Überzeugung an. Er zitierte auch »Das verschleierte Bild zu Sais« von Schiller und suchte zu beweisen, daß es für einen Menschengeist unmöglich sei, die volle Wahrheit zu erlangen. Darauf entwickelte er mit rhetorischem Aufwand und in idealen Gedankengängen das Streben nach Wahrheit. Dieser Vortrag erregte mich zu starkem Widerspruch, das Herz fing mir an zu klopfen, mein Gesicht brannte, und in die Augen stiegen mir Zornestränen. Noch in meinen alten Tagen erinnere ich mich dieses Vortrages so gut, als hätte ich ihn erst kürzlich erlebt. Als ich nachher mit meiner Mutter nach Hause ging – es war ein kalter Novemberabend mit Regen- und Schneegeriesel –, da gelobte ich in meinem Herzen, nicht zu ruhen, bis ich die volle Wahrheit gefunden und erfaßt hätte, und wenn ich daran zugrunde gehen sollte.

Ich haßte sie alle, diese schnellzufriedenen, nur halb durchdringenden, geistreich redenden Leute und empörte mich innerlich über die begeisterte Zustimmung meiner Mutter. Von meinem Entschluß aber sagte ich niemandem etwas. Diesem Entschluß bin ich nie untreu geworden, und wenn auch noch zwanzig Jahre vergingen, bis ich die Wahrheit erkannte und bis die Wahrheit mich frei machte von allen Irrwegen und Irrtümern, so übte doch das Gelöbnis jener Nacht einen wesentlichen Einfluß auf mein Leben aus. Mit der Ausführung meines Entschlusses begann ich sofort, indem ich alle Sonntage in irgendeine der vielen Kirchen meiner Vaterstadt ging, um zu versuchen, irgendwo der Wahrheit zu begegnen. Zunächst suchte ich die als orthodox bekannten Prediger auf; »moderne Dunkelmänner« hatte mein liberaler Religionslehrer sie in Wort und Schrift genannt. Ich hatte mich an diesem Ausdruck geärgert, und schon die Opposition dagegen trieb mich nun zu ihnen. Es waren tüchtige und fromme Männer unter ihnen, deren Andenken ich heute schätze, so Thiköter, Vietor, Otto Funcke; aber ihre mir ungewohnte Art berührte mich fremd und bedrückte mich. Durch Bekannte kam ich etliche Male mit Pastor Funcke zusammen, fand aber keinen Zugang zu ihm, vielleicht darum, weil einige seiner Verehrerinnen durch Selbstgerechtigkeit und Unduldsamkeit einen abstoßenden Eindruck auf mich machten.

In der Kochschule lernte ich ein liebes, katholisches Mädchen kennen und schätzen. Es sprach so begeistert von seiner Kirche, von den Wohltaten der Beichte, der Messe und der Kommunion, daß ich sehr aufmerksam darauf wurde. Nach längerem Verkehr mit ihm und nach vielen Aussprachen über religiöse Fragen entschloß ich mich, auch in der katholischen Kirche einen Versuch zu machen, die Wahrheit zu finden. Bis dahin hatte ich noch nie eine katholische Kirche betreten; jetzt aber war ich begierig, diesen eigenartigen Kultus kennenzulernen, Ungeschickter Weise führte mich die Freundin zum ersten Male gleich in ein Hochamt. Der Weihrauch, das Gepränge, die sinnliche Musik und die unverstandenen Zeremonien mit den lateinischen Responsorien machten einen so erschreckenden, abstoßenden Eindruck auf mich, daß ich nach dem Gottesdienst davonlief, um nie mehr einen solchen Versuch zu wagen. Vielleicht wäre dieser Versuch in einer stillen Frühmesse oder unter der Unterweisung eines frommen Priesters anders ausgefallen.

Obwohl mein Sehnen nach Wahrheit und Wirklichkeit echt war und ein Grundzug meines Wesens blieb, suchte ich doch in verschiedenster Weise meinen Weg, denn noch andere Triebe und Ideale lagen in mir und wollten sich auslösen. Es war mir erlaubt, allerlei Vorträge, Theater und Konzerte zu besuchen. Da erwachte eine rasch zunehmende Leidenschaft für dramatische Kunst in mir, zu der ich Begabung besaß. Ich erlebte die dargestellten Charaktere mit ihrem Wollen und Ringen wie in mir selbst. Während der Hausarbeiten trug ich stets ein Reclamheft klassischer Dramen in der Tasche, lernte ganze Rollen auswendig und spielte sie mit Eifer, wenn ich irgendwie allein sein konnte. Die natürliche Fähigkeit, Gefühltes und Erlebtes auszudrücken, führte gelegentlich auch zu dramatischen Aufführungen, die mir viel Lob eintrugen. Mein Verlangen wandte sich der Bühnenlaufbahn zu. Wie danke ich noch heute meinem lieben Vater, der sich diesen Plänen so energisch widersetzte, daß ich sie aufgeben mußte!

Damals durfte ich in einem Mädchenpensionat tanzen lernen, und ich tanzte mit reiner Freude am Rhythmus, an der Schönheit und Grazie der Bewegung fast leidenschaftlich gern. Für Tanz als Ausdruck, der meinem Wesen so nahelag, hatte man damals kein Verständnis. Meine Eltern glaubten mir Freude zu machen, als sie mich auf sogenannte Familienbälle führten. Das mir ganz ungewohnte Tanzen mit jungen Männern war mir anfangs sehr unangenehm, aber nach und nach begann es mir zu gefallen, und ich neigte mein Ohr den Schmeicheleien meiner Tänzer. Die Folge davon waren etliche Heiratsanträge, die mir mit meinen siebzehn Jahren höchst komisch vorkamen, aber doch heimlich meine Eitelkeit weckten.

Nur mit Traurigkeit kann ich an jene Jahre zurückdenken. Obwohl ich vor ernsten Fehltritten bewahrt blieb, stand ich damals doch in großer Gefahr, ein oberflächliches, kokettes Mädchen zu werden, weil mein lebhafter Geist nicht zur rechten Zeit in die innerlich gewiesene Bahn geleitet wurde. Wie vielen jungen Leuten geht es so! Und wer will es ändern? Die Verhältnisse und die Umwelt wirken meist bestimmend auf den Lebensgang des werdenden Menschen, wenn es ihm nicht gelingt, sich aus ureigenster Kraft hindurchzuarbeiten. Das sollte mir erst im Alter von dreißig Jahren beschieden sein.

Mein Suchen nach Wahrheit, das trotz allen Irrungen jener dunklen Entwicklungsjahre nie ganz aufhörte, führte mich damals zu einem merkwürdigen Manne, von dem ich etwas ausführlicher berichten muß. Eine frühere Schulfreundin bat mich eines Tages, einmal mit ihr in die Martinikirche zu Dr. Schwalb zu gehen. Da mir jede solche Anregung willkommen war, sagte ich zu. Sie führte mich in jene kleine, unscheinbare Kirche, die auf einer Quaimauer der Weser gebaut ist. Zu meiner Überraschung bemerkte ich, daß die Zuhörer zum größten Teil aus Männern bestanden, was in den Kirchen damals eine Seltenheit war. Auf die Kanzel trat ein kleiner, älterer Mann mit bedeutendem Gesicht, dessen jüdischer Typus anfangs etwas abstoßend auf mich wirkte. Von dem, was er sagte, verstand ich damals noch nicht viel. Aus jener Predigt weiß ich aber noch, daß sie von den Wunden Jesu handelte, die als ein »mystischer, irrtümlicher Begriff« entschieden abgelehnt wurden. Mir kam das recht merkwürdig vor, und ich begriff nicht, warum ich mir so etwas anhören sollte. Als der Mann aber zum Schluß frei betete, wurde plötzlich mein Herz von dem vertrauten Ton einer fast vergessenen Heimatsprache berührt. Das war echtes Beten eines Gott liebenden, nach ihm verlangenden Herzens! Überrascht und bewegt verließ ich die kleine Kirche, um am nächsten Sonntag wieder dorthin zu gehen. Viele Jahre lang habe ich dann an den meisten Sonntagen zu den Füßen dieses Mannes gesessen.

Dr. Moritz Schwalb war jüdischer Herkunft. Seine Kindheit

hatte er in Paris verlebt, wo sein Vater Goldschmied gewesen war. Schon als Knabe hatte er einen starken Trieb zu Gott, der ihm sein Leben lang eigen blieb. Als er in seiner Jugend von einem gläubigen Prediger das Evangelium verkünden hörte, machte das einen so gewaltigen Eindruck auf ihn, daß er sich zu Jesus, als dem Messias seines Volkes, bekehrte. Er erzählte mir, damals habe er so inbrünstig geglaubt und zum Heiland gebetet, daß er einmal, als er für seinen schwer erkrankten Bruder einen Arzt holen sollte, mitten auf einem verkehrsreichen Pariser Boulevard niedergekniet sei, um den Herrn Jesus um Heilung für seinen Bruder anzuflehen. Als Jüngling entschloß er sich, aus Liebe zu Jesus christliche Theologie zu studieren, und setzte allen Widerständen seiner Familie zum Trotz diesen Entschluß durch. Da er ein hochintelligenter junger Mann war, kam er in seinen Studien, die er zumeist auf deutschen Universitäten betrieb, schnell vorwärts. Welche Lehrer besonderen Einfluß auf ihn gewannen, weiß ich heute nicht mehr; aber ich erinnere mich noch gut daran, wie er mir erzählte, er habe in seinen Studienjahren die Bibel in einem ganz anderen Lichte sehen gelernt und den Glauben an Jesus, den Sohn Gottes und den Messias des Volkes Israel als einen jugendlichen Irrtum ablegen müssen. Schwalb wurde als Doktor der Theologie einer der schärfsten Bibelkritiker seiner Zeit; in seinem Herzen aber blieb er immer ein frommer, gläubiger Jude, der mit großer Aufrichtigkeit das Offenbartgöttliche suchte und der bis an sein Ende auf den Messias der Juden und auf das Kommen des Reiches Gottes auf Erden wartete, das er im Gegensatz zu den liberalen Theologen jener Zeit als ein von Gott ausgehendes Wunderreich im Sinne der Offenbarungen des Alten Testamentes schilderte. Dieser höchst eigenartige, bedeutende Mann wirkte vierzig Jahre hindurch als »christlicher Prediger«, indem er das Christentum bekämpfte, und dennoch war Schwalb ein ehrlicher Mann. In der Sakristei jener Kirche, in welcher er dreißig Jahre amtiert hat, hing seit seinem Tode ein großes Bild von ihm, das den bedeutenden Kopf im Profil zeigte; darunter stand, von ihm selbst geschrieben, das stolze Wort: »Verhaßt wie die Pforten der Hölle fürwahr ist der Mann mir, der etwas anderes spricht, als er im Busen verbirgt.« Und nach diesem Grundsatz hat er tatsächlich gelebt und geredet.

Oft ist Schwalb mir vorgekommen wie ein geistdurchleuchteter Prophet des Alten Bundes. Wenn er von Mose, von Abraham, von Elia und Elisa, von David, von Jesaja und Jeremia sprach, wenn er den prophetischen Kuhhirten Micha schilderte und mit glühenden Farben das zukünftige Gottesreich seinen Zuhörern vor die Augen malte, dann lag eine hehre Größe über diesem begnadeten Prediger. Mit atemloser Spannung lauschten ihm die Zuhörer, und in manches Herz fiel ein Funke von seiner Sehnsucht und Begeisterung. Wäre er aber wirklich ein Prophet gewesen, dann hätte er Jesus von Nazareth als den Messias Israels erkannt. Nun war ihm Jesus sein großer, tiefbewunderter Bruder, ein echter Sohn seines Volkes, der sich mit so glühender Liebe in die israelitische Prophetie und in die messianische Hoffnung des Bundesvolkes hineingelebt hatte, daß er sich selbst für den Messias hielt. Sein Glaube an Gott, sein Glaube an die herrlichen Verheißungen des Volkes Israel, sein Glaube an sich selbst war so stark, daß er sich für diesen Glauben ans Kreuz schlagen ließ. Eine herrliche Erscheinung, ein Held ohnegleichen, der bedeutendste Träger der messianischen Idee des Volkes Israel, ein höchstes Idol wurde dieser Jesus unter den markanten, tiefgreifenden Schilderungen Schwalbs — auch für mich! Die Lehre dieses großen Rabbi wußte Schwalb so fesselnd darzustellen und zur Nachfolge Jesu so dringend aufzufordern, daß man in solchen Predigten einen wahren Christen zu hören glaubte. Oft habe ich mit klopfendem Herzen in jener Kirche gesessen, alles um mich her vergessend, und die Bilder der Helden des Alten Bundes, besonders das des größten aller Helden in mich aufnehmend, um sie nie mehr zu vergessen. Es waren herrliche Stunden voll tiefen Erlebens. Wie war ich damals der Wahrheit so nahe! Aber Schwalb konnte mich nicht ins Heiligtum Gottes führen, denn er selbst lebte im Vorhof. Bei aller Liebe und Dankbarkeit für diesen großen Lehrer muß ich doch bekennen, daß mir nach seinen Predigten ein Sehnen und Hungern im Herzen zurückblieb, das ich mir kaum recht zu deuten wußte. Irgendwelche persönlichen Beziehungen zu ihm hatte ich in jener Zeit noch nicht. Ich zählte schon sieben oder acht Jahre zu seinen aufmerksamsten Zuhörern, bevor wir uns persönlich kennenlernten.

Einige Jahre danach — es mag Anfang der neunziger Jahre gewesen sein — geriet meine bis dahin unbedingte Anerkennung Schwalbs ins Wanken. Vom Protestantenverein aus war ein Vortrag von ihm angekündigt worden über das Thema: »Ist Jesus der Erlöser?« Der Andrang zu diesem Vortrag war so stark, daß der

Saal und die Gänge dicht angefüllt waren und auf der Straße noch Hunderte von Menschen standen, die nicht hinein konnten. Der Vortrag mußte deshalb verschoben werden, und einer der größten Säle unserer Stadt wurde nun dafür gewonnen. Dieser Andrang erregte Aufsehen; die Zeitungen brachten Notizen darüber, und an allen Anschlagsäulen der Stadt las man in großen Buchstaben: »Ist Jesus der Erlöser? — Vortrag von Dr. Schwalb — Eintritt für jedermann frei.« Es ging eine Erregungswelle durch die ganze Stadt. Schon bevor der Vortrag gehalten wurde, erhitzten sich die Gemüter an diesem Thema, und der Andrang zum Vortrag wurde noch gewaltiger als beim ersten Male. Tausende von Menschen waren anwesend, und atemlose Spannung lag über den Zuhörern, als Schwalb mit mächtiger Stimme und großer Kraft, die man dem schon alten und kränklichen Manne kaum zugetraut hätte, sein Thema entwickelte. Ich weiß nicht mehr viel von dem Inhalt jenes Vortrages, nur das ist mir geblieben, wie Schwalb, von flammender Gottesliebe durchdrungen, die Menschheitsziele Gottes schilderte, ausgehend von der Prophetie des Alten Bundes, wie er mit tiefer Anerkennung von Jesus sprach, um ihn dann zum Schluß als den Erlöser glatt, klar, mit überraschender Logik — abzulehnen. In der Menge entstand eine unbeschreibliche, hin- und herströmende Bewegung, von der auch ich ergriffen wurde. Ohne es zu wollen, befand ich mich plötzlich in Opposition zu meinem verehrten Lehrer. Aus meinem Herzen sprang gleichsam die Frage auf: »Und wenn er nun doch der Erlöser wäre?« Diese Frage ließ mich tagelang nicht los. Ich ging zu Schwalb und sagte ihm etwa: »Für Sie und für mich ist Jesus nicht der Erlöser; aber für viele Tausende ist er es geworden, viele haben ihn als solchen erlebt. Was berechtigt uns zu sagen, er sei nicht der Erlöser? Wir haben nur das Recht zu sagen, daß er nicht unser Erlöser sei und wir ihn als solchen nicht annehmen können.« Schwalb war verwundert und befremdet über meine Kritik, besonders als ich ihm dann zu sagen wagte, daß er nach diesem Vortrag doch auf der Kanzel einer christlichen Kirche nicht mehr reden könne. — Nicht lange nach diesem Vortrag reichte er seine Demission ein und siedelte nach Straßburg über, um dort in der Stille seinen Lebensabend zu beschließen.

Als ich ihm im Jahre 1901 voll Freude schreiben konnte: »Nun ist Jesus auch mein Erlöser geworden, ich habe mich zu ihm bekehrt«, da schrieb er mir in tiefer Enttäuschung zurück: »Also auch Sie, eine meiner besten Schülerinnen, sind der großen Suggestion anheimgefallen!« Ich gab ihm zur Antwort: »Ja, lieber Freund, was ich in meinem Herzen erlebe und was meine Seele erfüllt, das muß ich meinem Intellekt beibringen. Wenn Sie das eine ‚Suggestion' nennen wollen, so mögen Sie es tun. Ich aber weiß, daß meinem inneren Erleben volle Wirklichkeit zugrunde liegt.« Wir sahen uns dann noch ein paarmal; ich reiste zweimal zu ihm nach Straßburg, und er besuchte mich einmal in Zürich — aber zwischen unsere Freundschaft war eine höhere Macht getreten; wir fanden uns nicht mehr recht zusammen. Es war mir ein großer Schmerz, daß dieser Mann in hohem Alter starb, ohne seinen Erlöser gefunden zu haben. Ich ehre sein Andenken mit dankbarem Herzen und habe die feste Zuversicht, daß er wegen seiner Sehnsucht und Liebe zu Gott Gnade gefunden hat, den zu schauen, der ihm in seiner Kindheit schon nahegetreten war, den er aber später verleugnet hat.

Zweites Kapitel : In den Wegen der Welt

> Sie suchen, was sie nicht finden
> In Liebe und Ehre und Glück,
> Und kommen belastet mit Sünden
> Und unbefriedigt zurück.
>
> Eleonore, Fürstin Reuß

4 Meine Flucht in die Ehe

Ich bin meinem Lebensgang weit vorausgeeilt und muß nun zurückgehen in die Jahre 1883 — 86.

Auf den Familienbällen, die meine Eltern während zwei Wintern mit mir besuchten, lernte ich Heinrich Popken kennen, dem ich später die Hand zum Ehebunde reichte. Er war im Gegensatz zu den anderen Männern, denen ich dort begegnete, von ernstem, gediegenem Wesen. Wir sprachen bei jenen Gelegenheiten meist von Dingen, die über den Rahmen der üblichen Gesellschaftsgespräche hinaustraten. Dabei merkte ich, daß dieser Mann idealistischer Weltanschauung war gleich mir, und das zog mich zu ihm hin. Ohne mir dessen recht bewußt zu werden, nährte ich eine Zuneigung in ihm, die ich nicht erwiderte. Als ich es merkte, wollte ich ihm ausweichen; aber es gelang nicht recht. Wir trafen uns immer wieder bei geselligen Anlässen oder auf Spaziergängen. Und dann trat schicksalsmäßig an mich heran, was ich voll Furcht geahnt hatte: Der um dreizehn Jahre ältere Mann machte mir brieflich seine Liebeserklärung, aus der verhaltene Leidenschaft sprach, und bat dringend um meine Hand zur Ehe. Ich zitterte am ganzen Körper, als ich dies las, und in mir schrie es: »Nein!« Aber ich wagte doch nicht, dieses Nein klar und bestimmt auszusprechen. Ich ging mit dem Brief zu meinen Eltern und bat sie um Rat, aber ohne ihnen zu sagen, wie es in mir aussah. Mein Vater gab diesem nicht unannehmbaren Bewerber keine direkte Absage wie den andern, sondern schrieb ihm höflich, aber bestimmt, ich sei zum Heiraten noch zu jung.

Nun kam eine Zeit großer, innerer Not für mich. Der tüchtige, gereifte Mann setzte seine Werbung fort, und es gelang ihm immer wieder, mir zu begegnen. Obwohl seine Liebe starken Eindruck auf mich machte und meine Sinne weckte, wußte ich doch immer deutlicher, daß ich sie nicht erwidern konnte. Aber es war das erstemal in meinem innerlich so einsamen Leben, daß ein Mensch mich wirklich liebte und volles Interesse an mir nahm. Andererseits empfand ich die Disharmonie und Unruhe des Elternhauses immer schmerzlicher. Das Leben dort wurde mir fast unerträglich, und meine Gesundheit begann zu schwanken. Ich sehnte mich nach Befreiung und wußte nicht, wie und wo ich sie erlangen könnte. Wohin sollte ich auch gehen? Meine Eltern dachten nicht daran, mich einen Beruf lernen zu lassen, und meine bisherige Ausbildung reichte nicht aus, mich auf eigene Füße zu stellen.

In den Kämpfen und Nöten jener Zeit waren mir die Predigten Schwalbs Lichtpunkte, aus denen ich immer wieder ein wenig Hoffnung schöpfte. Wie gern hätte ich mich diesem Mann, zu dem ich großes Vertrauen hatte, einmal anvertraut und seinen Rat erbeten! Aber ich kannte ihn damals noch nicht persönlich, und er wußte nichts von mir. Mehr als einmal faßte ich den Entschluß, zu ihm zu gehen, aber wenn ich dann vor seinem Hause stand, kam mir jedesmal die Vorstellung, ein Dienstmädchen würde mir die Türe öffnen, nach Begehr und Namen fragen, mich in einen Salon führen und nach einiger Zeit hereinkommen mit der Aufforderung: »Der Herr Doktor lassen bitten.« Wenn ich in meiner Vorstellung so weit gekommen war — lief ich davon. O wie beneidete ich damals jene katholische Freundin, die im Beichtstuhl knien und alles vom Herzen herunterreden durfte! Wie gut hatte sie es! Warum haben wir in der evangelischen Kirche keine Gelegenheit, einem wirklichen Seelsorger in feierlicher Weise unter amtlichen Formen unser Herz zu öffnen? Wieviel Unheil könnte dadurch abgewendet werden! Auch unsere Kirchen sollten offen stehen wie die katholischen, damit jedermann im Vorbeigehen darin einkehren könnte zu kurzer Rast und stillem Gebet. Wie wohltuend wäre das im Lärm und Gehetz unsrer Zeit! Und jeder Pfarrer, der eine Gemeinde betreut, sollte offizielle Sprechstunden in der Sakristei seiner Kirche abhalten. Dort würde er als priesterlicher Amtswalter im Talar Beichten entgegennehmen, Rat erteilen und mit den Bekümmerten beten. Welcher Segen könnte daraus entstehen! Dann müßten unglückliche Menschenkinder nicht ratlos in den Straßen herumlaufen, wie ich es damals so oft getan habe.

An wen sollte ich mich wenden in meiner Not? Mit wem hätte ich auch reden können und dürfen von dem, was mich bedrückte? Der Weg zu Gott war mir nicht offen, obwohl ich mich sehr danach sehnte. In dieser Hilflosigkeit wurde ich meinem Schicksal entgegengetrieben. Heinrich Popken verlangte schließlich Entscheidung und bat mich um eine gründliche Unterredung, die dann in meinem Elternhause stattfand. Weil ich niemanden sonst hatte, schüttete ich ihm mein ganzes Herz aus mit allen Zweifeln, Fragen und Kümmernissen, verschwieg auch nicht, daß ich seine Liebe nicht erwidern könne, wie er es verdiene, und sagte ihm, ich könne in diesem Zustand über mein Leben nicht selber bestimmen. Da hat er darüber bestimmt, hat mich einfach in die Arme genommen und mir in tiefer Bewegung versprochen, mich hochzuhalten und mir das Leben so einzurichten, daß ich — soweit es an ihm läge — glücklich werden könne. So geschah meine Verlobung mit Heinrich Popken, der nach längerer Brautzeit am 11. September 1886 die Hochzeit folgte.

Zu diesem Schritt hatte mich der Drang geführt, mir selbst aus drückenden Verhältnissen zu helfen. Ich wollte Fesseln sprengen und wußte nicht, daß ich mir damit nur neue schuf. Anfangs schien es, als sollte mir diese Ehe Befreiung aus allen Nöten bringen. Ich kam in geordnete Verhältnisse, wurde geliebt und umsorgt und durfte einen schönen Haushalt führen. Mein Mann betrieb zusammen mit einem Sozius, der in Bordeaux arbeitete, einen Engros-Weinhandel mit eigenen Kellereien. Ich lebte also in einem behaglichen Nest, um das mich manche Frau beneidet hätte. Was wollte ich mehr?

Aber im geheimen litt ich unsäglich; denn meine Ehe war doch im Grunde Verrat an der Liebe meines Mannes. Ich war ihm nicht in freier Wahl und echter Frauenliebe gefolgt, sondern aus Selbstsucht. Das bedeutete auch einen Verrat an mir selber, an meinem Verlangen nach Wahrheit. Wie konnte ich die Wahrheit finden unter der Last eines begangenen Unrechts? Mein Mann mochte wohl merken, daß ich nicht glücklich war, hoffte aber meine Liebe noch zu gewinnen. Ich kränkelte fortwährend und bekam schließlich ein schweres Nervenfieber, das mich dem Tode nahe brachte. Als ich aus den Fiebernächten wieder zum Leben erwachte, war ich tief enttäuscht. Wie gerne wäre ich gestorben! Aber erstaunlicherweise genas ich. — Heute dankt mein Herz dem gnädigen Gott für diese Rettung. Er wollte meine Seele nicht verderben lassen.

Ein Jahr später fühlte ich mich Mutter. Und damit begann eine glückliche Zeit. Ich hatte mich leidenschaftlich nach Kindern gesehnt, besonders nach Söhnen, die ich zu tüchtigen Männern erziehen und denen ich meinen hochstrebenden Sinn weitergeben wollte. Als mein erster Sohn geboren war, schien es, als sollte ich an diesem Mutterglück innerlich gesunden und als könnte ich nun in Liebe und Hingabe alles gutmachen, was ich gefehlt hatte. Wie liebte ich dieses Kind, wie sorgfältig suchte ich es zu pflegen! Aber ein Jahr nur durfte ich mich dieses Glückes freuen, dann starb das Kind. Oh, grausamer Schmerz! Der zweite Sohn starb durch einen unglücklichen, äußeren Umstand gleich nach der Geburt. Ein Jahr später vernichtete ein schweres, unheilvolles Leiden meine Mutterhoffnungen — für immer! Als der Arzt mir nach halbjährigem Krankenlager diese Eröffnung machte, senkte sich tiefe Nacht über meine Seele. Ich war der Verzweiflung nahe, und es dauerte lange, bis ich mich selber wiederfand. — Den Weg zu meinem Mann aber fand ich nicht. War es da zu verwundern, daß nach und nach seine Liebe abnahm und daß er eigene Wege ging? Durfte ich ihm das verargen? War ich nicht mitschuldig daran? Er blieb jederzeit gut und ritterlich zu mir, obwohl ich ihn so arg enttäuschte. Dafür bin ich ihm dankbar; aber ich konnte es nicht verhindern, daß wir innerlich auseinander-wuchsen.

Ich wurde immer einsamer, zog mich auch von geselligem Verkehr zurück und stand dem Leben gegenüber mit leeren Händen da. Mein Herz war ohne Hoffnung, meine Gesundheit ruiniert — wozu mußte ich noch weiter leben? Damals war ich fünfundzwanzig Jahre alt! Aber viel Leid kann ein Herz ertragen, ehe es daran zerbricht. Und der Lebenswille des Menschen ist stärker als seine Todesbereitschaft.

5 Auf hoher Warte

>»Das ist Gottes Gnade, daß es nicht gar aus ist mit den Menschenkindern.«

Manchmal, wenn die Qual meines Herzens so groß war, daß ich daran zu ersticken meinte, wurde es plötzlich ganz still um mich; es war, als legte sich eine unsichtbare Hand tröstend, lindernd auf mein Herz, und ein leiser Friedenshauch umströmte mich. Was war das? War es Gott? Ja, ich nannte es so und betete: »O Gott, erbarme dich meiner!« Und er hat mich nicht verlassen, obwohl ich ihn nicht kannte sondern nur ahnen suchte. Er schien mir so fern, so unerreichbar groß, und mein Beten war mehr ein Erheben der Seele zum höchsten Ideal als ein wirklicher Verkehr mit dem lebendigen Gott. Da begann er mit mir zu reden in der Sprache der Natur, und langsam öffnete sich mein Herz diesem Reden.

In den ersten Jahren unsrer Ehe hatten wir in der Stadt gewohnt. Als aber unser erstes Kind gestorben war und ich immer leidender wurde, hatte mein Mann sein Haus verkauft, und wir waren in die äußere Vorstadt gezogen, in eine schöne, hochgelegene Etage mit weiter Fernsicht ins flache Land. Dort oben saß ich auf einem stillen Balkon nun stundenlang allein und lauschte hinaus in die wundervolle Weite. Es war eine prächtige, abwechslungsreiche Landschaft, die in verschiedenen Tages- und Jahreszeiten immer wieder neue, oft überraschend schöne Bilder zeigte.

Mir zur Linken dehnte sich weit und geheimnisreich unser großer Stadtpark aus, der mit seinen Alleen, Wäldern, Wiesen, Seen und Wassergräben den Bürgerfamilien viel Erquickung und Sonntagsfreuden gewährt. Von meinem Balkon aus zeigte er sich als großer, schweigender Wald, der je nach der Jahreszeit braun, grün, buntfarbig oder weißbereift unter mir lag.

In einiger Entfernung, dem Bürgerpark angegliedert, sah man eine große Kolonie kleiner Volksgärten, in denen zahlreiche Arbeiterfamilien Beschäftigung und Belustigung fanden. Mit ihrem bunten Allerlei gewährten diese vielen Gärtlein ein lustiges Gegenbild zu dem Blick auf den großen ernsten Wald. Und an schönen Sonntagen pilgerte viel frohes Volk dort hinaus.

Zu meiner Rechten sah ich die breite Schwachhauser Chaussee sich hinziehen, umsäumt von alten Bäumen und von Villen mit ihren prächtigen Gärten. Das große, rote Krankenhaus mit seinem schwarzen Schieferdach überragt sie alle. Dort wußte ich Hunderte von Kranken auf ihren Schmerzens- und Sterbebetten liegen. Jene große Heerstraße führt auf den Rhiensberger Friedhof. Aus hohen Baumgruppen schaute die Friedhofkapelle zu mir herüber — ein ernster Anblick, den das davor gelagerte Dorf mit seinem Kirchlein und den rotgedeckten Häuschen ein wenig milderte.

Im Hintergrund dieser vieldeutigen Landschaft dehnte sich

meilenweit eine grüne Marsch aus, auf der im Sommer Hunderte der schweren nordischen Kühe weideten, die aber im Winter von durchfließenden Gewässern überschwemmt wurde und dann einen großen Wasserspiegel oder eine einzige Eisfläche bildete. Weit hinten am Horizont wurde diese große, stille Fläche umrahmt vom Lehster Deich, der mit seinem freundlichen Dörflein und der schlichten Kirche den fernen Abschluß zu der wundervollen Landschaft bildete, die ich von meinem hohen Balkon aus überblicken, durchschauen und erleben konnte.

Ja, dort oben hat Gott zu mir geredet durch die eindringliche Sprache der Natur und des Lebens. Jener hochgebaute Platz hat mir zur Bewahrung in mancherlei Fährnissen und zur Stillung meiner unruhigen Seele gedient. Ich gewöhnte mich daran, meine Not und Sorge, mein Denken und Fühlen dort hinaus zu tragen, es sondieren und läutern zu lassen unter der Sprache der Natur. Und wie deutlich hat sie zu mir geredet! Mit tiefem Erschrecken erkannte ich, wie eng und kurzsichtig ich geworden war, wie das Leid mein Gemüt umdüstert, mein Fühlen dumpf und stumpf gemacht und wie das äußere, kleinliche Leben mich gefangengenommen hatte. Da lernte ich lachen über den eitlen Narrentanz, den wir Menschen unaufhörlich tanzen, über die gleißende Lüge, mit der uns Mode und Herkommen beschwindeln, und über die Wichtigkeit, mit der wir den Kleinkram des Lebens behandeln.

Auch über mich selbst habe ich lachen gelernt bei der unerbittlichen Sprache, die dort oben in mein Gemüt drang: Du kleinliches Geschöpf, wie hast du gedacht, geredet, dich gebärdet! Wie bist du im Leid vergraben, von den Verhältnissen niedergedrückt! Schau dir doch einmal recht ruhig das Stücklein Erde an, das sich hier vor dir ausbreitet, schau hinüber zum Krankenhaus und zur großen Gräberstätte oder hinauf zum nächtlichen Firmament – und dann schäme dich deines Kleinmuts und deiner Verzweiflung! Wie brannte diese Scham in mir! Aber sie befreite meine Seele von Schlacken und Unrat. Immer klarer wuchs aus Trugbildern und Nebelschwaden mein eigenstes Sein hervor und schaute mich fragend an. Langsam klärte sich das vorher so verworrene Denken, das Herz wurde erquickt, und die Seele bekam Flügel.

Ich habe mich selber wiedergefunden dort oben, wo der Blick so ungehemmt die weite Landschaft umfing, wo nicht Berge, nicht Mauern, nicht Menschen zwischen Aug und Ferne sich drängten. Und dieses weite, freie Bild hat sich mir in die Seele gesenkt — ein unverlierbares Gut, das nachher mit mir gegangen ist in neue Enge, in neues Leid und Dunkel hinein. Nie habe ich ihn wieder verloren, den dort oben gewonnenen weiten Horizont!

6 Im Banne des Humanismus

Bei dem geruhsamen freien Leben, das ich jetzt führen durfte, besserte sich meine Gesundheit, so daß ich Zeit und Kraft fand, mich geistig weiterzubilden. Die nächsten Jahre boten mir dazu reichlich Gelegenheit.

Früher schon, als meine Not so groß gewesen war, daß ich mir kaum zu helfen wußte, hatte ich den Weg zu Schwalb gefunden und verkehrte jetzt häufig mit ihm. Seelsorger im eigentlichen Sinne ist er mir nicht geworden, doch entwickelte sich zwischen uns im Lauf der Jahre eine herzliche Freundschaft. Ich verdanke ihm viel Anregung. Die geistige Nahrung, die ich auf seinen Rat hin damals zu mir nahm: Bücher von Renan, Fénelon, Pascal, Strauß, Baur, Feuerbach weckten wohl mein Interesse an dieser Art Weltbetrachtung und Bibelerklärung, aber das Herz blieb mir leer dabei.

Auch wurden mir die nordischen Dichterphilosophen Björnson, Strindberg und Ibsen bekannt. Aufhorchend, gespannt und erschüttert las ich »Über unsere Kraft« von Björnson und Ibsens »Brand«. War das, was diese Dichter schauten, Wahrheit? Und ging sie wirklich über die Kraft des menschlichen Herzens und Geistes? Fast leidenschaftlich griff ich nach dieser Lektüre, besonders nach den Werken Ibsens. Sein Kampf gegen die gesellschaftliche Lüge, gegen Halbheit und falsche Ehrfurcht vor Althergebrachtem, Gewohnheitsmäßigem machte mir starken Eindruck. Und seine Persönlichkeits-, Ehe- und Volksprobleme erfaßten mich so mächtig, daß ich anfing, vor einem Freundeskreis in unsrer Wohnung Ibsenvorträge zu halten, verbunden mit Rezitationen aus seinen Dramen. Hier begegnete mir ein auf realem Boden fußender Idealismus, der mich anzog. Ibsens Gedanken warfen auch neues Licht auf mein eigenes Leben, das ich in mancher Beziehung nun anders beurteilen lernte als früher.

Aber die sehnsüchtig gesuchte Wahrheit fand ich auch hier nicht, die Wahrheit, die mich schon als Kind Gottes Gegenwart im Gebet suchen ließ, nach der ich mich je und je leidenschaftlich ausgestreckt hatte, nach der auch jetzt all mein Sehnen ging. Weder Björnson noch Ibsen noch Schwalb und erst recht nicht der religiöse Liberalismus waren für mich der Weg dorthin, das fühlte ich deutlich. Die Wahrheit mußte anderswo liegen, aber wo? Und was sollte ich tun, um sie zu finden?

Ich begann nun auch einiges aus den Schriften unserer großen Philosophen zu lesen: Spinoza, Kant und Fichte, aber ich fand mich nicht zurecht darin. Einzig der ehrliche Pessimismus Schopenhauers zog mich an. Ja, so mußte sich die Welt dem Auge des nüchternen Beobachters darstellen, der es wagte, hinter Kulissen und Vordergründe zu schauen. Aber war das denn das Letzte, dies unsäglich Traurige, zur Verneinung des Lebens Führende, das keinen Raum ließ zu freudiger Hingabe an ein Ewiges, Ansichseiendes, sondern endete in Resignation und Nichtsein? Konnte ich darauf mein Leben aufbauen? Nein!

Wir pflegten wieder mehr geselligen Verkehr, besuchten Konzerte und Theater und machten Reisen. Ich suchte und fand Anknüpfung an interessante Persönlichkeiten und korrespondierte mit Schriftstellern, deren Bücher ich gelesen hatte. In dem allen suchte ich ruhelos und lebenshungrig nach Verständnis des Weltganzen, nach seinem Zweck und Ziel, nach dem Sinn des Daseins, nach dem Geheimnis des Lebens und des Todes. Nun wandte ich mich den Naturwissenschaften zu, las Darwin und Häckel sowie allerlei medizinische Bücher, und es schien, als sollte mir diese realere Wissenschaft mehr bieten als all das Abstrakte in meinen vorherigen Versuchen. Doch dauernd festhalten konnte mich auch dies nicht, weil der Grund meines Wesens davon unberührt blieb. Ich griff zur Bibel, aber ich las sie mit den Augen Schwalbs — und die Bibel blieb mir verschlossen.

Nein, so konnte es nicht weitergehen! Das bequeme, nur auf mich selbst gerichtete Leben, ohne Inhalt und ohne Ziel, wurde mir zur Qual. Aber ich wußte nun wenigstens, daß die geistige Kletterei mich nicht erlösen konnte aus meiner Not. Ein starkes Verlangen erfaßte mich, mein Leben einzusehen und hinzugeben für etwas ganz Großes und Gutes. Mein Idealismus suchte nach praktischer Betätigung. Seit längerer Zeit schon hatte ich mich nebenbei mit allerlei sozialen Ideen beschäftigt: die Lebenshaltung unserer Arbeiter, zweckmäßige Volksernährung, Reform unserer Kochweise, naturgemäße Heilmethoden, hygienische

Bekleidung und anderes mehr interessierte mich. Konnte ich denn nicht auf philanthropischem Gebiet Arbeit in größerem Umfang leisten? Von Kind an besaß ich warme, natürliche Liebe zu den Menschen, besonders zu Kranken und Unglücklichen, und längst schon war ein Drängen in mir, diese Liebe irgendwie praktisch auszuüben. Aber wie sollte das geschehen?

Schwalbs waren unterdessen von Bremen fortgezogen; das hatte mich einsamer gemacht, aber auch freier; denn Schwalb hatte mich in einer geistigen Atmosphäre festgehalten, die mir im Grunde meines Wesens doch nicht vertraut geworden war. Als Mitglied der Martinigemeinde wurde ich auch mit seinem Nachfolger, Dr. Kalthoff, näher bekannt. Er war Soziologe und als Theologe freisinnig eingestellt. Er leugnete Christus als geschichtliche Persönlichkeit. Die Messiassehnsucht der Frommen in Israel habe je und je prophetische Darstellung gefunden, die schließlich zur wirklichen inneren Schau gereift sei und im Neuen Testament als Verkörperung der Reichsgottesidee Gestalt gewonnen habe. Die Person Jesu sei also nur eine Projektion des Messiasglaubens der Jünger. So ungefähr war die Lehre Kalthoffs. Und dieses Christusidol stellte er in den Mittelpunkt seiner Verkündigung. Solch phantastische Irrlehre ging mir nicht ein. Aber etwas anderes fesselte mich in den Predigten Kalthoffs sowie in gelegentlichen Gesprächen mit ihm: die große, soziale Idee von der Verbrüderung aller Menschen, die Kalthoff als Auswirkung des Evangeliums darstellte. Darin fanden meine eigenen Bestrebungen willkommene Nahrung. Kalthoff riet mir dringend, Marx und Engels zu studieren und im großen sozialen Werk praktisch mitzuarbeiten. Aufmerksam schaute ich nun in diese für mich neue Welt hinein, die mich stark anzog. Sollte hier die Wahrheit liegen? Waren Liebe, Opfer, gegenseitiges Helfen nicht Lebenskräfte, die zum Aufstieg der Menschheit Großes wirken könnten? War es nicht der Mühe wert, dafür seine Kraft einzusetzen? Ich glaubte, diese Frage bejahen zu können, und damit gewann die sozialistische Weltanschauung mehr und mehr Macht über mich.

Ich stand aber dieser Lehre und dann auch der Praxis als Idealistin und Wahrheitssucherin gegenüber, und da stolperte ich immer wieder über Fragen, die mir wie Steine im Wege lagen, stand ich immer wieder vor einem Abgrund, über den keine Brücke führte. Wer konnte sie bauen, diese Brücke? Wer konnte sie wegnehmen, diese Steine? Rousseau hatte mich gelehrt: »Alle

Menschen sind von Natur gut, man muß ihnen nur helfen, vom Ich zum sozialen Du zu gelangen.« War es wirklich so, und hatte der Sozialismus das große soziale Du gefunden? Es wirkt ja viel Idealismus mit in seinen Bemühungen, ich sah auch Resultate und freute mich daran. Aber wurden die Menschen wirklich besser und glücklicher unter diesen Strebungen? Wie war es denn mit der Vielgestaltigkeit des menschlichen Wesens? Wurde dem in uns liegenden Drang nach freier, persönlicher Entfaltung Rechnung getragen? Konnte der Sozialismus verhindern, daß es immer wieder träge und fleißige, begabte und stumpfsinnige Menschen gab? Konnte und durfte er den Trieb unterdrücken, nach dem schließlich doch ein jeder versuchen würde, sich das Leben nach seiner persönlichen Art zu gestalten? Und wenn es gelänge, all diese Triebe und Kräfte in eine gleichmachende Norm hineinzupressen, was würde daraus? Wäre das so Gewonnene den Kaufpreis wert, den unberechenbar großen Verlust an Persönlichkeitswerten? Mußte der Sozialismus nicht letzten Endes scheitern an diesen psychologischen Problemen?

Von der Wahrheit, die ich suchte, hatte ich mir eine große, alles umspannende Vorstellung gemacht. In Weltweite und Liebestiefe müßte sie alles umfassen und durchdringen. Für jeden Menschen, ohne Ausnahme, müßte sie annehmbar und hilfreich sein. Arme und Reiche, Gelehrte und Analphabeten, Kranke und Gesunde, Junge und Alte, Gute und Böse, Aufrechte und Gefallene, Hungernde und Frierende, Verlassene und Sterbende – alle, alle müßten teilhaben an dieser Liebe, die ich halb unbewußt mit der Wahrheit in einem schaute. Gab es eine solche Liebe? Und wo war sie zu finden? Ich wußte es nicht – und war ihr doch so nahe!

Etwa zehn Jahre später, als ich die so schmerzlich gesuchte Wahrheit gefunden hatte, als die Liebe Gottes in der Gabe des eingeborenen Sohnes mir leuchtend aufgegangen war und ich Christus erkannt hatte als den Erlöser der Welt, als unter göttlichen Gerichten mein bisheriges Streben zusammenbrach, da erkannte ich mit Jubel, daß auch der höchste Idealismus in der biblischen Weltanschauung volles Genüge findet – sobald er dem lebendigen Gott ausgeliefert ist. Da wurde es mir immer deutlicher gezeigt, daß die soziale Tat uns nicht erlöst aus Not und Schuld und daß unser Gutestun Gottes Reich nicht baut, daß des Menschen Güte sogar zu einem ernsten Hemmnis werden kann auf dem Wege zu Gott. Jesus sagt zu dem reichen Jüngling nicht: »Tue Gutes mit deinem Reichtum«, sondern: »Folge mir nach«. Und um das zu können, mußte er alles drangeben, was er besaß. Später wurde es mir offenbar, daß nur die Liebe Christi uns einführt in jene Weltweite und Liebestiefe, die frei macht von der Sentimentalität des ichbetonten Idealismus, in dem ich damals noch befangen war.

Aber lange habe ich es nicht darin ausgehalten. Mit Hingabe und Fleiß hatte ich mich daran gemacht, den Marxismus zu studieren und in mich aufzunehmen; es ist mir nicht gelungen. Der Materialismus, der letzten Endes diesem System zugrunde liegt, stieß mich ab. Was dort erreicht wurde, waren zumeist nur äußere Werte, und es ging mir nicht ein, daß etwas Äußeres sich innere Werte schaffen sollte. Wirklichen Ausstieg der Gesamtheit und Vertiefung der einzelnen konnte ich dem Sozialismus, nachdem ich ihn kennengelernt hatte, nicht zutrauen. Enttäuscht und traurig mußte ich auch auf diesem Gebiet kapitulieren.

Wohin war ich gekommen mit all meinem Suchen nach Wahrheit? Den letzten Rest meines Glaubens hatte ich eingebüßt, und beten konnte ich nicht mehr.

Damals zeigten sich bedenkliche Symptome einer Nervenerkrankung bei mir. Große Hirnmüdigkeit hatte mich befallen, die mir zeitweise alles Denken lähmte. Ich verlor manchmal die Direktive über mich selbst, so daß ich nicht recht wußte, wo ich war und was ich tat. Merkwürdige neurotische Erscheinungen stellten sich ein, und oft überfiel mich die dunkle Angst, ich stünde vor einer Katastrophe. Eine Zeitlang konnte ich diesen Zustand verheimlichen, aber dann ging es nicht mehr. Ich sprach mich zu meinem Mann darüber aus. Er hatte lange meinem Treiben zugeschaut, ohne es mitzumachen, aber auch ohne mich daran zu hindern. Und er mochte wohl bemerkt haben, wohin es mit mir gekommen war. Auch damals führte ein verborgener Lebensdrang mich wieder zur Selbsthilfe: Ich erklärte meinem Mann, daß nur die Erlernung und Ausübung eines ernsten Berufes mich vor völligem Zusammenbruch bewahren könne. Und er zeigte sich ehrlich bereit, mir aus diesem Zustand herauszuhelfen. Dafür bin ich ihm von Herzen dankbar. Manches Dunkle, das auch von ihm aus in unsere Ehe hineingetragen wurde, verlor durch sein edles Verhalten seine Bitternis.

7 Ein kühner Entschluß

Was sollte nun geschehen? Wie sollte ich zu einer mich ausfüllenden Lebensaufgabe gelangen? Unter diesen Überlegungen tauchte ein Dienst vor mir auf, der meinem Idealismus zu entsprechen schien: Geburtshilfe! Trübe Erfahrungen bei meinen eigenen Geburten legten mir diesen Wunsch nahe. Aber war es denn möglich, neben der Ehe und in unserer gesellschaftlichen Stellung mich diesem Beruf zu widmen? Wie sollte ich mit neunundzwanzig Jahren und einer schwachen Gesundheit solches beginnen? Begreiflicherweise lehnte mein Mann diesen Gedanken energisch ab.

Gerade zu dieser Zeit, in all diese Fragen hinein kam mir ganz ungesucht ein Artikel in die Hand von der bekannten Dresdener Ärztin Frau Dr. Fischer-Dückelmann, der von Frauenberufen handelte und mit viel Wärme von dem öden und leeren Dasein so vieler Frauen sprach, die in einem idealen Beruf echte Befriedigung finden könnten. Dieser Artikel machte mir großen Eindruck, denn er paßte gerade auf meine Lage und zeigte mir auch, daß diese Frau Idealistin war, gleich mir. Ich gab den Aufsatz meinem Mann zu lesen und schrieb dann unter seiner Einwilligung an diese Frau Doktor einen langen Brief, in welchem ich ihr mit voller Offenheit meine Lage schilderte. Ich schrieb über meine Verhältnisse, meine Ehe, unsere Lebensführung, meine zunehmende Kränklichkeit, meinen bedenklichen Gemütszustand, den ich zum Teil auf die Zerstörung meiner Mutterhoffnungen zurückführte, schilderte mein vergebliches Suchen nach Wahrheit, meine inneren Kämpfe, die mich fast zur Verzweiflung brächten, und die Sehnsucht nach einer mich ausfüllenden Arbeit, durch die ich Befreiung aus meinem Elend erhoffte. Es war das erstemal, daß ich mich einem Menschen gegenüber so offen aussprach, und dies allein schon brachte mir große Erleichterung. Ich gab meinem Mann den Brief zu lesen; er schwieg dazu, verhinderte aber nicht, daß ich ihn absandte.

Nach einiger Zeit kam von dieser seltenen Frau eine feine, fast seelsorgerliche, aber überraschende Antwort. Sie teilte mir mit, daß ihr auf jenen Artikel sechsundvierzig Briefe zugegangen seien. Von all diesen Zuschriften hätten nur zwei ihr einen tieferen Eindruck gemacht, besonders aber die meinige. Diesen beiden Frauen riete sie dringend, Medizin zu studieren.

Ich saß mit klopfendem Herzen vor diesem Brief, aber mein erster Gedanke war: Nein, das kannst du nicht. So hoch hatten sich meine Wünsche nie verstiegen. Als mein Mann den Brief gelesen hatte, warf er ihn ärgerlich auf den Tisch und sagte: »Das ist ganz ausgeschlossen!« Aber die Sache ließ uns doch nicht los; wir fingen an, eingehender darüber zu sprechen, auch in Freundeskreisen und mit Verwandten. Einige gute Freunde, auch unter denen meines Mannes, mischten sich ein, indem sie diesen Weg warm befürworteten. Ich wechselte noch einige Briefe mit Frau Dr. Fischer. Sie schilderte mir in kurzen Zügen ihre eigene Laufbahn: Eine schwierige Ehe, ein nervenkranker Mann, der seine Familie nicht ernähren konnte, drei liebe Kinder, die Freude und der Stolz der Mutter; dann ihr Entschluß, den Beruf des Vaters zu ergreifen, der ein tüchtiger Arzt gewesen sei. In Deutschland sei das Studium für Frauen noch nicht möglich, wohl aber in Zürich. Sie sei schon fünfunddreißig Jahre gewesen, als sie dort immatrikuliert wurde. Dann habe sie zehn Semester gründlich studiert und abgeschlossen mit dem Züricher Doktorat, das sie zur Praxis in Deutschland berechtigt habe. Und nun sei sie glücklich, habe eine schöne, große Arbeit, könne ihre Familie ernähren und ihren Kindern eine gute Erziehung geben. Ihre Gesundheit, die früher schwankend gewesen sei, habe sich durch die Arbeit gekräftigt, so daß sie jetzt sehr leistungsfähig sei. Das alles könne ich auch, ich würde es leichter haben als sie, ich solle nur mutig anfangen; mein Mann würde mich gewiß gern unterstützen in dieser schönen Laufbahn. Das klang sehr verlockend für mich, und auch mein Mann gewöhnte sich nach und nach an diesen Gedanken. Im Laufe einiger Monate war mein Mut so gewachsen und das Vorurteil meines Mannes so weit besiegt, daß wir uns zu diesem Wege entschließen konnten. Für unsere Art und unsere Verhältnisse war das ein kühner Entschluß, der nicht schnell verarbeitet werden konnte.

Auf Frau Dr. Fischers Rat dachte ich, zunächst eine Zeitlang nach Dresden zu gehen, um mich dort unter ihrer Anleitung und ihrem Einfluß auf die Universität vorzubereiten. Seit meiner Schulzeit hatte ich nicht mehr systematisch gearbeitet, und ich wußte nicht, ob mir das noch gelingen würde. Der Gedanke, nicht gleich so weit weggehen zu müssen von zu Hause und durch jene Ärztin einige Unterstützung zu haben, erleichterte meinen Entschluß.

An meinem dreißigsten Geburtstage wurde ein Fest veranstaltet, zu welchem alle unsere Freunde geladen waren; es sollte ein Abschied aus meinen bisherigen Verhältnissen sein — und es wurde der letzte Geburtstag, den ich in meiner Heimat verleben sollte. Hätte ich das an jenem Tage geahnt, so wäre mir wohl der Mut gesunken, die neue Laufbahn zu betreten. Aber damals war mir das Erleben der nächsten Jahre mit allem Schweren, das sie mir bringen sollten, noch verborgen. Ich erlebte diesen Tag des Abschieds wie im Traum.

An jenem Geburtstag schenkte mir mein Mann ein Buch, das mir damals zur wertvollen Hilfe gereichte. Es war Nietzsches »Also sprach Zarathustra«. Nachdem Schwalbs Einfluß auf mich seine Kraft verloren hatte, bot mir Nietzsche, dessen Hauptschriften ich nach und nach las, neues, starkes Erleben. Er gab mir Mut, der Unwahrhaftigkeit bestehender Traditionen und der Gedankenlosigkeit auch in meiner Lebensführung entgegenzutreten, und in seinem Übermenschen offenbarte er mir ein Ideal, das mich dem Einen, dem größten Menschen aller Zeiten, näherbrachte als Schwalbs alttestamentliches Bild von dem »Helden Jesus«.

Nach diesem Geburtstag begann ich langsam mein früheres Leben abzubauen und meinen Haushalt so zu ordnen, daß ich längere Zeit fortbleiben konnte. Im April 1897 reiste ich ab nach Dresden. Frau Dr. Fischer-Dückelmann nahm sich meiner sehr freundlich an. Ich fand auch bald liebevolle Aufnahme im Hause einer alten Dame mit ihren Töchtern, die mir so viel Mütterlichkeit schenkte, daß mein Aufenthalt in Dresden ganz davon durchsonnt wurde. Ich nahm dort Privatstunden in Naturwissenschaften, Mathematik und Latein und machte ganz bald die überraschende Erfahrung, daß die intensive, systematische Geistesarbeit überaus günstig auf meinen Gemütszustand wirkte. Besonders der Umgang mit der lateinischen Sprache war es, der mein zerfahrenes Gehirn wieder in Ordnung brachte. Ich gewann Mut und Festigkeit, mein Leben ganz neu in die Hand zu nehmen, konnte mich auch wieder freuen an meiner Umgebung, am Verkehr mit Menschen und an all dem Schönen, das sich mir dort bot. Es war eine an Arbeit und Erlebnissen überaus reiche Zeit. — Während dieses Jahres in Dresden fuhr ich mehrere Male nach Hause und fand dort alles in bester Ordnung. Schließlich gewann ich auch den Mut, ins Ausland zu reisen. Am 1. April 1898 fuhr ich, von Dresden aus, nach Zürich. Dies alles geschah unter voller Einwilligung meines Mannes.

Auf Frau Dr. Fischers Rat belegte ich in Zürich sofort als Hörerin einige Kollegs in Physik und Chemie, nahm noch einige Privatstunden in Latein und Mathematik und war im Oktober jenes Jahres bereit, die Fremden-Matura zu machen, die ich dann auch gut bestand. Daraufhin wurde ich Anfang November 1898 an der Universität Zürich als Studentin der Medizin immatrikuliert.

Drittes Kapitel : Lebenswende

> Der Herr ist nahe bei denen, die zerbrochnen Herzens sind, und hilft denen, die ein zerschlagen Gemüt haben.
> Ps. 34, 19

8 Studentin der Medizin in Zürich

Es war nicht nur der Drang nach Wissen und das Sehnen nach einem idealen Beruf, was mich so weit von zu Hause fortgetrieben hatte, sondern es war auch wiederum eine Anwendung der Selbsthilfe, des Selbsterhaltungstriebes, die mich auf diesen ungewöhnlichen Weg brachte. Und wirklich schien es, als würde mir diesmal die Selbsthilfe einen Erfolg bringen. Ein ganz neues Leben erwachte in mir. Die große, freizügige, lebendige Stadt Zürich, die wunderbare Schönheit der sie umgebenden Landschaft und nicht zum wenigsten die Begeisterung, die mir die alma mater schon im ersten Semester meines Studiums erzeugte, dazu die ganz andre Art Leute, mit denen ich dort verkehrte — das alles übte einen starken Einfluß auf mich aus und gab mir ein Empfinden der Freiheit und der Freude, wie ich es in meinem bisherigen Leben noch nicht kennengelernt hatte. Eine neue, nie gekannte Jugendkraft erwachte in mir, und mein Geist streckte sich der Wissenschaft entgegen.

Besonderen Genuß gewährte mir das Studium der Botanik, das mit herrlichen Ausflügen in die Umgebung verbunden war. Diese lieblichste der Wissenschaften brachte mir manche Stunde reinsten Genießens; aber auch die organische Chemie, die Anatomie des Menschen sowie die vergleichende Anatomie mit dem Tierreich und die Physiologie fesselten mich ungemein. Zwar litt ich sehr unter der mir mangelnden Vorbildung, wie sie die etwa zwölf Jahre jüngeren Kollegen aus dem Gymnasium mitbrachten. Ich mußte daher manchmal bis in die Nacht hinein arbeiten, um mitzukommen, aber es gelang mir gut. Es war ein köstliches Arbeiten, das mich oft mit Staunen und Bewunderung erfüllte.

Wie fesselnd und interessant war es, den menschlichen Organismus kennenzulernen bis in die Struktur seiner Gewebe hinein, im Mikroskop die verschiedenartigen Zellgebilde der inneren Organe zu betrachten, in die Wunderwelt des Auges, des Ohres, des Gehirns hineinzuschauen, dem Geheimnis der natürlichen Menschwerdung nachzuforschen! Und das alles im Zusammenhang seiner Funktionen, unter unwandelbaren Gesetzen des Lebens zu erkennen, das bedeutete für mich eine Kette spannendster Erlebnisse.

Das Wort des frommen Psalmisten: »Ich danke dir dafür, daß ich wunderbar gemacht bin; wunderbar sind deine Werke, und das erkennet meine Seele wohl«, kannte ich noch nicht, aber ich erlebte etwas davon. Und damals war es, daß ich mich ganz nüchtern und schlicht entschloß, ein an sich seiendes, erhabenes, unerforschbares Wesen anzuerkennen, aus dessen Willen und Macht die Welt geworden sei: Gott, den Schöpfer aller Dinge!

Meine Kollegen, soweit ich sie näher kennenlernte, waren zum großen Teil Materialisten; die meisten huldigten der Idee von der Häckelschen »Urschleimzelle«. Das war mir zu blöd. In meinen Gesprächen versuchte ich ihnen zu erklären, daß sie für ihre „Urschleimzelle" mehr Glauben aufbringen müßten als ich für meinen Gott = Schöpfer. Vorläufig war mein »Glaube« aber nichts anderes als eine Theorie, der die Wirklichkeit und Lebendigkeit fehlte. Doch lag er auf jener Linie, die mich schließlich in alle Wahrheit leiten sollte.

Neben der Arbeit blieb mir immer noch freie Zeit zu schönen Spaziergängen, und sonntags machte ich mit andern häufig große Bergwanderungen. Als Kind der nordischen Ebene fühlte ich mich in den Tälern nicht wohl; es zog mich immer auf die Höhen hinauf. Ich liebte es, das Auge unbegrenzt schweifen zu lassen. Die Schönheit der Schweiz machte mich manchmal ganz trunken vor Freude; und da ich sie sehr lebhaft zu äußern pflegte, hatten die Schweizer Bekannten Freude an mir und luden mich oft zu solchen Wanderungen ein. — Mit tiefer Dankbarkeit gedenke ich einiger bedeutender und doch so bescheidener Männer, die ich unter meinen Professoren kennenlernte. Auch manchen tüchtigen Kollegen und etlichen lieben Kolleginnen, neben denen ich jahrelang arbeiten durfte, bewahre ich noch heute ein herzliches Andenken.

Wenn ich an jene schöne Zeit zurückdenke, verwundert es mich nicht, daß damals zum erstenmal in meinem Leben eine echte Frauenliebe in mir erwachte, die mir mit meinen zweiunddreißig Jahren etwas ganz Neues war und die ich im Anfang für gar nichts Gefährliches, eher für eine mich erquickende Freundschaft hielt. Zwar fühlte ich mich immer abhängig von meinem Mann und glaubte auch, ihm durchaus treu zu sein, schrieb ihm fleißig Briefe, ließ ihn an all meinem Erleben teilnehmen und verschwieg ihm auch die neugewonnene »Freundschaft« nicht. — Ich lebte nun in vollen, freien Zügen, kannte mich kaum wieder und schien alle frühere Not vergessen zu haben.

Manchmal aber kam ein leises Erschrecken über mich. »Du bist doch nicht hierhergekommen, um dein Leben zu genießen? Du hast doch nicht daheim alles verlassen, um dich selbst zu befriedigen? Bist du nicht eine Wahrheitssucherin, und hast du dir nicht heilig gelobt, nicht zu ruhen, bis du die volle Wahrheit fändest? Wolltest du nicht das höchste und reinste Ideal im Leben verwirklichen? Führt der Weg dorthin nicht durch Tiefen der Leiden? Und ist dieser Glücksweg nicht vielleicht ein betrügerischer Weg?« So fragte ich mich in einsamen Stunden, und meine Seele drängte sich wieder zum Suchen nach Wahrheit.

Schon in Bremen hatte ich, bevor Nietzsche einen so starken Einfluß auf mich gewann, durch Künstlerfreunde die indische Theosophie kennengelernt, ohne daß sie damals einen tieferen Eindruck auf mich machte. Es war zunächst nur oberflächliches Interesse, das mich veranlaßte, eine theosophische Zeitschrift, die »Sphinx« genannt, zu abonnieren und Bücher ähnlichen Inhaltes zu lesen. In jener Züricher Zeit aber gewann die Theosophie für mich neues Interesse durch meinen Freund, der nach dieser Richtung neigte und mit dem ich meine Zeitschrift und andre theosophische Bücher las. Damals wurde ich auch bekannt mit den Schriften du Prels und mit dem praktischen Spiritismus. Ich besuchte aus Neugier einmal eine spiritistische Sitzung, in der man mich als Medium zu entdecken glaubte, lehnte aber empört und energisch diesen gefährlichen Kult ab. Die indische Theosophie zog mich dagegen an wegen der Logik ihres inneren Aufbaues, und ich las mit wachsendem Interesse die Schriften von Annie Besant, von Helene Blavatzky und die eines berühmten Inders, dessen Name mir nicht zur Hand ist. Eigentliches Talent zu der theosophischen Steigere besaß ich nicht. Die theosophischen Freunde sagten mir, ich sei dafür noch zu »lebig« und müsse wohl noch eine ein- bis zweitausendjährige Entwicklung durchmachen, bevor mir eine Ahnung aufgehen könne von der Ruhe im »Nirwana«. Das kam mir komisch vor, aber ich machte doch eine Zeitlang mit in der mysteriösen Sache.

Schwalb und Nietzsche waren mir zu Stufen in meiner inneren Entwicklung geworden; die Theosophie aber wurde mir zu einer gefährlichen Verirrung, die ins Reich der Finsternis hineinführt. Glänzender Schein, Betrug der Seelen, Höhenwahn des menschlichen Geistes, ein raffiniertes Mittel Luzifers, um die Menschen durch Blendwerk vom Kreuze Christi fernzuhalten — das ist die Theosophie! Wehe denen, die ihr verfallen; sie sind in ihrer vermeintlichen Reinheit und Höhe schlimmer daran als der ärgste Verbrecher im Sumpf und Laster! Auch mir hätte die Theosophie gefährlich werden können, wenn mich in jener Zeit nicht das Studium gefesselt und nüchtern gehalten hätte. Die exakte Wissenschaft mit ihrem Ernst und ihrer Klarheit ist fast heilig zu nennen gegen alle jene Mystifikationen der Seele. Mir wurde sie das gesunde Gegengewicht gegen die theosophische Verirrung. — Der Umgang mit der echten Wissenschaft macht einen ehrlichen Menschen bescheiden und demütig, weil sie ihn lehrt, nichts zu wissen, wenn er scheinbar alles weiß, und weil sie ihn nur bis zur Grenze des Ewigen führen kann und will.

Die angespannte geistige Arbeit des recht ausgefüllten Studiums und all die schweren Eindrücke, die dabei zu verarbeiten waren, wären mir seelisch und körperlich kaum möglich gewesen ohne das Gegengewicht, das mir die wundervollen Ausflüge boten, und ohne die weiten Märsche, die ich mit Studiengenossen und Freunden in der Freizeit unternahm. Oft sind wir am Samstagabend ein Stück mit der Bahn gefahren und dann die mondhelle Nacht hindurch gewandert, um eine Bergspitze zu erreichen, wo wir mit Spannung und Freude den Sonnenaufgang erwarteten. Überall auf den Gipfeln traf man Leute aller Stände, die sich an dem herrlichen Schauspiel erquicken wollten. — War das eine Pracht! Die unermeßbare blaue Weite, in die unzählige weiße, braune und rötliche Bergspitzen hineinragten, die nun purpurn, dann golden überstrahlt wurden von der langsam emporsteigenden Sonne! Tief drunten stille, blanke Seeflächen, oft auch von dichtem, gelblichem Nebelmeer bedeckt, dazwischen sanft ansteigende Wälder, und zu unseren Füßen ein grünsamtner Teppich, mit der unbeschreiblich schönen Flora der Alpen besät. Konnte man in solcher Schönheit, in dieser erhabenen Pracht noch kleinlich bleiben? — Ein kurzer Schlaf dort oben auf weichem Moos unter dem Schatten eines Baumes, ein einfaches Mahl aus dem Rucksack, und neugestärkt ging es abwärts, weit, lang, immerfort; dann noch ein wenig Bahnfahrt, und spätabends kam ich so müde ins Bett, daß traumloser Schlaf mich umfing bis zum Morgen. Selbst im Winter machten wir ähnliche Ausflüge, wenn auch ohne Nachtwanderungen. Manchmal, wenn es unten im Tal zehn Grad und mehr unter Null war und dichter Nebel überm Zürichsee lag, trafen wir auf Bergeshöhen im Mittagssonnenschein fast sommerliche Wärme. — Ich habe immer etwas mitgenommen an seelischer Spannkraft, wenn wir nach solchen Wanderungen zurückkamen an die Arbeit. Verbummelte Studenten, die der Trunksucht verfallen oder auf Dummheiten und Albernheiten geraten, weil sie mit ihrer jungen Körperkraft nichts anzufangen wissen, wie man sie an den Universitäten anderer Länder oft findet, habe ich in Zürich nie gesehn. Wenn einer unserer Kommilitonen ausnahmsweise einige Tage fehlte, dann konnte man sicher sein, daß er braungebrannt wie ein Orientale bald wieder auftauchte. Er hatte inzwischen eine Gletscherwanderung unternommen.

In den Ferien, sofern sie nicht durch Übungskurse oder Praktikum ausgefüllt waren, packte ich einige derbe Kleidungsstücke, etwas Geschirr und Lebensmittel in den Koffer und zog für Wochen oder Monate auf eine einsame Alp. Dort in den Alphütten und auf den Bergen lernte ich Land und Leute in ihrer Unabhängigkeit und Urwüchsigkeit so recht kennen. Einmal war ich in Begleitung zweier Arbeiter ohne Führer auf den Glärnisch gewandert. Es war eine nicht ungefährliche Bergbesteigung, da wir den gebräuchlichen Weg verfehlten; oft hieß es, über tiefe Bergschrunden springen und gehörig klettern. Als wir oben auf dem »Ruchen«, einem der Gipfel, angelangt waren, befiel mich, wohl infolge der Überanstrengung, die Bergkrankheit, ein arger Schwindel, so daß sich alle Berge ringsum zu drehen schienen. Da kam ein derber Senn auf mich zu, tätschte mir mit der flachen Hand auf den Hut: »Du arm's Tröpfli, da nimm«, und reichte mir seine Schnapsflasche, aus der ich ohne Bedenken einen tüchtigen Schluck nahm. Die Bergkrankheit verging, und dem Senn lachte die Freude aus den Augen über seine wohlgelungene Kur.

Durch einen Bekannten war mir einmal ein Aufenthalt auf einer einsamen Alp im Urner Land vermittelt worden, wohin sonst kaum ein Fremder kam. Meine Arbeiterfreunde trugen mir das

Gepäck hinauf, und dann war ich allein dort in einem Alphause, in welchem tagsüber nur ein Huhn und eine Katze neben mir existierten. Dieses Huhn hatte ein dort jagender Geier allein noch übriggelassen. Es krähte wie ein Hahn, legte aber täglich ein Ei, das mir zugedacht wurde. Abends kamen die Bauerntöchter, die am Tage auf einer höhergelegenen Alp arbeiteten, herunter zum Schlafen. Mir war die »Nebenstube« neben der großen Bauernstube angewiesen. In dieser Stube, in der mein Bett stand, befanden sich in einer Nische am Boden sämtliche Sonntagsstiefel der vielköpfigen Familie, und über einer Holzstange hingen sämtliche Strümpfe, die auch nur an Sonntagen getragen wurden, sonst gingen alle barfuß. Ferner stand in dieser Stube ein »Ehleiderchaschte« (Kleiderschrank), in den ich ebenfalls ein »Gewand« hängen durfte. In dem gleichen Schrank befand sich, wie ich später sah, die Sonntagshose des alten Bauern, und in dieser ein großes Portemonnaie mit vielen Goldstücken, die für Käse und Vieh eingenommen wurden. Vor meinen Augen legte der Bauer sein Geld dort hinein. Alles war unverschlossen. Am ersten Sonntag, den ich dort auf der Alp zubrachte, kamen am Morgen ganz früh, ohne etwa anzuklopfen, die Bauernsöhne einer nach dem andern in meine Kammer, um sich dort am Fenster zu rasieren. So etwas war mir allerdings noch nie begegnet, ich lag ganz still und wartete, bis sie wieder hinausgingen. Keiner sagte ein Wort und keiner sah mich an; es geschah das so natürlich und selbstverständlich, daß ich schließlich auch nicht mehr erschrocken war. — In seiner Natürlichkeit und Derbheit kam mir das Leben dort oben sauberer vor, als ich es oft in der Konvention der hochkultivierten Welt gefunden hatte. Auch viel Liebe und Herzenstakt habe ich unter der Landbevölkerung beobachtet, und an der zähen Ausdauer und Geduld der Bauern konnte ich manches lernen. Ich hatte Freude am Echten und Natürlichen und kannte die Schweizer Bauern bald so gut, daß ich unter ihnen wie zu Hause war.

In dieser abwechslungsreichen, lebensvollen und beglückenden Weise verlief mein erstes Studienjahr in Zürich unter den Flügeln der alma mater, die mich nährte und in allem Getriebe behütete, wie nur eine weise Mutter es zu tun vermag. Wie danke ich ihr noch heute für alles, was sie mir gegeben und an mir getan hat!

9 Dem Bankrott entgegen

Aus solcher frohen Zuversicht und ernsten Arbeit heraus reiste ich Ende März 1899 für einige Wochen nach Bremen. Mein Mann empfing mich kühl und kritisch. Ich merkte sofort, daß er anders zu mir eingestellt war als früher. Eine merkliche Entfremdung war zwischen uns getreten. Auch er hatte sich andre Wege gesucht, war in eine Freimaurerloge eingetreten und sah meine damalige Neigung zur Theosophie mit Mißbilligung an. Einige Wochen hindurch versuchten wir, wieder in das frühere gute Einvernehmen zu gelangen, aber es ging nicht. Wir merkten beide, wie wenig wir noch zusammenpaßten. Und eines Tages machte mir mein Mann den Vorschlag, unsere Ehe zu trennen.

Ich erschrak darüber sehr, denn daran hatte ich nicht gedacht und konnte auch nicht gleich meine Einwilligung dazu geben. Ich bat meinen Mann, mir für diese Entscheidung einen Nachmittag Zeit zu lassen. Abends waren wir zu einem kleinen Familienfest bei meinen Eltern eingeladen, wo wir uns wieder treffen wollten. Und dann verlebte ich diesen einsamen Nachmittag in einem Kampf, der mir ans Lebensmark ging. Eine Trennung der Ehe? Das bedeutete für mich ein Hinausgetriebenwerden aus einem sicheren Hafen ins offene Meer. Von meiner Heimat, von Verwandten und Freunden und vor allem von dem Manne fort, der mich geliebt und umsorgt hatte. Das schien mir fast untragbar. Aber er liebte mich ja nicht mehr und verlangte die Trennung; mußte ich ihn da nicht freigeben? Er war noch nicht fünfzig Jahre alt, und das Leben konnte ihm vielleicht noch ein Glück bringen, das er an meiner Seite entbehrt hatte. Durfte ich ihn unter diesen Umständen noch weiter an mir festhalten? Es war eine große Not und ein Schmerz, den ich noch heute, nach vierzig Jahren, nachempfinde. Aber in jenen schweren Stunden zerriß das Band, das mich an meinen Mann gebunden hatte. Jetzt erst merkte ich, wie stark es gewesen war. Als der Abend kam, an dem ich ihm wieder begegnen sollte, war mein Entschluß gefaßt: Ich hatte in die Trennung innerlich eingewilligt. Doch wollte ich ihn bitten, um meiner Eltern und unserer Freunde willen vorläufig noch keine gerichtliche Scheidung einzuleiten.

Als die Gesellschaft vorüber war und wir auf stillem Wege nach Hause gingen, nahm der Mann sein Wort zurück. Auch er war in der Stille gewesen und hatte seinen Kampf gekämpft. Da war es ihm klar geworden, daß er sich von mir nicht trennen dürfe. Seine Liebe zu mir war wieder erwacht, und er bat mich, ihm zu verzeihen und bei ihm zu bleiben. — Ich aber konnte nicht mehr zurück. Jener Kampf war entscheidend gewesen, und unter einer zweiten Lüge wollte ich die Ehe nicht fortsehen. Ich zweifelte auch daran, daß er während der Jahre des Studiums und meines noch längeren Fortseins seinem Entschlüsse treu bleiben würde. — Damals glaubte ich, richtig zu handeln, als ich auf unserer Trennung bestand. Später dachte ich anders darüber. Wir sind dann im Frieden und in Herzlichkeit, fast als Freunde auseinandergegangen. Aber ein gutes, festes Band war zerrissen, Heimat und Rückhalt hatte ich verloren und wußte, daß ich jetzt einsam und schutzlos in der Welt stehen würde. Nach der Trennung von meinem Mann fuhr ich als eine andre nach Zürich wie damals, als ich freudig ausgezogen war, ein neues Leben zu suchen. Die damalige Gebundenheit war mir Freiheit gewesen, und die jetzige Freiheit wurde mir zur Gebundenheit. Es war mir, als wäre mein Lebensschiff auf offenem Meer in einen Sturm geraten; meine Seele wurde wie von einem Strudel erfaßt. Die zarte, innige Frauenliebe, die mir während des ersten Jahres in Zürich ein stilles Glück gewesen war, wurde plötzlich zu einer quälenden Leidenschaft, wie ich sie in meinem Leben noch nie gekannt hatte. — Heute, im Rückblick auf jene Zeit, weiß ich, daß sich damals auch an mir das Wort Jesu offenbarte: »Wer sich von seinem Weibe scheidet, der macht, daß sie die Ehe bricht.« Vor irgendwelchem Ehebruch im gewöhnlichen Sinne blieb ich mein Leben lang bewahrt. Aber doch erwachte damals etwas in mir, das die Bibel »ehebrecherische Art« nennt, das die »Welt« aber je und je glorifiziert oder doch mit den »Forderungen der Natur« entschuldigt hat. Ich wußte es schon damals, wenn auch noch unklar, daß ich mich auf falschem Wege befand. Mein Gewissen strafte mich, aber es hielt mich niemand mehr fest. Die Theosophie versagte mir gründlich irgendwelche Hilfe, und mein Idealismus ließ mich gänzlich im Stich.

Mit sichtlichem Erstaunen hörte der Züricher Freund von der Trennung meiner Ehe und bemerkte die Veränderung in meinem Wesen, die ihm ja nicht gefallen konnte. Er hatte mich als Idealistin, als hochstehende Frau kennen und lieben gelernt und wurde nun enttäuscht an mir. Er war ein rechtdenkender, ruhiger Mann, ein Gottsucher gleich mir, und im Innersten wußten wir es beide, daß eine Ehe zwischen uns mit unserem Gewissen nicht vereinbar wäre. Langsam zog sich der Mann von mir zurück, und dafür danke ich ihm in meinem Herzen noch heute. Damals aber bedeutete das für mich neues, schweres Leiden. Ich fühlte mich von allen Menschen verstoßen und verlassen, war fern von Gott und wurde immer einsamer und unglücklicher. — Nach einiger Zeit der äußeren Trennung kam der Mann, den ich so tief liebte, wieder zu mir. Wir versuchten, aus unserer Liebe eine Freundschaft zu gestalten. Es mißlang, wie alle solche Versuche naturgemäß mißlingen. Wir verkehrten noch längere Zeit brieflich miteinander, dann aber trennten wir uns für immer, um uns nie wieder zu begegnen. Wieviel Kampf und Herzweh war mit dem allen verbunden!

Heinrich Popken bestand bald nach meinem Fortgehen darauf, daß unsere Ehe auch gerichtlich geschieden würde. Doch bat er mich, seinen Namen weiter zu tragen, was ich in dankbarem Erinnern an ihn auch getan habe. Ein uns befreundeter Rechtsanwalt wurde damit beauftragt, den notwendigen Prozeß zu führen. Ihm und besonders meinem Mann vertraute ich und fügte mich seinen Anordnungen, die dahin lauteten, daß ich mich ganz passiv verhalten und den Gerichtsverhandlungen fernbleiben solle. Die offiziellen Einladungen dafür müsse ich nicht beantworten. Ein gerichtlicher Scheidungsgrund läge nicht vor, deshalb müsse es nun so gemacht werden.

Wie erstaunte ich aber, als ich später im Scheidungsdokument las, ich hätte meinen Mann »böswillig verlassen, um Medizin zu studieren«. Die amtliche Aufforderung zu den Terminen hätte ich nicht beachtet und sei in dem Prozeß als der »schuldige Teil« erkannt worden. Das war ja eine Lüge; denn ich studierte mit voller Einwilligung meines Mannes und auf seine Kosten in Zürich. Zwischen uns war alles in Frieden und Freundschaft vor sich gegangen, nicht ein böses Wort war dabei gefallen, wie auch alle Jahre unserer Ehe ohne irgendeinen Streit verlaufen waren, und nun stand ich erschüttert vor diesem Schluß. Mit einer inneren Unwahrhaftigkeit war ich in die Ehe getreten — durch eine Lüge wurde sie wieder getrennt, und ich war und blieb der »schuldige Teil«. Wie schwer war diese Vergeltung! In wieviel Not kann eine irrtümlich geschlossene Ehe zwei Menschen bringen, die doch beide das Rechte zu tun glaubten!

Wie mangelhaft sind doch unsere Ehegesetze, wenn sie es zulassen, daß eine Frau aus Unkenntnis in juristischen Dingen und aus Gutgläubigkeit in eine solche Lage versetzt werden kann! Mein Mann war nun frei von der ihm unbequem gewordenen Frau. Und wenn mein lieber Vater sich nicht bereit erklärt hätte, für meinen Unterhalt vorläufig zu sorgen, wäre ich in einer schweren Lage gewesen. Nun aber war es mir möglich, mein Studium weiterzuführen.

Die Erlebnisse und Kümmernisse dieser Zeit, die Einsamkeit und Schutzlosigkeit, in die ich mich versetzt sah, dazu die anhaltende strenge Arbeit im Studium — das alles machte mich unsagbar elend und zehrte an meiner Gesundheit. Ich bekam eine ernste Bronchitis und eine Herzneurose. Fast jede Nacht wurde ich durch einen Herzkrampf geweckt, und meistens quälte mich ein arger Husten. Dieser Zustand machte sich auch in meiner Arbeit geltend. Den schweren Eindrücken und Anforderungen, die das Studium der Medizin mit sich bringt, war ich kaum mehr gewachsen. Von irgendwelcher Schonung konnte während des Semesters natürlich nicht die Rede sein; nur in den großen Sommerferien konnte ich für Leib und Seele etwas Erleichterung und Erholung suchen in der Natur und in der Einsamkeit.

Im Sommer 1899 brachte ich einige Monate auf einer hochgelegenen Alp zwischen dem Urirotstock und dem Titlis zu. Dort lebte ich tagelang ganz allein in einer Alphütte. Aber anstatt in der Einsamkeit mich zurechtzufinden, litt ich nur noch mehr. Die starre, eisige Bergwelt ringsherum peinigte mich, und ein unaussprechliches Heimweh nach der grünen, weiten Ebene, nach wogenden Kornfeldern, nach der Heide und nach dem Meer erfaßte mich. Verzweifelt und planlos lief ich in den Bergen herum, machte große, oft gewagte Wanderungen, suchte Ruhe oder doch Erleichterung und fand sie nicht.

Einmal, als ich von einer sehr anstrengenden Besteigung des Urirotstock zurückkam, die nicht ohne gefährliche Abenteuer verlaufen war, schien ich am Ende meiner Kräfte zu sein. Ich hatte weit hinuntersteigen müssen und mußte nun wieder hoch hinauf, um auf meine Alp zu gelangen. Da erfaßte mich eine bleierne Müdigkeit, so daß ich glaubte, nicht einen Schritt mehr weitergehen zu können. Vollständig erschöpft blieb ich am Wegrand sitzen und hatte nur einen Wunsch: hier sterben zu können! Glich mein hoffnungsloses Leben nicht einer solchen Bergwanderung, der ich doch einst erliegen würde? — Aber nein, ich mußte doch weiter! Oben auf der Alp warteten ein paar Kinder auf mich, sehnsüchtig, das wußte ich, denn ich hatte ein wenig Licht und Liebe in ihr einförmiges Leben gebracht, Da kam ich zu einer Hütte und bat, ob man mir nicht etwas Milch und Brot geben könne; in meinem Rucksack war nichts mehr. Aber die Leute waren sehr arm und hatten keine Milch im Hause, doch zeigten sie mir einen Weg, der zu einem größeren Bauernhof führte. Mühsam schleppte ich mich bis dorthin und fand eine freundliche Frau, die sich anerbot, sofort eine Kuh zu melken. Sie führte mich in ihre heimelige Stube. Als ich dort wartend am Tische saß in unbeschreiblicher Not des Leibes und der Seele, öffnete sich die Tür, und ein kleines, etwa vierjähriges Mägdlein mit blondem Haar und großen, blauen Augen kam herein. Furchtlos kam es näher, und als es mich so vertrauensvoll anschaute, da kamen mir Tränen in die Augen. Flugs kletterte das Kind ohne meine Aufforderung mir auf den Schoß und begann mein Gesicht zu streicheln und seinen Kopf an meine Wange zu legen. Das war etwas so unendlich Liebliches, daß es wie Balsam auf meine Wunden wirkte. So fand uns die Mutter, als sie Milch und Brot und Butter brachte. Nun konnte ich gründlich essen, und es war, als ob neues Leben mich durchflutete. Eine Bezahlung lehnte die freundliche Frau ab und verabschiedete mich so herzlich, daß es mir warm und wohl dabei wurde. Ich hatte mir die Adresse der Leute notiert, und am nächsten Weihnachtsfest erhielt das Marieli eine schöne „Titi-Babe" (Puppe) von mir. — Nach solcher äußeren und inneren Labung vermochte ich weiterzuwandern, und als ich in der Dämmerung auf meine Alp zurückkam, da stürzten mir die Kinder entgegen; man hatte schon Sorge gehabt, als ich so lange ausblieb.

So wurde ich immer wieder getröstet, oftmals durch Kinder, die mir mein Leben lang voll Vertrauen zugelaufen sind. Wie nahe war ich damals dem Gott alles Trostes, den ich doch mein Leben lang gesucht hatte, und fühlte mich ihm so verzweifelt fern! Das Wort Jesu: »Kommet her zu mir alle, ihr Mühseligen und Beladenen, und ich werde euch zur Ruhe bringen« kannte ich noch nicht. Seine Hand aber war nach mir ausgestreckt — ohne Aufhören — und ich wußte es nicht, sondern irrte in meiner Not immer weiter von ihm ab.

Treue, gütige Menschen, die mir in jener Zeit begegneten, haben mir, wohl ohne es zu wissen, manchmal wertvolle Hilfe geleistet. Ich verkehrte in einigen lieben Schweizer Familien, in denen ich trotz all meinem Elend freundliche Stunden verlebte. Ein gläubiger, gleichaltriger Kollege, mit dem ich öfters zusammen war, führte mich ebenfalls in seine Familie ein, und dort war es, wo man zum erstenmal für mich betete. Dieser Kollege, der sehr gütig zu mir war und mit dem mich eine kollegiale Freundschaft verband, nahm mich eines Tages mit nach Männedorf in eine Bibelstunde von Samuel Zeller. Dort gewann ich einen merkwürdigen Eindruck von dem, was dieser Gottesmann sagte. Zu meiner Überraschung und Beschämung mußte ich fast während der ganzen Stunde weinen — warum, das war mir nicht klar. Als ich mit ganz verweintem Gesicht an der Seite meines Kollegen aus der Kapelle kam, trafen wir mit Samuel Zeller zusammen. Mein Kollege, der ihn kannte, begrüßte ihn und stellte mich vor. Ich war wegen meines dummen Weinens ganz verlegen und sagte kein Wort, der alte Zeller aber schaute mich durchdringend an und sagte: »So, so. Sie studieren Medizin — na ja«; eine Pause — und dann ganz unvermittelt: »Das ist meine größte Freude, daß wir einen Hohenpriester haben.« Dann gab er mir die Hand, sagte: »Leben Sie wohl«, und man ging. Ich verstand nicht, was er mir sagen wollte mit dem »Hohenpriester«, und wußte nicht recht, wer das sei. Mein Herz war noch verschlossen gegen eine Begegnung mit dem Herrn, die ich damals hätte erleben können. Ich ging weiter auf meinem dunklen Wege und machte noch einige Versuche, die Wahrheit zu finden. Dabei lernte ich auch die »christliche Wissenschaft« kennen und wäre beinahe dem Gesundbeter Dowie in die Hände geraten.

Im Sommer 1900 suchte ich wieder die Einsamkeit auf. Dieses Mal ging ich für die dreimonatigen Ferien auf eine Alp im Toggenburger Lande. Kurz vorher hatte ich einen schmerzlichen, wie ich glaubte, letzten Abschied durchlebt nach einer Zusammenkunft mit dem Manne, den ich immer noch liebte.

Mit schwerem Druck im Herzen, fast verzweifelt, kam ich auf die Alp. Dort in der Einsamkeit kam der Jammer meines Lebens stärker über mich als je zuvor. Nachdem ich ein wenig zur Ruhe gekommen war, hielt ich eine gründliche Abrechnung mit mir selbst. Wohin war ich geraten mit allen meinen Idealen, mit meinem Suchen nach Wahrheit? Was hatten mir alle meine Leiden und Kämpfe eingetragen? — Vor mir lag ein schweres Leben, voll Arbeit, Entbehrungen und Herzensöde. Meine untergrabene Gesundheit, die angegriffene Lunge, das kranke Herz und die noch kränkere Seele machten es ja fast unmöglich, den schweren ärztlichen Beruf auszuüben. Aber ein Zurück gab es für mich nicht mehr. Was sollte ich beginnen mit diesem ruinierten Leben? Mich schauderte vor einer so ungewissen Zukunft. Und unter all diesen Schmerzen und Konflikten trat immer wieder die Furcht an mich heran, geisteskrank zu werden. Dieser Schrecken durfte nicht über mich hereinbrechen, dem mußte ich zuvorkommen.

Da beschloß ich ganz kühl und nüchtern, meinem Leben ein Ende zu machen. Wieweit dieser furchtbare Entschluß von meinem krankhaften psychischen Zustand beeinflußt war, wage ich nicht zu beurteilen. Tatsache aber war ein vollständiger Bankrott meines bisherigen Lebens und Strebens. Wie qualvoll und beschämend war dieser Zusammenbruch meines ganzen Seins, auch des scheinbar Wertvollen in mir! Aber mußte es nicht so weit kommen, mußten mir nicht vollständig die Augen geöffnet werden für mein verkehrtes und ach so vergebliches Ringen um Wahrheit und Wirklichkeit? Und war dieser Bankrott nicht notwendig zum Reifwerden für eine wirkliche Begegnung mit Gott? — Ja, es mußte alles in mir umgedreht und umgewertet werden, auch mein Gutes mußte mir wertlos, mein bestes Wollen als Ohnmacht erscheinen, bevor ich Gott als lebendige Wirklichkeit, als das ganz Andre und als Kraft erleben konnte. Das sah ich bald schon in voller Klarheit.

Damals aber war mir der Sinn all jener Leiden verhüllt, und nichts war mir geblieben als maßloser Jammer und dumpfe Verzweiflung. Ich fand in mir selbst nur völliges Unvermögen, mein ruiniertes Leben weiterzuschleppen. Und außer mir selber sah ich keinen Stützpunkt, der mir einen Ausblick, eine Hoffnung hätte geben können; alles hatte versagt, was mir früher groß und gut erschienen war. Trostlose Leere und Öde starrte mich an, so daß der Entschluß zum Selbstmord mir noch eine Art Erleichterung verschaffte.

Dieser furchtbare Zustand aber führte mich endlich zu einer realen Begegnung mit Gott.

10 Heimgefunden

Es war in der Dämmerung eines unter Selbstmordgedanken zugebrachten Tages, als ich in düsterem Hinbrüten in meiner Firstkammer saß. Da stand plötzlich ganz ungesucht ein merkwürdiges Bild vor meinem inneren Auge; es war eine Art Vision, die aber wohl dem Grund meiner eigenen Seele entstammte. Ich sah mich auf einem schmalen, gefährlichen Wege, einer Art Felsengrat, wandeln, zur Linken war ein tiefer Abgrund — und zur Rechten war ebenfalls ein tiefer Abgrund. Beide waren ganz dunkel, und der Weg war schwindelerregend und schrecklich, ich konnte weder vor- noch rückwärts, meine Knie zitterten, das Herz klopfte mir zum Zerspringen, und ich dachte: Jetzt wirst du in den Abgrund hinunterstürzen! Tiefes Grauen überfiel mich. Da sagte etwas in mir: »Der Abgrund zur Linken ist die Verzweiflung, der Abgrund zur Rechten ist Gott.« Es war, wie wenn ich einer Stimme lauschte, die zu mir sprach und die doch in mir selber war. Dann sagte diese Stimme: »Wirf dich in den Abgrund zur Rechten, so machst du deinem Leben ein Ende« - und plötzlich - ohne daß ich wußte, wie es kam, lag ich auf den Knien, und zwar genau in derselben Stellung, wie ich sie einzunehmen pflegte als kleines Kind, wenn ich nachts in meinem Bett zu dem »lieben Gott« redete. An diese Stellung hatte ich seither nie mehr gedacht. Bei all meinem Gottsuchen war es mir nie in den Sinn gekommen, mich vor ihm zu beugen. Was hätte denn auch die stolze Humanistin und Theosophin auf die Knie treiben können? Nun aber lag ich da in der kleinen Firstkammer in jener einzigen Stellung, die ein sündiges, von Leid zerbrochenes Herz vor seinem Gott einzunehmen hat, und in diesem Augenblick war es, als versanken dreißig Jahre meines Lebens in das Meer der Gnade, und ich müßte dort wieder anfangen, wo ich als kleines Mädchen steckengeblieben war, als ich an jenem ersten Schultage die große Enttäuschung erlebt hatte und meinen lieben Gott nicht mehr finden konnte.

Wie lange ich an jenem Abend vor Gott gelegen und was ich zu ihm gesagt habe, das kann ich hier nicht wiederholen und weiß es auch nicht mehr genau. Eines nur weiß ich und vergesse es nie, daß es ein stilles, seliges Nachhausekommen war, und daß der liebende Vater, der schon lange nach mir ausgeschaut hatte, mich aufnahm als ein verloren gewesenes, wiedergefundenes Kind. Von einem wundersamen Frieden umgeben, erhob ich mich von den Knien, um mein Nachtlager aufzusuchen. Ich legte mich so ruhig zum Schlafe nieder, wie ich es damals als Kind nach einer gründlichen Aussprache mit dem lieben Gott zu tun pflegte. Und so wie damals, als mich oft ein Heller Schein umleuchtete, war mir das stille Licht der Gnade und der Liebe Gottes ins Herz gefallen.

Zum erstenmal nach vielen Monaten schlief ich in dieser Nacht fest und selig wie ein unschuldiges Kind. Als ich am andern Morgen erwachte, fand ich mich nicht gleich zurecht; es war mir zumute wie einem Kinde, das am Abend vorher Weihnachten gefeiert und viele schöne Geschenke bekommen hat und am Morgen beim Erwachen ein unbestimmtes Glück empfindet, auf das es sich aber erst besinnen muß. So mußte auch ich langsam überlegen, was mit mir geschehen war. Oh, ich hatte ja am gestrigen Abend einen Selbstmord begangen, hatte mich in den Abgrund zur Rechten gestürzt und so meinem bisherigen Leben ein Ende gemacht! Wie in einem Traum befangen stand ich auf, legte mich wieder auf die Knie und dankte meinem Gott und Vater für die Heimat, die er einem so schnöden Kinde durch mehr als dreißig Jahre des Irrens und Suchens hindurch bewahrt hatte.

Noch war mir das alles wie ein Wunder, ich wagte kaum zu atmen, kaum zu reden und umherzugehen aus Furcht, das stille, selige Glück könnte mir wieder entschwinden — so zart, so neu, so unfaßlich war es mir. Einen Tag lang ging ich wie im Traum umher, immer leise vor mich hin mit Gott redend. Dann kam es wieder wie ein Wind und eine dunkle Welle über mich. »Siehst du wohl«, sagte meine Vernunft, »dein altes Elend ist ja doch noch da, du schwärmst, und du betrügst dich; deine Seele gaukelt dir mitten in der Wüste eine Fata Morgana vor« — aber sofort legte ich mich aufs neue auf die Knie, betete an, dankte und pries Gott für seine Gnade. Da ging die Versuchung vorüber, und der Friede war wieder da. So trieb ich es tage- und wochenlang in einem ganz einfältigen Glaubenskampf. Zwischenhinein erledigte ich meine Ferienarbeiten für die Universität, bereitete mir auf einem Spirituskocher meine einfachen Mahlzeiten und spielte mit den Kindern meiner Wirtsleute. — Das waren die köstlichsten und heilsamsten Ferien meines bisherigen Lebens; nicht nur wurde mein Herz nach und nach ruhig und glätteten sich die Wogen der Seele, sondern auch »meine Gebeine wurden fröhlich«, und ich fühlte, wie von Woche zu Woche meine seelische und körperliche Gesundung zunahm. Dabei hielt ich im Glauben fest, was ich erlebt hatte, und prägte es meinem Denken und Wollen ein, daß mein altes Leben nun in den Abgrund geworfen sei, daß Gott mich angenommen habe und daß ich nun seine Wege erforschen und gehen wolle.

In diesem mir ganz neuen Zustand ging ich in die alte Arbeit und in die alten Verhältnisse zurück, um mich von da an täglich von der Wirklichkeit meines Heimgekehrtseins überzeugen zu können. Ich schrieb meinem Freunde von diesem wunderbaren Erlebnis; er freute sich mit mir und schickte mir einige gute Bücher, die mir auf dem neu eingeschlagenen Wege wesentlich halfen. Hinter diesen Büchern befand sich die bekannte kleine Schrift von Bernieres de Louvigni: „Das verborgene Leben mit Christo in Gott". Dieses Büchlein machte damals einen besonders tiefen Eindruck auf mich. Ich trug es immer in der Tasche, und wenn ich zwischen den Kollegs und sonst am Tage einige Minuten Zeit hatte, las ich heimlich darin. Ich war zwar heimgekommen zum Vater, und wußte doch so wenig von ihm. Mein Herz verlangte danach, den kennenzulernen, der so große Dinge an mir getan. Aber ich wußte nicht recht, wie das zu machen sei, denn mit allen meinen früheren Strebungen zu Gott hin konnte ich jetzt nichts anfangen; es war mir, als träfe dieses alles nicht das Ziel. Ich legte es deshalb als unbrauchbar beiseite.

In meiner Studentenstube lag auf einem kleinen Tisch eine große Bibel, die ich mir von daheim mitgebracht und in der ich auch manchmal gelesen hatte. Jetzt aber wagte ich nicht, sie anzurühren. Bisher war die Bibel für mich nicht das Buch der Bücher gewesen, die »Heilige Schrift«, sondern ich hatte sie unter dem Licht der Schwalbschen Bibelkritik gelesen und wußte nun nichts mit ihr anzufangen. Auch zum rechten Beten blieb mir nicht viel Zeit, da ich von morgens früh und oft bis in die Nacht zu arbeiten hatte. Nur abends und morgens, zuweilen auch in der Mittagszeit, kniete ich nieder, um mich vor Gott zu beugen und ihn anzubeten. Aber im Herzen redete ich viel mit Gott, so ähnlich, wie ich es als Kind getan hatte. Und unzählige Male am Tage, besonders in allen Anfechtungen und Lebensentscheidungen, sagte ich zu meiner Seele: »Du bist nicht mehr dein eigen, du hast dich in den Abgrund geworfen, du gehörst Gott und du wirst ihn erkennen und seinen Weg gehen.« — Allein war ich nun nie mehr, ich fühlte immer etwas Unsichtbares, Freundliches, Gütiges um mich, das mich führte und stützte und mich durchschaute, aber ich konnte es nicht in feste Begriffe fassen und sehnte mich danach, den Gott, den ich fühlte, auch zu erkennen und zu begreifen. Täglich sah ich die geschlossene Bibel auf meinem Tische liegen, und oft trieb es mich, sie zu nehmen und mich darein zu vertiefen. Aber dann hieß es in mir: »Noch nicht, du hast ja keine Zeit zum Forschen, warte nur, es kommt dann schon.« Von dem schon erwähnten gläubigen Kollegen hatte ich des öfteren gehört, die Bibel sei die Offenbarung Gottes an die Menschen. Nun sehnte ich mich immer mehr nach diesem Buch und wagte doch nicht, es zu lesen. — O, du weise Erziehung meines Gottes, wie war das so gut! Inzwischen fiel mein falscher Bibelbegriff zusammen und entschwand meinem Gedächtnis vollkommen; er wurde vom wachsenden Glauben gleichsam verschlungen, so daß ich ihn nie mehr wiederfand.

So lebte, arbeitete, betete und wartete ich dreiviertel Jahr lang, bis im August die großen Universitätsferien wieder gekommen waren. Da packte ich diese große Bibel mit meinen Bergkleidern in den Koffer und ging wieder auf die gleiche Alp im Toggenburger Lande, auf welcher ich im Jahr vorher ein solch großes Wunder der Gnade erlebt hatte.

11 Sonnenaufgang

Der Empfang auf der Alp war sehr herzlich. Die kleine Firstkammer über dem Kuhstall war zu meiner Aufnahme bereit. Ein neugefüllter Laubsack lag in dem großen Bett, über welchem die Bauernfrau eine altertümliche Brautkrone aus Glasperlen aufgehängt hatte. Ein Kleiderschrank, ein Tisch, ein Stuhl — das war die Ausstattung des kleinen Raumes, von dessen Fenster aus man über grüne Matten und Tobelwälder bis zu dem alten, ehrwürdigen Säntis hinübersah.

Wie schön war es zuweilen auf der Orlenalp im Toggenburger Land! Dort war ich wie zur Familie gehörig. Wenn die Alpleute tagelang fort mußten, um hoch in den Bergen das Spätheu zu gewinnen, dann überließen sie mir getrost das Haus und die Kinder. Einmal hatten alle drei gerade in dieser Zeit die Masern, da konnte ich ihnen »lügen«, und die Eltern waren froh darum. Die

Bäuerin hat in ihrer freien Zeit manche Wanderung mit mir gemacht; dann gingen wir frühmorgens in der Dämmerung fort, und unterwegs schüttete sie mir gern das Herz aus. Der alte Großvater kam von weit herauf, um sich von mir das steife Knie massieren zu lassen. Als ich ihm leine Rechnung dafür machen wollte, brachte er mir vom Besten, das er hatte und das er wie ein Kleinod heraustrug: es war ein Glas mit jahrealtem Berghonig, der schon dunkelbraun war vor Alter. Das wäre das beste Heilmittel gegen alle Krankheiten. — Die drei Mädelchen saßen oft unter meinem Fenster und sangen ihre Schweizerlieder, bis ich herunterkam, mit ihnen zu spielen. Dann mußte ich »der böse Wolf« sein, und sie waren die Schäflein, die ich verfolgte, zuletzt aber durften sie mich fangen und den Haushügel hinunterrollen. Das war eine Freude! Der Bauer hatte mich den eigenartigen Toggenburger Kuhruf gelehrt, und als er meinte, ich könnte ihn nun so gut wie er selber, da wollte ich ihn erproben, ging auf den Weidehügel und ließ meinen Ruf los. Nein, so hatte ich mir seine Wirkung nicht gedacht! Die ganze Herde, Kühe und Jungvieh und Öchslein, rannte auf mich zu — da ergriff ich die Flucht vor ihnen, sprang über einen Zaun, und als ich mich gerettet umdrehte, da stand das gute Vieh und glotzte mich verständnislos an, der Bauer aber krümmte sich vor Lachen. Beim Schweineschlachten, das sehr schonend gemacht wurde durch einen sicheren Schuß ins Gehirn, mußte ich natürlich auch dabei sein, und der intelligente Metzger gab mir beim Zerlegen Anatomieunterricht über dieses nützliche Säugetier. Einmal war ein sehr schweres Gewitter, da saßen wir alle beieinander in der Wohnstube. Der Bauer wollte wissen, wieso es denn so blitze und donnere, und ich mußte ihm die physikalischen Vorgänge beim Gewitter erklären. Die Kinder aber drängten sich eng an mich und baten um eine Geschichte. Ich erzählte die wundervolle Geschichte von Joseph und seinen Brüdern. Wie gespannt sie lauschten! Aber bei jedem neuen Blitz versteckten sie ihre Köpfe an mir. Als Joseph seinen Bruder Benjamin erkannte und hinausgehen mußte, um seine Tränen zu verbergen, da wurden die Kinderaugen feuchtglänzend, und der Bauer wischte sich mit dem Handrücken über die Augen. Und als das Gewitter vorüber war, holte das älteste der Mädchen seine Akkordzither, und wir sangen alle miteinander einen Choral. — Ja, dort oben war ich wie daheim, und nie habe ich vergessen, wieviel Liebes mir die guten Leute getan haben. Sehr erfrischt ging ich nach solchen Ferien an die Arbeit zurück.

Dieses Mal hatte ich nur die Bibel mitgenommen, alle wissenschaftlichen Bücher aber absichtlich zu Hause gelassen. Als Zweck meiner Ferien bewegte mich kein andrer Gedanke als der, die Bibel zu erforschen nach Gottes Wesen, nach seinem Willen und nach seinen Wegen. Ich dachte: wenn der Kollege recht hat mit seiner Behauptung, daß dieses Buch eine Offenbarung und Inspiration des lebendigen Gottes ist, dann muß es etwas sehr Heiliges sein. Ich wollte dies einmal als Tatsache annehmen und danach handeln und dachte, dann werde es sich ja erweisen, ob Gott durch die Bibel wirklich persönlich zu mir reden würde. Auch war mir im Laufe des verflossenen Jahres die Frage brennend geworden: »Wer ist dieser Jesus? Wie habe ich mich zu ihm zu stellen?«

Mein Zimmer lag nach Osten, und morgens in aller Frühe weckte mich die aufgehende Sonne. Dann stand ich sofort auf, legte meine Bibel auf den Stuhl, kniete davor nieder und betete mein Morgengebet. Ich bat Gott inbrünstig, mir zu zeigen, was ich aus der Bibel zu lesen hätte und daß er durch dieses heilige Buch zu mir reden wolle. Während dieser ganzen Zeit las ich die Bibel auf den Knien und niemals, ohne vor und nach einer Lesung zu beten. Ich tat es instinktiv wie damals in der Kindheit, als ich in meinem Bett mit dem »lieben Gott« redete. Jetzt sollte er mit mir reden! War das nicht noch heiliger, als wenn ich mit ihm redete? Und mußte ich dabei nicht niederknien? — Ich las ganz langsam Satz für Satz ohne Anstrengung des Gedächtnisses, nie bis zur Ermüdung und nie länger, als bis irgendein Wort in mich hineinfiel und so Gott zu mir redete. Zwischenhinein ging ich spazieren oder ruhte ein wenig auf meinem Laubsack, kochte mein Mittagsmahl, spielte mit den Kindern oder lag draußen in der Sonne. — So erlebte ich im Anfang die Bibel, und Gott redete eindringlich und deutlich zu mir in seinem Wort.

Wie von innen geleitet, hatte ich mit dem Lesen bei der Apostelgeschichte begonnen. Wie wunderbar waren doch die Dinge, die dort erzählt wurden! Es war mir, als hätte ich das noch nie vorher gelesen. Den größten Eindruck in dieser Geschichte machte mir die Bekehrung des Paulus. Ich sehnte mich danach, noch mehr von seinem inneren Leben und von seinem Schicksal zu erfahren, und las darauf, ohne verstandesgemäß die Wahl zu treffen, die beiden Briefe an die Korinther. Danach erfaßte mich ein starkes Verlangen, den »Herrn« des Paulus näher kennenzulernen und mit ihm in eine lebendige Beziehung zu treten. Wieder wie von innen getrieben, begann ich nun der Reihe nach die Evangelien zu lesen in der langsamen, feierlichen Weise, wie ich's mit der Apostelgeschichte begonnen hatte. Fast den ganzen Tag hindurch bewegte ich das Gelesene in meinem Herzen, und von einem Tag zum andern wuchs mir immer größer die Gestalt des Menschen- und des Gottessohnes aus den Evangelien hervor. Manchmal mußte ich das Lesen unterbrechen, um Gott mit Tränen anzubeten. Irgendein Gedanke an vergleichende Bibelkritik oder dergleichen kam mir nie, das war mir alles entschwunden vor der Wirklichkeit des lebendigen Gottes, vor dem Wort der Wahrheit, durch das ich immer tiefer hineinsah in die wunderbare Persönlichkeit Jesu. Ich sah ihn mit innerem Auge, aber noch hatte ich keine Verbindung mit ihm. Dann kam ich an das Evangelium des Johannes, und dieses machte mir den stärksten Eindruck von den vier Evangelien. Oft fühlte ich unter dem Lesen das leise Wehen des Geistes, und manchmal ging es wie ein Beben durch meine Seele. So kam ich zum neunzehnten und zwanzigsten Kapitel, zur Geschichte der Kreuzigung, der Grablegung und der Auferstehung, und voll heiliger Ehrfurcht sagte ich öfters in meinem Herzen: »Ich glaube, Herr, ja ich glaube.«

Dann las ich den Schluß des zwanzigsten Kapitels. Es war an einem Abend, der sich mit Flammenschrift meinem Herzen eingeprägt hat. Ich las, wie der Auferstandene durch verschlossene Türen zu seinen Jüngern kommt, wie er ihnen seinen Friedensgruß spendet und ihnen seine durchgrabenen Hände und die durchstochene Seite zeigt. Thomas ist nicht da – und er zweifelt! Da kommt der Herr zum andermal, und Thomas hört die Worte: »Reiche deinen Finger her und siehe – meine Hände! Und reiche deine Hand her und lege sie in meine Seite.« Als ich in tiefer Versunkenheit las, wie unter dieser wundersamen Berührung dem Zweifler die Augen geöffnet werden und wie er Jesus anbetet mit dem Bekenntnis:»Mein Herr und mein Gott« – da konnte auch ich mit den Händen des Glaubens ihn anrühren wie Thomas. Besiegt und überwunden fiel ich vor ihm nieder und betete ihn an: »Mein Herr und mein Gott!«

Und dann war keine Trennung mehr zwischen ihm und mir. Ich fühlte die Gegenwart des Herrn so deutlich, daß ich von diesem Augenblick an mit voller Klarheit wußte: Er lebt! Er ist auferstanden! Er lebt auch für mich.

Ich war allein und doch nicht allein in der kleinen Kammer, ich wußte: Jesus ist da durch seinen Heiligen Geist; du kannst mit ihm reden und er mit dir. Ich gab ihm mein Herz, ich gab ihm meine Seele, ich gab ihm meinen Leib, ich gab ihm mein ganzes Leben, und ich sagte ihm: »Hier bin ich, tue mit mir, was du willst. Dich habe ich gesucht von meiner Kindheit an. Du bist die volle Wahrheit, nach der ich mich so heiß gesehnt habe! Nun weiß ich, daß du mich gerufen hast von Mutterleibe an, wie du den Paulus gerufen hast und noch viele, viele Andere. Nun bist du mir der Weg und die Wahrheit und das Leben. Fortan gehöre ich dir. Und nun bin ich auch bereit, zugrunde zu gehen an dieser Wahrheit, wie ich es gelobt habe, damals nach jenem schrecklichen Vortrag.« Und er hat mich angenommen als sein Eigentum! Jetzt wußte ich mit allen Fasern meines Wesens − und habe es keinen Augenblick mehr vergessen: Ich habe den gefunden, von dem die Propheten geredet haben − und die Sonne ist aufgegangen über meinem Lebenstag. Oh, unaussprechliche Freude!

In der Nacht nach jenem wundervollen Geschehen hatte ich ein merkwürdiges Erlebnis: Ich erwachte plötzlich, mit unruhig klopfendem Herzen, an einem lauten Krachen und sah» ein unheimliches, bläuliches Licht in meinem Zimmer und etliche grauenhafte, dämonische Gestalten. Ich erschrak heftige es war mir zum Ersticken bang. Da begann ich den Namen »Jesus« zu rufen, fest und laut − und der Spuk verschwand. Ich aber wußte nun, daß auch die Hölle eine Wirklichkeit ist und daß nicht nur der Herr der Herrlichkeit, sondern auch die Majestät der Finsternis auf mich gewartet hatte, um mich hineinzuziehen in den »Abgrund zur Linken«. Es ist ihr nicht gelungen trotz all ihrer Listen und Ränke; ein Stärkerer kam und nahm ihr den Raub zum Preis seiner Herrlichkeit.

Lobe den Herrn, meine Seele, und alles, was in mir ist, seinen heiligen Namen!

Nach diesem machtvollen Ereignis, dem einschneidensten und wichtigsten in meinem Leben, blieb ich noch etliche Wochen auf jener stillen Alp. Es war eine glückselige Zeit! Diese Bekehrung glich tatsächlich einem Selbstmord. Ich existierte nicht mehr in meinem vorigen Dasein, war der äußerlichen Wirklichkeit wie entrückt und lebte in einer vollkommen anderen Welt. Es war mir, als hätte ich nach langer, stürmischer Seefahrt einen

Schiffbruch erlitten und wäre durch wilde Wogen auf eine einsame Insel geschleudert worden, wo ich nun zu neuem Dasein in ganz neuer Erkenntnis erwacht sei. Aber nicht in einer Fremde befand ich mich, sondern in der längst ersehnten und nun gefundenen Heimat. Und eine Stimme sprach zu mir (ich weiß nicht, war sie außer mir oder in mir): »Siehe, das ist dein Reich, ich gebe es dir; gehe nun, es zu entdecken und einzunehmen.«

Dieses neue Reich aber offenbarte sich mir in der Heiligen Schrift. Ich las und las, machte alle Tage neue Entdeckungen, jubelte, weinte und betete. Und ich sah »seine Herrlichkeit, eine Herrlichkeit als des eingebornen Sohnes vom Vater voller Gnade und Wahrheit«. Mich selber aber sah ich nicht mehr, mein vergangenes Leben schien mir wie ausgelöscht oder wie wenn ein Vorhang darübergezogen wäre. Ich war blind gewesen und nun sehend geworden, das neue Blickfeld aber lag in einer ganz anderen Welt. Ich war arm gewesen wie eine Bettlerin am Wege, hatte gehungert und gefroren, aber ganz plötzlich war ich reich geworden, unermeßlich reich, ein Königskind in einer Welt voll Licht. Diese Welt habe ich in mich hineingetrunken, habe vom Brot des Lebens gegessen und aus seiner Fülle Gnade um Gnade genommen.

Ja, es war eine glückselige Zeit mit reicher Ernte für den inwendigen Menschen, indes mein äußerer Mensch ein ganz natürliches, stilles Dasein führte.

Dem Sommer folgte der Herbst, kaum daß ich es merkte. Als aber der Winter dort oben mit Frost und starkem Schneefall einrückte, da wurde es Zeit, für die Talfahrt zu rüsten. Auf einem Ackerwägeli mit einer Kuh davor führte mich der freundliche Bauer hinunter zur Bahnstation. Mit Freude und Dankbarkeit gedenke ich der guten Leute, die mich so liebevoll aufgenommen hatten in ihrem Heimwesen im Toggenburger Land, wo die Sonne meines Lebens mir aufgegangen ist.

Viertes Kapitel : Auf dem neuen Wege

*Wir sind sein Werk, geschaffen in Christo
Jesu zu guten Werken, zu welchen uns
Gott zuvor bereitet hat, daß wir darin
wandeln sollen.* Eph. 2,10

12 Von lichter Höhe ins Tal hinab

Leicht ist mir dieser Abstieg nicht geworden. Dort oben hatte ich wie auf einer Insel der Seligen gelebt, und nun sollte ich wieder umfangen werden von der Wirklichkeit des Irdischen. Die äußere Welt, die mir dort oben versunken war, trat mit ihren Anforderungen und Problemen wieder an mich heran und fragte eindringlich: Was soll nun werden? War es denn ein Traum gewesen, was ich dort oben erlebte, oder war dies Irdische Unwirklichkeit, war es nur Vorstellung und Traumgebilde? Würde es mir je gelingen, diese beiden verschiedenen Welten miteinander in Einklang zu bringen? War es nach jenem großen Erleben denn noch möglich, wissenschaftlich zu arbeiten und mich auf den ärztlichen Beruf einzustellen? Sollte ich mir nicht ein geistliches Wirkungsfeld suchen, etwa in der Inneren oder Äußeren Mission? Oder sollte ich mich nur noch dem Studium der Bibel widmen? Mein ganzes Sein war ja verwandelt, mein Weltbild hatte sich verändert, meine früheren Ideale waren dahingefallen, und mein Sinn stand nicht mehr nach hohen Dingen. — Ader wäre es möglich, mein irdisches Können und Wissen in den Dienst des neuen Lebens zu stellen? Solche Fragen begannen mich zu bestürmen, doch blieb mein Herz dabei in Ruhe und Gelassenheit. Ich gehörte ja nicht mehr mir selber; mein Leben stand in der Hut des Höchsten, und auf ihn wollte ich warten, nach seinem Willen mein Leben einrichten. Aber auf all mein Beten und Fragen kam mir keine göttliche Antwort. War das Irdische wieder zu stark zwischen mich und den Herrn getreten? Konnte ich seine Stimme nicht mehr hören, die mir dort oben so vertraut geworden war? — Die tägliche Arbeit ging inzwischen weiter, und keine göttliche Mahnung rief mich heraus, kein deutlicher Fingerzeig wies auf einen andren Weg.

Nach sechs Semestern wissenschaftlicher Studien und eifrigen Forschens hatten mit diesem Winter (1901) die klinischen Semester begonnen. Mit einer gewissen Spannung wartet wohl jeder Student der Medizin auf den Zeitpunkt, da er sein bisher gesammeltes Wissen endlich in der Praxis anwenden lernt. Aber — O weh! Den meisten strebsamen Studenten bleiben da arge Enttäuschungen nicht erspart. An vielen Kranken- und Sterbebetten müssen sie die schmerzliche Entdeckung machen, daß die mühsam erworbenen Kenntnisse und die begeistert aufgenommene Wissenschaft dem kranken Menschen gegenüber oft nicht halten, was sie versprechen. Für mich war diese Enttäuschung wohl deshalb besonders schmerzlich, weil ich älter und reifer war als meine Kollegen und zuviel Hoffnung auf die Resultate des medizinischen Studiums gesetzt hatte. In meiner gründlichen Art hätte ich gern jeden Fall genau durchstudiert und begriffen, und die Oberflächlichkeit des »Systems« wirkte oft so verblüffend auf mich, daß ich versucht war, schon nach dem ersten klinischen Semester das medizinische Studium aufzugeben. Aber ohne klare, göttliche Leitung wäre mir das wie Fahnenflucht erschienen. So arbeitete ich weiter in der Hoffnung, es werde mir noch gezeigt, wie mein Leben und Arbeiten sich in der Zukunft gestalten solle.

Am schwersten enttäuschte mich das Studium der Psychiatrie, an das ich mit hohen Erwartungen herangetreten war. Von jeher war mir die kranke Seele eines Menschen wichtiger gewesen als sein kranker Leib, und gern hätte ich die Psychiatrie als Hauptfach meiner Studien gewählt. Aber der Materialismus, der damals am Beginn des zwanzigsten Jahrhunderts noch in voller Blüte stand, schien mir besonders auf diesem Gebiet alles wirklich Lebendige auszuschalten. Es widerstrebte mir stark, daß man die Krankheiten der Seele so wenig individuell nahm, sondern in Systeme einzwängte. Wie oft hat es mich geschmerzt, das zu beobachten! Schließlich wandte ich mich enttäuscht und bekümmert ab von dieser Wissenschaft, die meiner Veranlagung und der Sehnsucht zu helfen doch so nahe lag. Solche Enttäuschungen trieben mich immer tiefer und inniger in das Leben des Glaubens hinein und ließen mir das, was ich in meiner Bekehrung erfahren hatte, in immer hellerem Lichte aufleuchten. Es wurde mir zur Gewohnheit, alles, was mir in dieser Welt der Erscheinungen fortan begegnete, unter das helle Licht des Evangeliums zu stellen. Ich konnte es auch nicht lassen, von dem zu reden, was mich so stark bewegte. Wohin ich kam, gab ich Zeugnis von meinem innern Erleben, sprach von der hohen Bestimmung des Menschen und verkündete, so gut ich's vermochte, Jesus als den Sohn Gottes und den Herrn der Welt. Das trug mir viel Spott ein von meinen Kollegen, sogar von einigen meiner Lehrer. Aber durch die jahrelange Zusammenarbeit hatte ich mir Achtung, zum Teil sogar freundschaftliche Gesinnung unter meinen Kollegen erworben, so blieb ihr Spott meist gutmütiger Art. Manche dachten, ich stünde am Beginn einer Geisteskrankheit, und verbargen mir das nicht. Einmal bat mich ein ernsthafter, gut-gesinnter Kollege, der sich die Psychiatrie zum Hauptfach gewählt hatte, um einen gemeinsamen, recht ausgiebigen Spaziergang. Ich wußte wohl, warum er das wünschte, sagte aber trotzdem gerne zu. So wanderten wir denn an einem Sonntag weit hinaus über den Zürichberg, unter eifrigen Gesprächen über seelisches Leben, und ich nahm Gelegenheit, mit dem jungen Mann von göttlichen Dingen und von den Offenbarungen der Bibel zu reden. Er hörte mir sehr aufmerksam zu, aber plötzlich blieb er stehen, sah mich durchdringend an und sagte sehr ernst-. »Wir haben doch genügend Psychiatrie studiert — Sie wissen ja selber, daß Sie krank sind. Ohne Zweifel haben Sie Paranoia (eine Geisteskrankheit). Allerdings verfügen Sie heute noch über eine glänzende Logik, wie das bei diesen Kranken ja häufig ist vor ihrem Zusammenbruch.« Als ich ihn lachend fragte: »Wie lange Zeit geben Sie mir noch bis zur Verblödung?«, da behauptete er kühn: »Noch zwei Jahre!« Nun war die Reihe an mir, sehr ernst zu werden, und ich habe diesem jungen Mann gesagt: »Wie sehr wünschte ich, Sie nach zwanzig Jahren einmal wiederzusehen; dann könnten wir prüfen, wer von uns seelisch gesünder ist. Sie oder ich; wer weiß, ob diese Prüfung nicht zu meinen Gunsten ausfiele.« Leider ist mir dieser Wunsch nicht erfüllt worden, ich habe jenen Kollegen, der es gewiß gut mit mir meinte, gänzlich aus den Augen verloren. Er war nur der Sprecher für manche andere, die ebenso über mich dachten. Das brachte mich teils in Verteidigungs- und teils in Angriffsstellung, so daß ich damals wohl auch zu unrechter Zeit und bei nicht passender Gelegenheit über göttliche Dinge geredet habe. Viel später hörte ich hie und da von damaligen Kollegen, daß meine Beharrlichkeit ihnen allen doch Eindruck gemacht hätte. Ob meine Zeugnisse in jener Zeit jemandem gedient haben?

Ich weiß es nicht! Vielleicht einigen Kranken, Sterbenden, Unglücklichen, bei denen ich mich am wohlsten fühlte.

Viele Erlebnisse und Begegnungen aus jener Zeit sind meinem Gedächtnis unauslöschlich eingeprägt, doch widerstrebt es mir, in den Gang meiner Lebensgeschichte viel davon einzuflechten. Nur eins sei hier noch geschildert: Drei mir werte Kolleginnen hatten mich gebeten, sie an einem Sonntagnachmittag zu mir einzuladen und ihnen einmal ausführlich und der Reihe nach von dem zu berichten, wovon ich so viel spräche. Was tat ich lieber als das? Ich kaufte also einen Teller voll Kuchen, braute eine große Kanne Kaffee, kochte Milch und erwartete meine Gäste. Sie kamen um drei Uhr. Zuerst saßen wir gemütlich plaudernd beisammen, aber bald schon begann ich auf ihre Fragen zu antworten und aus meinem Leben zu erzählen, immer mehr und mehr, bis zu dem großen Ereignis meiner Bekehrung. Mein Herz brannte; meine Zuhörerinnen lauschten gespannt und warfen manchmal Fragen dazwischen, die neuen Stoff boten zu weiterem Zeugnis. Es wurde dämmerig, dunkel, ein Licht wurde angezündet, die Stunden verrannen, ich sprach weiter und weiter von der Apostelgeschichte, von biblischen Offenbarungen und von den Wundern Gottes. Als wir endlich nach der Uhr schauten, war es abends zehn Uhr geworden, und immer noch saßen wir vor der geleerten Kaffeekanne und dem leeren Kuchenteller vom Nachmittag her. Keine von uns dachte daran, Abendbrot zu essen. Sieben Stunden hatten wir unter solchen Gesprächen zugebracht. Dann trennten wir uns. Nachdenklich und betroffen gingen die drei in ihre Wohnungen. Am anderen Morgen traf ich sie in erregtem Gespräch auf dem Gang vor unsrem Hörsaal, und nach Beendigung der Morgenarbeit folgte mir eine von ihnen in meine Stube. Heute noch sehe ich sie vor mir stehen, wie sie in höchster Erregung zu mir sagte: »Ich habe die ganze Nacht nicht geschlafen, immer hörte ich Sie reden, und immer mußte ich denken, daß Sie recht haben. Ja, es ist alles wahr, was Sie sagten, aber ich will nicht!« Sie wiederholte mehrere Male:

«Ich will nicht!«, stampfte dabei mit den Füßen und ballte die Hände. Ich aber wurde sehr traurig. Hatte mein Zeugnis so wenig genützt? Alle drei haben sich später mit Ärzten verheiratet, und keine von ihnen ist zum wahren Frieden gekommen. War das meine Schuld? O mein Gott! — Soll ich noch von jenem Kollegen erzählen, der einst mit dem gleichen Wunsche zu mir kam wie jene drei? Als ich eine Zeitlang von dem geredet hatte, davon mir das Herz so voll war, lief er mit großen Schritten in meinem Zimmer herum, hielt sich die Ohren zu und rief: »Hören Sie auf, ich kann nicht darauf eingehen, ich muß erst mein Examen machen!« — Aber nein, ich will lieber erzählen, was ich persönlich weiter erlebte mit meinem Herrn und Gott.

13 Gottes Eingreifen

Auf jener Alp im Toggenburger Lande war ich zu Gott gekommen, indem ich mein Leben verlor und etwas ganz Neues dafür gewann. Eine Binde wurde mir von den Augen gezogen, und ich lernte »sehen«, durfte Blicke tun in die Ewigkeit und erkennen, daß Gott lebendige Wirklichkeit ist. Dadurch wurde ich aus dem Reich der Finsternis versetzt in das Reich des Lichtes, in welchem ich mich selber in meiner früheren Gestalt nicht mehr fand, sondern nur ihn sah, den Sohn Gottes, den Heiland der Welt und den Retter meiner Seele. So kam ich zu Gott. — Nun aber kam er zu mir. Und das war wiederum etwas ganz Neues, von dem zu erzählen ich versuchen will.

Wir hatten strenge Zeit im Studium. Neben dem Praktikum auf verschiedenen Gebieten gab es noch viele Kollegs zu hören. Am Samstagnachmittag und in den Abendstunden, oft bis in die Nacht hinein hatte ich theoretisch zu arbeiten. So blieb mir zu irgendwelcher Sammlung oder gar zum Bibelstudium keine Zeit. Der Sonntag war zum Ausruhen notwendig, da war ich kaum mehr fähig zu irgendwelcher Konzentration. In diesen überfüllten Alltag hinein kam Gott zu mir.

Es war im Februar 1902 an einem Samstagnachmittag. Ich saß in meiner Studierstube an der Arbeit. Wie deutlich sehe ich sie noch heute vor mir, meine »Bude«, die eine stille Zeugin so viel ernsten Erlebens geworden ist! Es war ein geräumiges Zimmer mit drei Fenstern. Zwei davon gingen auf eine stille Straße, das dritte bot eine weite Aussicht auf damals noch unbebautes Gelände. Nachher entstand dort ein Stadtquartier mit vielen Straßen und Häusern. Aber damals war es so weit und frei da draußen, als wäre es in meiner nordischen Heimat. An diesem Fenster stand mein Arbeitstisch und rechts daneben in einer Ecke ein alter, runder Zürcher-Ofen mit einem braunen »Mantel«, an dem man sich so gut wärmen konnte. Ich war vertieft in eine wissenschaftliche Arbeit, die meine Gedanken stark in Anspruch nahm. Das sage ich ausdrücklich, um zu beweisen, daß ich mich nicht in einem Traumzustand oder in irgendwelchem Entrücktsein befand. Es begann zu dämmern, und ich merkte, daß meine Hände kalt wurden. Da stand ich auf, um die Petrollampe anzuzünden. Vorher wärmte ich mich ein wenig am Ofen. Dabei schaute ich zum Fenster hinaus, in Gedanken noch mit meiner Arbeit beschäftigt. Draußen war alles verschneit, und die noch helle Weite tat mir wohl.

Plötzlich aber, ohne daß meine Gedanken mit ewigen Dingen beschäftigt waren, kam etwas Merkwürdiges über mich: Wie von einem blendenden Scheinwerfer beleuchtet, stand mein ganzes früheres Leben vor meinem inneren Auge. In göttlichem Licht sah ich zum erstenmal mich selbst in meiner Sündhaftigkeit und Häßlichkeit. Das war so überraschend und furchtbar, daß es mich zu Boden warf. Ich war nicht ausgeglitten oder auf die Knie gefallen, sondern einfach umgeworfen, wie von einer Macht außer mir, und ich wußte sofort: »Es ist der Herr!« Und deutlich hörte ich – seit meinem Erleben auf der Alp zum erstenmal wieder – seine Stimme. Geschah sie in mir oder außer mir? Ich weiß es nicht! Und sie sprach: »Schuld, Sünde, Unrecht dein ganzes voriges Leben!« Wie aus allen Winkeln des Zimmers rief es mir zu: »Schuld, Schuld!« – O wie furchtbar, wie erschütternd war das für ein Menschenkind, das sich so lange für gut und edel gehalten hatte! War ich denn von jeher nicht Idealistin gewesen? Hatte ich von meiner Jugend an nicht nach Wahrheit gesucht? Das göttliche Urteil aber lautete: »Selbstsucht war der Grundzug deines Wesens, Hochmut dein hoher Sinn, Selbsthilfe lag auf deinem Weg, Selbstbefriedigung in deinem Idealismus, Überheblichkeit in deinem tadellosen Wandel.« Wie vielen Menschen hatte ich wohl unrecht getan, wie vielen geschadet? Und alle führten sie Klage wider mich. Hatte ich in Selbstgefälligkeit nicht oft mit dem Feuer gespielt? Dieser gottgewendete Blick in mein Wesen hinein glich einem Blick in die Hölle. O große Not jenes Abends und jener Nacht, wie könnte ich sie je vergessen! – Wie ein Gewittersturm war diese Selbsterkenntnis über mich gekommen, und Gottes Abrechnung mit mir war scharf und gründlich.

Es war mir, als würde ich in die Hölle geworfen, und ich wehrte mich nicht dagegen, sondern wußte: Dahin gehörst du!

Eine unbeschreibliche, nie gekannte Qual durchbohrte mein Herz, zerriß meine Seele, durchschmerzte meine Glieder, überflutete mein ganzes Wesen. O Sündennot, o tiefstes Herzeleid, nichts ist dir gleich an menschlicher Qual! Und dennoch: In all dieser Pein wußte ich mich irgendwie festgehalten, und ganz tief drinnen war ein kleines, verborgenes Leuchten meines Geistes, ein schwaches Handausstrecken nach oben, indes ich stöhnte und litt. — Das war Buße, echte, geistgewirkte Buße.

Ich erlebte sie jetzt zum erstenmal; wie eine schwere Flutwelle fuhr sie über mich hin. Wie lange es dauerte, weiß ich nicht. Dann kam eine Hand und »zog mich aus der grausamen Grube und aus dem Schlamm und stellte meine Füße auf einen Fels, daß ich gewiß treten konnte« (Ps. 40,2). Nun verstand und erlebte ich die Bußpsalmen Davids.

Jetzt erst, nachdem ich mich in meinem Sündenelend erkannt hatte — ein von Gott verworfenes Geschöpf —, wurde mir Jesus als der Sünderheiland offenbart. Damals, in dem großen Erleben auf der Alp, hatte ich ihn in seiner Herrlichkeit gesehen, da war mir alles andre versunken, auch ich selbst mit meiner Verzweiflung, meiner Vergangenheit und meiner Zukunft. Ich sah nur ihn allein und war unbeschreiblich selig. Jetzt erst erkannte ich, warum er sterben, so sterben mußte, auch für mich, ja, auch für mich! Das war meine erste Kreuzesoffenbarung. Ein Strahl der unendlichen Liebe Gottes fiel durch den Gekreuzigten hindurch auf ein armes, verlorenes Geschöpf und machte es frei und reich. So sieht und liebt uns Gott im Sohn seiner Liebe. Wir in ihm und er in uns — O größtes aller Wunder! Da wurde auch mir »ein neues Lied in meinen Mund gegeben, zu loben unsern Gott. Das werden viele sehen und den Herrn fürchten, und auf ihn hoffen«

(Ps. 40, 4).

Dann begann ein gründliches Ausräumen, ein inwendiges Ordnen, wie ich es noch nie erlebt hatte. Gottes Geist drängte mich, zu bekennen und gutzumachen, wo ich gefehlt hatte. Einige mich sehr demütigende Briefe hatte ich zu schreiben: der erste galt meinem früheren Mann. Ich schrieb ihm kurz über meine Bekehrung und über die Wandlung, die dadurch in mir vorgegangen sei, bat ihn um Verzeihung wegen meiner Herzenshärtigkeit, mit der ich mich damals geweigert hatte, auf seine erneute Bitte hin bei ihm zu bleiben, und bot ihm an, falls er es noch wünsche, zu ihm zurückzukehren. Dieser Brief ist mir sehr schwer geworden, denn der Gedanke, in die alten Verhältnisse zurückzukehren, war mir unsäglich peinvoll. Die Antwort lautete, es sei ihm nicht mehr möglich, mit mir wieder in einer Ehe zu leben, besonders wegen jener inneren Umwandlung, von der ich ihm berichtet habe. Es blieb dann noch eine Zeitlang bei einer fast freundschaftlichen Korrespondenz zwischen uns, die aber schließlich aufhörte. Von jener Episode meines Lebens und von aller Schuld, die ich durch die Lüge meiner Ehe auf mich geladen hatte, wurde ich nun vollkommen frei.

Noch andre Briefe mußte ich schreiben, noch weitere Bekenntnisse machen. Das alles war für mich peinvoll und demütigend und doch so selig befreiend. Was ging es mich an, daß die meisten der Betreffenden mich gar nicht verstanden, mich für überspannt oder gar verrückt hielten! War ich denn nicht auch »verrückt«, das heißt: weggerückt von dem, was sie alle für Wirklichkeit hielten, und hineinversetzt in eine Welt, die sie noch nicht kannten? Ja, sie hatten alle recht: Ich war »verrückt« geworden, und ich freute mich sogar darüber. Manche fingen an, mich zu verachten, sich hochmütig über mich zu erheben oder mir gute Ratschläge zu erteilen. Ich achtete dessen nicht, mußte nur immer wieder denken: Also so kommt Gott zu den Menschen? So tritt er hinein in unseren Alltag? So wird er Wirklichkeit in unserem Leben? Es war, wie wenn ich Schritt um Schritt erwachte aus dem Traum meines Daseins. Immer Neues wurde mir aufgedeckt, immer tiefer wurde ich entlarvt; mein ganzes Sein kam unter göttliche Beleuchtung. Ich wehrte mich nicht dagegen, sondern gab Gott recht gegen mich, war aber manchmal fast verzweifelt. Damals hätte ich eines erfahrenen Seelsorgers bedurft, aber es begegnete mir keiner, dem ich mich hätte anvertrauen können. — Gott wollte, daß ich allein durch diese und noch durch spätere Bußkämpfe gehen sollte.

Unter diesen Kämpfen und im weiteren Studium der Medizin kam langsam der Frühling heran. Ich hatte in all dem Vielerlei gar nicht gemerkt, daß meine Körperkraft zu erlahmen anfing. Als aber die Ferien begannen und die Spannung nachließ, da brach ich unter einer ernsten Krankheit zusammen. Eine Nierenbeckenentzündung brachte mich für mehrere Wochen aufs Krankenbett. Meine Kollegen waren in die Ferien gereist, und auch meine Freunde wußten nichts von meiner Krankheit. Ich behandelte mich selbst nach altbewährter Methode, die ich schon vor meiner

Studienzeit gekannt und praktiziert hatte. So kam es, daß ich während dieser Wochen in erquickender Einsamkeit lebte. Ich benutzte sie zu einem Bibelstudium, wie ich es seither noch nie betrieben hatte. Es war der Prophet Jesaja, der mich damals ganz eingehend beschäftigte. Wunder des Erlebens und Erkennens wurden mir dabei zuteil, besonders im Vergleich mit dem Neuen Testament. Gottes Plan und Ziel mit den Menschen sowie das gewaltige Werk der Erlösung wurden mir in ganz neuer Weise offenbar. Ich lebte in beseligender Wirklichkeit, voll Klarheit und Wahrheit. Bis in die Tage meines Alters hinein ist das so geblieben: Sobald ich mich in Gottes Wort versenkte, befand ich mich in hellwacher Wirklichkeit, indes alle Dinge des äußeren Lebens in den Schatten traten.

In jenen gesegneten Krankheitswochen geschah etwas Seltsames in meinem inneren Leben: Gottes Geist begann mein Gefühlsleben zu verändern. Anfangs merkte ich es kaum, aber nach und nach trat es mir immer deutlicher ins Bewußtsein. Meiner natürlichen Art nach war ich ein leidenschaftlich fühlender Mensch. Mein Herz klopfte vor Freude bei der Begegnung mit einem geliebten Menschen, bei der Betrachtung eines edlen Kunstwerkes und im Genuß einer herrlichen Landschaft oder einer schönen Flora. Ich hatte viel geliebt, mich hoch begeistert und war von den meisten Menschen meiner Umgebung gern gesehen. Nun aber trat langsam eine Wandlung ein in meiner gefühlsmäßigen Einstellung zur Umwelt, und das war mir anfangs recht peinlich.

Als ich von jener Krankheit wieder zu genesen begann und anfing, in schöner Gegend kleine Spaziergange zu machen, da merkte ich zu meinem Erstaunen, daß meine frühere sinnlich-seelische Genußfähigkeit sich nicht mehr regte. Was war das? War es Mattigkeit oder krankhafte Gleichgültigkeit? Nein! Mein Verhältnis zur Natur, zu allem Kreatürlichen war anders geworden.

Die Schilderungen des Propheten Jesaja vom großen Friedensreich, sein Hinweis auf die neue Erde und den neuen Himmel beschäftigten mich so tief, daß mir die gesamte Schöpfung im Lichte der Erlösung erschien. Nun erst merkte ich recht, wie sie seufzt und leidet in der Vergänglichkeit, der sie unterworfen ist auf Hoffnung. Der Kampf ums Dasein und das schwermütige Harren der Kreatur trat mir in den Vordergrund. Darüber und dahinter sah ich ahnend und lauschend eine über alle Maßen wichtige Herrlichkeit. Ich begriff den Sinn des Friedensbogens, den Gott in die Wolken gegeben hat, und sein wertvolles Versprechen an Noah, die Erde nicht mehr zu verderben mit allem, was darauf ist. Und ich sah die verborgene Herrlichkeit eines neuen Äons schon jetzt hinter der Schönheit der Welt aufleuchten. Mit lauschendem Geist hörte ich »die Bäume mit den Händen klatschen«, wie Jesaja (55, 12) das so schön ausdrückt. Und ich lernte das Wort des Herrn verstehen: »Meine Freude lasse ich euch, auf daß eure Freude vollkommen werde.« Jesus ist der große Freudenmeister. Er nimmt uns keine wirkliche Freude, aber er schenkt uns eine ganz andere Art der Freude, als sie unserer Sinnenwelt eigen ist. — Damals lernte ich die Natur betrachten mit der Freude des Herrn, die meine Freude ganz und gar verwandelte.

Ähnlich erging es mir auch in meinem Gefühl für geliebte Menschen, die ich nun anders sah als vorher. Ich kam mir auf einmal so kühl und losgelöst vor, daß ich zunächst darüber erschrak. Ein gläubiger Kollege, den ich darüber befragte, meinte, das sei etwas Psychopathisches, wie es nach schweren Erkrankungen ja manchmal in Erscheinung träte. Aber im gleichen Augenblick wußte ich: Nein, es ist der Herr! Und in diesem Glauben wurde ich nicht getäuscht. Der scheinbare Gefühlsmangel währte noch längere Zeit, und das war gut für mich, denn wie hätte ich mit meiner früheren Empfindsamkeit und Leidenschaftlichkeit die nun folgenden Jahre ärztlicher Praxis aushalten können? Wieviel Weisheit und Güte Gottes lag in dieser Entäußerung, die mir anfangs so schwer zu tragen war! Er hat mich im Gefühlsleben arm gemacht, um mich unendlich zu bereichern. Als von meiner natürlichen Liebefähigkeit, von der vermeintlichen »schönen Leidenschaft« nicht viel mehr geblieben war, konnte er mir seine Liebe schenken. O seliges Erleben! Ein wachsendes Strömen war es nach dem Maße des Gebrauchtwerdens! Welche Fülle und Kraft liegt darin, wenn wir lieben dürfen mit seiner Liebe! Dabei lernen wir die Menschen mit Gottes Augen betrachten. Wie klein werden uns dann die früher so hochstehenden Idole! Und wieviel Wertvolles dürfen wir dann hinter Vordergründen entdecken, die uns früher so unangenehm waren! Wenn je in meinem Herzen eine natürliche Neigung wieder aufkam oder wenn sich gar Leidenschaft in mir regte, dann war es mir — so schön und edel es auch scheinen mochte — wie eine Austreibung aus dem Paradiese.

Noch etwas anderes, sehr Wichtiges brachten mir jene stillen Krankheitswochen: In dieser Zeit geschah es, daß ein an mir begangenes schweres Unrecht ans Licht kam. Ich sah plötzlich in einen Sündenabgrund hinein, der mich tief erschreckte. Mein Herz begann anzuklagen, Zorn und Bitterkeit erwachten in mir — ich konnte nicht vergeben! Da kam Gottes Hand über mich in einer Wolke von Not, Angst und Schwermut, so daß das Leben mir kaum mehr tragbar war. Immer wieder hörte ich in mir das Wort: »So ihr den Menschen ihre Fehle nicht vergebet, so wird euch euer Vater eure Fehle auch nicht vergeben.« Oh, wie viel hatte der Herr mir vergeben, und wie sehr brauchte ich immer wieder seine Vergebungsgnade! Aber ich konnte nicht vergeben — und nun hatte er mich »den Peinigern überlassen«. Ich rang und flehte und litt entsetzlich. Drei Tage dauerte dieser furchtbare Zustand. Da erbarmte der Herr sich meiner und schenkte mir aus Gnade, was ich aus eigener Kraft nicht erreichen konnte: das Vergeben meinen Schuldigern, das mir mein Leben lang nun nie mehr verlorenging, obwohl noch oft und peinvoll an mir gefehlt wurde. O welch köstliches Geschenk war mir das! Immer in der Liebe bleiben dürfen, wo uns bitteres Unrecht geschieht: das kann kein Mensch aus eigener Kraft!

So gewaltig griff der heilige Gott damals in mein Leben ein! Manchmal schien es mir hart, was er an mir tat, und es war doch nichts als lauterste Liebe. Frühere Freunde zogen sich von mir zurück; die in mir bewirkte Veränderung befremdete sie. Man hielt mich für krankhaft, unnatürlich oder überspannt und vermißte im Verkehr mit mir die frühere Lebendigkeit. Wie einsam wird ein Mensch oft im Anfang dieses Weges!

Am meisten Verständnis brachte mir in jener Zeit der Mann entgegen, dem meine natürliche Frauenliebe gehörte. Wir sahen uns nun wieder öfters, und er erkannte mit dem Blick der Liebe, was in mir vorgegangen war. Er verschaffte mir eine Fülle von Literatur, die mir gerade damals sehr wertvoll wurde: Das Leben der Madame Guyon, ihre mystischen Schriften, unter denen mir damals vor allem ihre Selbstbiographie und ihre Schrift über die »Ströme« zum reichen Gewinn wurden. Ferner brachte er mir das Buch »Leben heiliger Seelen« von Tersteegen, worin ich das Leben der heiligen Theresia und der Katharina von Siena las, und anderes mehr. Zuletzt schenkte er mir ein schönes, altes Exemplar der Berleburger Bibel. Jahrelang hat mich die Lektüre der Mystiker gefesselt, und die Berleburger Bibel ist mir bis heute lieb und wert, wiewohl ich im Lauf der Jahre unter dem hellen Licht des Evangeliums manches von den Lehren der Mystiker abziehen und weglegen lernte.

Nach Jahren hat mir Bruder Stockmayer, dem ich von meiner Liebe zu den Mystikern sprach, ein gutes Wort darüber gesagt: »Ja, Sie haben recht, wir können vieles lernen von der Frömmigkeit der Mystiker, und der Umgang mit ihnen war gewiß fördernd für Sie, aber ich warne Sie, Schwester: Schließen Sie den Kreis nicht!« Anfangs war mir dieses Wort etwas dunkel, aber in der Folge lernte ich verstehen und beherzigen, was er mir damit sagen wollte. Später drehte ich mich nicht mehr im Kreise mit den Mystikern, die damals meine besten Freunde und wertvollsten Glaubensgenossen waren, sondern ich fand den geraden Weg, und mein Glaubensblick richtete sich fest auf das leuchtende Ziel.

Aber was mir an Lebenswerten aus den Schriften der Mystiker zuströmte, ist mir unverlierbares Gut geworden, und bis heute weiß ich mich ihnen im innersten Wesen tief verwandt. Aber ich bin ein Kind meiner Zeit, und unter den mir zugewiesenen Verhältnissen gestaltete sich mein Leben anders, als es vor ein- oder zweihundert Jahren der Fall gewesen wäre.

14 Im Praktikum

Im Frühling 1902 hatte ich einen Massagekurs in der Chirurgischen Abteilung zu absolvieren, was mir nach der eben überstandenen Krankheit nicht leicht fiel. Es brauchte viel Gnade und Gebet, um dort standzuhalten, aber es gelang und brachte mir viel inneren Gewinn. Nach den theoretischen Vorbereitungen bekam ich in einem der Männersäle zwei schwierige Fälle zu behandeln. Der eine war ein alter Fischer vom Türlersee, der an schwerer chronischer Ischias litt, der andere ein rauher Arbeiter, der sich als Soldat bei einer militärischen Übung auf dem Gotthard durch Unvorsichtigkeit in die rechte Hand geschossen hatte. Die Hand war bis in den Arm hinauf gelähmt und sollte durch die Behandlung wieder arbeitsfähig gemacht werden. Noch andere Patienten lagen in dem Saal, in dem es recht laut und derb zuging. Es wurde dort viel geflucht, geschimpft und geraucht.

Während jener Arbeit machte ich eine mich überraschende, erfreuliche Erfahrung. Ich erkannte, daß derbe Männer aus dem Volke oft mehr Sehnsucht nach tieferem Innenleben und mehr Empfänglichkeit für ein gutes Wort haben, als man gewöhnlich hinter ihnen sucht. Nachdem ich einige Tage lang meine Arbeit dort verrichtet hatte und mit meinen Patienten etwas bekannt geworden war, erklärte ich ihnen ernst und nachdrücklich, daß ich diesen Saal nicht mehr betreten werde, wenn darin weiter so geflucht würde. Das hatte eine fast erheiternde Wirkung: Jedesmal, wenn um der Schmerzen willen, die ich ihnen zufügen mußte, noch ein Fluch kommen wollte, schlugen sie sich mit der Hand auf den Mund. Auch einiges andere, das ich zu tadeln hatte, wurde in meiner Gegenwart unterlassen. Ein junger Bursche, der nach einer Operation Gehversuche auf dem Korridor machen mußte, wurde als Posten aufgestellt; sobald er mich kommen sah, rief er in den Saal: »Massage chunnt« (– kommt) – und ich fand alles in bester Ordnung.

Ein junger ausländischer Ingenieur, der am äußersten Ende des Saales lag, winkte mich eines Tages an sein Bett. Als ich ihn fragte: »Was wünschen Sie von mir. Sie sind ja nicht mein Patient?« – da sagte er: »Ich weiß, daß Sie mir die Wahrheit sagen werden, und ich muß wissen, ob meine Krankheit unheilbar ist.« Ich fragte ihn, warum er das durchaus wissen müsse; da sagte er: »Wenn es eine Tuberkulose ist, dann melde ich mich, sobald ich hier entlassen werde, in den Burenkrieg, und dort werde ich schon dafür sorgen, daß ich nicht mehr heimkomme.« Ich antwortete ihm ganz einfach: »Sie haben sich Ihr Leben nicht gegeben und haben deshalb auch kein Recht, es von sich zu werfen.« Da zog er unter seinem Kopfkissen ein kleines Neues Testament hervor und reichte es mir. Es war in seiner Muttersprache geschrieben, seine Mutter hatte es ihm mitgegeben in die Fremde. Als ich es ihm zurückreichte sah ich mir den Mann aufmerksam an und sagte: »Dieses Buch haben Sie unter Ihrem Kopfkissen und tragen sich mit solchen Gedanken? Wie stimmt das zusammen?« Da bat er: »Bitte, kommen Sie wieder zu mir.« Dann bin ich alle Tage für einige Minuten an sein Bett getreten, um ihm ein paar Worte zu sagen über Gott und Ewigkeit, über den Sinn und Zweck unseres Lebens und über Gottes Gedanken mit uns. Nach Rücksprache mit dem Kollegen, der ihn behandelte, konnte ich ihm auch sagen, daß seine Krankheit durchaus heilbar sei. Der Mann blieb noch längere Zeit mit mir in Verbindung, er besuchte mich später noch einige Male und wandte sich mit Ernst Gott zu.

Auch mein alter Fischer war nachdenklich geworden und berichtete allerlei aus seinem Leben. Beim Abschied bot er mir an, er wolle mir, sobald er heimkomme, einen großen Hecht aus seinem See bringen; als ich sagte, den könne ich doch gar nicht aufessen und zu Festlichkeiten hätte ich keine Zeit, da wurde er sichtlich betrübt, denn anders glaubte er mir seine Dankbarkeit nicht zeigen zu können.

Der grobe Soldat aber machte mir eine Freude besonderer Art. Als ich mich während der Behandlung nach seiner Familie erkundigte, sagte er von seiner Frau, die ihm fünf Kinder geboren hatte, sie sei eine »Böse«, und als ich ihn daraufhin fragte, ob er denn ein »Guter« sei, antwortete er: »Scho nöd« (- Schon nicht). Da habe ich ihm ein wenig von den Lasten und Schmerzen der Frauen berichtet — weiter nichts. Er hat darauf nachdenklich geschwiegen. An einem der letzten Behandlungstage aber, als seine Hand schon wieder beweglich geworden war, machte er mir mit sichtlicher Freude alle Bewegungen vor, die ich ihn gelehrt hatte, und dann sagte er ein wenig stockend, er habe auch schon etwas damit gemacht (mit der Hand nämlich): an seine Frau geschrieben! Die mag sich gewundert haben, als sie von dem sonst so groben Mann einen artigen Brief erhielt! Mir aber war es mehr Dank für meine Arbeit als das größte Geschenk. — Wieviel Türen und Herzen stehen doch dem betenden Arzt offen!

In der Pension, in der ich lebte, nahm an dem vegetarischen Mittagstisch, den ich dort eingerichtet hatte, ein junger Schlosser teil, mit dem ich ein schönes Erlebnis hatte. Er war Kommunist, und alle Sonntage radelte er in die umliegenden Ortschaften, um unter der Arbeiterbevölkerung seine Brandreden loszulassen, deren wir auch manche anhören mußten. Ich schwieg dazu; denn was war da zu machen? Mit mir verkehrte er gern, weil er starken Bildungsdrang hatte, den er bei mir zu befriedigen hoffte. Er wußte zwar, daß ich »fromm« war, was ich nie verbarg, aber das hielt er für eine momentane Verirrung. Er wollte nur die gebildete und gelehrte Frau in mir sehen und freute sich besonders, wenn ich von den Wundern der Kleinwelt mit ihm sprach und von den Gesetzen des Lebens. Mit Vorliebe betrachtete er meine mikroskopischen Zeichnungen, wobei er sich oft in Begeisterung hineinredete über allgemeine Volksbildung: Alle Kirchen müßten in Kulturstätten umgewandelt werden, er sähe schon im Geiste lange Tische dort stehen mit Hunderten von Mikroskopen. Dorthin sollten die Menschen in großen Scharen pilgern, dort sollten sie Freude und neues Leben finden. Ich schwieg auch zu diesem Unsinn, hörte ihm nur aufmerksam zu und lernte dabei derartige Leute verstehen. Innerlich aber ließ mich der Mann nicht los. Immer wieder dachte ich: Ach, wie viel wertvoller ist doch eine einzige unsterbliche Menschenseele, auf die der lebendige Gott wartet, als all dieser gelehrte Kram!

Dann wurde der Mann ernstlich krank, und da noch eine kleine Mansardenstube in unserer Pension frei war, veranlaßte ich meine Wirtin, ihn bei sich aufzunehmen, und übernahm die Behandlung, die mich nun jeden Tag für ein Weilchen zu ihm hinaufführte. Da fing ich langsam und vorsichtig an, mit ihm über ewige Dinge zu reden, über den Sinn und Zweck unsres Lebens, über die Macht des Todes und über Gottes Ziel mit den Menschen. Auch von der Schöpfung sprach ich mit ihm, von Gottes Erlösungsplan vor Grundlegung der Welt und vom Sündenfall des Menschen. Er hörte mir aufmerksam zu, und ich merkte, wie er alle Tage auf meinen Besuch wartete und auf das, was ich zu sagen hätte. Gottes Wort fiel wie lindernde Tropfen auf die dürre Flur seiner Seele. Langsam besserte sich sein Zustand, und als es mir möglich war, ihm bei Freunden in einer Kuranstalt noch einen Erholungsaufenthalt zu verschaffen, nahm er es dankbar an, wiewohl er oft behauptet hatte, jede Art Wohltätigkeit sei entwürdigend; alles, was der Mensch brauche, müsse ihm durch soziale Organisationen zukommen.

Während seiner Erholungszeit, die er in einem mir befreundeten christlichen Hause verbrachte, schrieb ich ihm einige Briefe und forderte ihn nun geradezu auf, den Herrn Jesus anzunehmen als den Sohn Gottes und als seinen Heiland. Ich sandte ihm nun auch eine Bibel, denn Gottes Zeit für ihn schien mir gekommen. Und als er nach einigen Wochen zurückkam, da war das große Wunder der Umwandlung an ihm geschehen: Der Herr hatte ihn erkannt, und ein Sünder hatte in seinem Licht sich selbst erkannt und sich ihm hingegeben. Oh, diese Freude!

So eifrig, wie dieser Mann damals für seine politische Idee eingetreten war, warb er nun für seinen neuen Herrn. Wiederum radelte er an den freien Tagen in die Ortschaften, um den gleichen Leuten, denen er damals seine Reden gehalten hatte, zu sagen, er habe ihnen eine Irrlehre verkündigt, nun aber habe er die Wahrheit gefunden in Christus, dem Erlöser. Er erntete viel Spott und Feindschaft, aber immer wieder ist er hingeradelt, und wer weiß, ob seine Worte nicht doch irgendwo auf guten Boden gefallen sind und Frucht gebracht haben? Später ist dieser junge Eiferer nach Amerika ausgewandert, wo er Verwandte hatte, denen er ebenfalls von Jesus Kunde bringen wollte. Nach einigen Jahren wiederholte sich sein Leiden, und er durfte im Glauben an seinen Erlöser heimgehen.

Diese und manche ähnliche Erlebnisse zeigten mir, wie wunderbar Gott arbeitet, sein Reich auf Erden auszubreiten. Wohl braucht er Werkzeuge dazu, aber wir Menschen können nur wenig tun. Das Wesentliche wirkt er in seiner verborgenen Weise, die wir nicht begreifen, sondern nur in Ehrfurcht anbeten können.

Mittlerweile hatte das Sommersemester angefangen, es war unser achtes. Und damit begann für mich die schönste und fruchtbarste Zeit des bisherigen Studiums. Im Winter schon hatte ich mich um die freiwerdende Stelle der Unterassistenz im öffentlichen Gebärsaal der Frauenklinik beworben und war zu meiner Freude angenommen worden. Und am Ende jenes Semesters fragte mich der Professor, ob ich während der großen Ferien, August, September und Oktober, seine plötzlich erkrankte erste Hebamme vertreten wolle. Dieses vertrauensvolle Anerbieten nahm ich mit großer Freude an, konnte ich doch nun im ganzen sechs Monate lang im Gebärsaal arbeiten und viel mehr lernen, als es dem Studenten der Medizin gewöhnlich geboten wird.

Während dieser Zeit fanden mehr als zweihundert Entbindungen statt, bei denen ich anfangs assistieren mußte, die ich dann aber selbständig besorgen konnte. Der Oberarzt, der wohl meinen Eifer erkannte, ließ mich nebenher eine wissenschaftliche Arbeit über das Puerperalfieber (Kindbettfieber) für ihn selbst machen. Dadurch gewann ich sein Vertrauen, und nach und nach ließ er mir manche Freiheit für kleinere Operationen und für Anormalitäten, die zu erledigen den Studenten gewöhnlich nicht gestattet ist. So wurde der Gebärsaal ein reiches Arbeitsfeld für mich, besonders in der Zeit, da ich als selbständige Hebamme dort arbeiten durfte und sowohl die Kollegen als auch die Hebammenschülerinnen unterweisen mußte. Dadurch gewann ich auch einen tieferen Einblick in den Studiengang der Hebammen.

Damals lebte ich ganz in der Frauenklinik, hatte dort auch mein Zimmer und mußte Tag und Nacht zur Verfügung stehen. Einmal in der Woche war ich zwei Nächte und einen Tag ganz frei. Dann ging ich nach Hause zum Ausschlafen, und meine gute Wirtin schlich auf den Zehen, umwickelte die Hausglocke und wies Besucher ab, damit mich nur nichts störe. Ich schlief gründlich und vertiefte mich nachher in die Heilige Schrift und in meine lieben Mystiker, um erquickt und von neuem ausgerüstet wieder an die Arbeit zu gehen, die meine Kraft und Zeit vollständig in Anspruch nahm. Meine Teilnahme für die oft schwerleidenden Frauen wuchs unter dieser Arbeit immer mehr, wußte ich doch, wie ihnen zumute war, weil ich selber in soviel Not und Qual meine Kinder geboren hatte. War es nun mein reiferes Alter oder war es die Liebe und das innere Leben, das sie spürten — alle diese Frauen schenkten mir schnell ihr Vertrauen, und ich wußte bald, daß auf diesem Gebiete mein eigentliches Arbeitsfeld und eine erfolgreiche Zukunft für mich liegen könnten.

Mehr noch als die Mütter liebte ich die Kindlein, die unter meinen Augen und teils unter meinen Händen das Licht der Welt erblickten. Manchmal hatte ich in einer Nacht eine ganze Reihe von ihnen — gebadet, gebündelt und mit Namenzetteln versehen — auf dem großen Sofa liegen, einmal waren es acht Menschlein in einer Nacht! Keines von ihnen blieb ungesegnet, und oft hatte ich gleich mehrere auf dem Schoß liegen, bloß um sie zu betrachten und mich an ihnen zu freuen. Meine Kollegen lachten mich manchmal aus wegen meiner »Kindlisnarrheit«, aber das war mir einerlei. — Das Zusammenarbeiten mit den Studenten war fröhlich und kollegial. Ich verlangte, daß sie mindestens einmal ein Kind baden mußten. Anfangs wollten sie es nicht; als ich ihnen aber sagte, sie könnten ja gar nicht wissen, in welche Lage als Ärzte oder Ehemänner sie noch kommen würden, taten sie es willig, und manchen machte es Spaß. — Die Frauen kamen nach der Geburt sofort auf die Wöchnerinnenabteilung hinunter; die Kinder aber blieben noch eine kleine Zeit in unsrer Obhut. Nachher war es mir immer eine besondere Freude, den Müttern ihre Kinder hinunterzubringen. Wie glücklich sie dann meistens waren! Manche der Frauen begegneten mir später auf der Straße mit ihrem Kinderwagen und zeigten mir dankbar ihre Lieblinge.

Die Geburtshilfe ist wirklich ein erfreulicher, höchst aktueller Zweig der medizinischen Wissenschaft. Sie hatte auch damals

schon einen Stand hoher Ausbildung und war an der Zürcher Universität sehr gut vertreten. Aber in der allgemeinen Praxis der Geburtshilfe sah ich ernste Schäden. Ich hatte die ungenügende Ausbildung der Hebammen kennengelernt. Und auch im Lehrplan der Medizinstudenten schien mir die Zeit, die dem geburtshilflichen Praktikum zugewendet wurde, viel zu gering, um eine spätere Praxis auf diesem Gebiet genügend zu unterbauen. Ich versetzte mich in die Lage eines jungen Arztes, etwa eines Landarztes, der doch oft Entbindungen zu übernehmen hat. Die geübte ältere Hebamme ist ihm in dieser Praxis vielleicht überlegen; aber sie ist in gewissen Fällen verpflichtet, den Arzt zu rufen. Oder dieser soll einen ernsten Fall zurechtbringen, den
die Hebamme verpfuscht hat. Welche Verlegenheiten können da entstehen! In welche Gefahr kann das Leben der Mutter oder des Kindes geraten! Ein Spezialist ist auf dem Lande oft schwer zu bekommen, und nicht jede Frau kann sich solch teuren Arzt leisten. — Seit meinem Praktikum im Zürcher Gebärsaal ließen mich diese Gedanken nicht los. Und langsam entstand eine Idee in mir, die später in Berlin zum Ausreifen gelangte. Der nächste Winter war sehr anstrengend; er brachte mir zunächst ein Praktikum in der Gynäkologie, dann sechs Wochen Unterassistenz in der chirurgischen Poliklinik und nachher ein auswärtiges Praktikum in der inneren Medizin. Da galt es Besuche zu machen in den Armenquartieren der Stadt, die Kranken zu untersuchen, Berichte zu schreiben und Medikamente zu bringen. Dabei konnte ich manchen Blick tun in das Wesen der Sünde, das den Krankheiten zugrunde liegt. Oh, wieviel Elend deckt sich dem Arzt auf!

Mit einer ärztlichen Laufbahn stand es schwierig für mich, weil mir die Vollmatura fehlte. Die »Fremdenmaturität«, die mich zur Immatrikulation und zum gesamten Studium berechtigte, genügte nicht für die Staatsexamina. Einige meiner Lehrer suchten mich zu bereden, die Matura und die ersten medizinischen Examen noch nachzuholen, damit eine bedeutsame Laufbahn mir offenstünde; aber das schien mir mit meinen sechsunddreißig Jahren und der mir eigenen Veranlagung nicht möglich, ohne daß ich dauernden Schaden nehmen würde. Den Zürcher Doktor hätte ich zwar machen können, und das war anfangs auch meine Absicht gewesen, weil damals dieses Doktorexamen noch zu einer Praxis in Deutschland berechtigte. Inzwischen aber war dies durch strengere Gesetzgebung geändert worden, sodaß der Zürcher Doktorgrad mir keine freie Praxis in meinem Vaterland gewährt hätte. Auch in der Schweiz berechtigt nur das Staatsexamen zur ärztlichen Praxis, also wäre mir kein äußerer Vorteil daraus entstanden. Zwar wurde mir eine Erleichterung für diesen Weg dadurch geboten, daß zwei befreundete Professoren mir vorschlugen, eine Doktorarbeit bei ihnen zu machen. Das hätte mich um ein weiteres Jahr in Zürich zurückgehalten, was meine Geldverhältnisse mir schwerlich erlaubten. Früher hätte ich diesen Weg aus Wissensdrang und Ehrgeiz wohl doch gewählt; aber durch meine Bekehrung spielte das alles keine Rolle mehr in meinem Leben. Seither hatte ich mich darauf beschränkt, mir ein abgerundetes, gediegenes Wissen zu erwerben und dann abzuwarten, was der Herr, mein Gott, für seine Zwecke damit beginnen wollte. Ich habe diese Beschränkung nie bereut, sie hat mich vor manchem geschützt und meine spätere Arbeit nie gehindert. Eines nur war mir in der Folge unangenehm: Fast überall wurde ich mit »Frau Doktor« angeredet, so oft ich mich auch dagegen wehrte. Aber schließlich gewöhnte ich mich auch daran und ließ es laufen; zur Schuld ist es mir nicht geworden, denn von mir aus wollte ich nie mehr gelten, als ich war.

Zum Abschluß meiner Studien in Zürich machte ich noch einen Teil der »Repetitorien für Examenskandidaten« mit und rüstete mich, auf den Frühling nach Berlin zu reisen, um dort an den »Wiederholungskursen für Ärzte« teilzunehmen.

Und nun hieß es Abschied nehmen von der geliebten Stadt, in der mein Leben solch ungeahnten Reichtum gewonnen hatte. War ich denn noch derselbe Mensch, der vor fünf Jahren so einsam und zaghaft dort eingezogen war? Damals war ich wie von einem dumpfen Schlaf befangen gewesen, jetzt aber zur Vollkraft des Lebens erwacht. O Zürich, wie vieles verdanke ich auch dir an diesem neuen Dasein! Abschied nehmen hieß es auch von lieben Menschen, die mir dort nahegetreten waren und denen ich so viel helfende Liebe verdankte. Ob ich je wieder dorthin zurückkehren durfte? Ich wußte es damals nicht, war aber absolut gewillt, den Gehorsamsweg zu gehen an Gottes Hand.

In jenen Sommermonaten, als ich im Gebärsaal arbeitete, habe ich in stillen Nachtstunden, wenn ich wachen und warten mußte, oft auf einer der breiten Fensterbänke in der hochgelegenen Klinik gesessen und betend hinuntergeschaut auf die große Stadt mit den unzähligen Lichtern, wo so viele, viele Sünde geschieht, deren Folgen ich dort oben kennenlernte, und wo so viel gelitten und geweint wird. Wie liebte ich diese Stadt, die mir so gottlos erschien und doch so voll suchender Sehnsucht war!

Wenn irgendwo in Europa oder auch weit draußen über den Meeren ein wunderlicher Heiliger auftauchte, kam er sicherlich eines Tages nach Zürich, um sich eine Anhängerschaft dort zu sammeln, und kaum einer ist wohl vergebens in diese schöne, lebendige Stadt gekommen. Etliche von diesen »Heiligen« lernte ich persönlich kennen in Zeiten, da ich noch nach der Wahrheit suchte. Mancher hat um meine Anteilnahme an seinem »Evangelium« geworben, aber Gottes Gnade und ein nüchterner Sinn bewahrten mich vor diesen Leuten. Damals waren unter den Studierenden viele Ausländer beiderlei Geschlechts, vorwiegend Russen und Polen, mit denen ich manches merkwürdige Erlebnis hatte. Besonders einige Russinnen lernte ich unter meinen Kolleginnen schätzen. Bei den slawischen Studenten gab es allerlei politische und soziale Umtriebe, und dies alles nahm die mütterliche »Zur-Ich« (so nannten wir sie gern) in sich auf und bot uns Fremdlingen eine ruhige, selbstverständliche und freizügige Gastfreundschaft, wie ich sie in keiner andern Stadt je gefunden habe. Heute noch ist mir Zürich der Inbegriff von Heimatluft und Freiheit, von Betriebsamkeit und einem gewissen »laisser faire« — oder soll ich es Duldsamkeit nennen?

Während dieses letzten arbeitsreichen Jahres in Zürich hatte ich noch eine kostbare Erfahrung im inneren Leben gemacht: In dem Maße, wie das Leben des Geistes in mir Raum gewann, verschwand der Druck und die gewisse Traumhaftigkeit, die früher oft auf mir gelegen hatten. Dadurch war ich immer freier und glücklicher geworden. Recht verstehen lernte ich das erst viel später, als das Wort Jesu mir offenbar wurde: »Wer mich liebet, der wird mein Wort halten, und mein Vater wird ihn lieben und wir werden zu ihm kommen und Wohnung bei ihm machen« (Joh. 14, 23). Langsam und leise beginnt dieses göttliche Wohnen in einer Menschenseele, erobert sich ein Lebensgebiet nach dem andern, bis unser Sein und Wesen durchdrungen, durchwohnt ist von der göttlichen Wirklichkeit. Das hatte in mir begonnen, und ich wußte es nicht, wunderte mich nur manchmal, wie mir jetzt alles so leicht wurde und daß auch meine Körperkraft standhielt in der anstrengenden Arbeit. Aber wenn ich stille

Stunden nicht zu innerer Einkehr, zum Lesen der Bibel und zum Gebet benutzte, dann merkte ich bald, daß der frühere Druck wieder über mich kam und daß die Körperkraft nachließ.

Mit Staunen blicke ich heute auf jene fünf Jahre in Zürich zurück und freue mich des großen Reichtums, den sie meinem inneren und äußeren Menschen gebracht haben. — Anfang März 1903 fuhr ich dann mit Abschiedsweh im Herzen, aber doch innerlich gehalten und getröstet, aus der großen, wohlbekannten Zürcher Bahnhofshalle hinaus, geradeswegs nach Berlin.

Fünftes Kapitel : Probezeit des jungen Glaubens

> Ihr seid teuer erlauft; werdet nicht der Menschen Knechte.
> I. Kor. 7.23

15 Sicher geführt

Als ich in der Hauptstadt meines Vaterlandes angekommen war, fuhr ich in ein christliches Hospiz, um von dort aus die Nächstliegenden Geschäfte zu erledigen und mir dann ein Zimmer zu suchen. So wanderte ich mit einem Stadtplan durch das Gewühl der Straßen. Wie einsam war ich dort, wo kein Mensch mich kannte! Und doch fühlte ich mich nicht allein; es war, als ginge immer ein ganz Vertrauter neben mir, und ich redete im Herzen mit ihm: »Herr, führe du mich, ich kann allein nicht gehen, nicht einen Schritt.« Zunächst galt es, mich für die Kurse anzumelden, die mitzumachen ich mir vorgenommen hatte. Ich wollte nicht vielerlei tun, aber gründlich arbeiten und mußte die Zeit sorgfältig einteilen. Gynäkologie, Hydrotherapie, Massage, Kleinkinderbehandlung, vor allem aber Geburtshilfe — das waren die Fächer, in denen ich mich weiter auszubilden dachte. Diese Ärztekurse waren damals berühmt und brachten jährlich Hunderte von Ärzten aus allen Gegenden des Reiches und auch vom Ausland nach Berlin. Man meldete sich dafür bei den Pedellen der verschiedenen Universitätsabteilungen. Überall wurde mir zu meinem Erstaunen gesagt, Frauen würden an diesen Kursen nicht teilnehmen, und man müsse bei den Herren Professoren erst fragen, ob ich angenommen würde.

Nun, man nahm mich an; aber ich bekam zu spüren, daß man an die Zusammenarbeit mit Frauen nicht gewöhnt war. Genau erinnere ich mich noch an einen Vorgang bei der Eröffnung des Kursus für Geburtshilfe. Ich stehe schweigend mitten unter etwa hundert Ärzten im Empfangssaal der Frauenklinik. Neugierige Blicke mustern mich, und in manchen steht zu lesen: Was will denn die hier? Eine Schwester erscheint und meldet: »Der Herr Doktor lassen bitten!« Wie auf Kommando bilden die Herren Spalier — und alle schauen mich an. »Bitte«, sagen einige, und ich muß durch die Gasse hindurch an der Spitze des Zuges marschieren, der Schwester nach. Ich merke, wie mir die Schamröte ins Gesicht steigt über diese spöttische Höflichkeit, und ich bin versucht, den Herren zuzurufen: »Na, so etwas wäre in Zürich unmöglich.« Aber ich besinne mich: Sie sind es noch nicht gewohnt, und gewinne meine innere Gebetsstellung wieder.

Nur einer der Professoren, Herr Zabludowsky, der bekannte Massagespezialist, wollte keine Frau unter seinen Kursärzten haben. Er erwartete gerade in diesem Jahre viele Ärzte aus Schweden und andern Ländern zu einem balneologischen Kongreß, auf welchem seine rhythmische Massageweise studiert werden sollte. Und da er ohnehin ein Feind des Frauenstudiums war, dachte er vielleicht, seinen Ruf zu schädigen, wenn er eine Frau zu diesem bedeutsamen Kurs zuließe. Weil mir aber daran lag, gerade bei ihm die Massagepraxis zu erlernen, machte ich ihm einen Besuch, bei welchem er mir mit höflicher Grobheit die Gründe seiner Ablehnung auseinandersetzte, mich aber dann doch annahm. Und gerade dieser Professor war es, der mich nach Beendigung des Kurses fragte, ob ich nicht ein Vierteljahr als Volontärärztin bei ihm arbeiten wolle! Diese Ehre wurde mir deshalb zuteil, weil ich durch verschiedene glückliche Umstände und wohl auch durch eine gewisse Begabung dafür den Rhythmus seiner Massage so gut erfaßt hatte, daß er mich als »seine« Schülerin in jenem Kongreß vordemonstrieren ließ. Doch geschah dies nicht ohne die spöttische Bemerkung: »Sehen Sie, meine Herren, in der Handfertigkeit sind uns die Frauen manchmal überlegen, während wir ihnen wissenschaftlich die Gleichberechtigung noch nicht einräumen.« Ein zweites Mal bin ich ihm nicht aufs Podium gegangen! Wie habe ich mich damals und bei manchen andern Gelegenheiten nach der ruhigen, selbstverständlichen Gleichberechtigung gesehnt, die uns Frauen an der Zürcher Universität zuteil wurde! Wie gut war das Zusammenarbeiten mit den männlichen Kollegen dort gewesen, und mit welcher Achtung begegneten auch die meisten der Professoren uns studierenden Frauen, wenn wir fleißig und eifrig waren! In Deutschland war damals das Frauenstudium noch zu neu. Wenige Jahre später hätte ich es dort wohl ebenso günstig gefunden wie in Zürich.

Das Anerbieten Professor Zabludowskys nahm ich für zwei Monate an; länger wollte und konnte ich nicht in Berlin bleiben, denn die Ärztekurse waren kostspielig und meine Mittel beschränkt. Bei ganz einfacher Lebensweise konnte ich fünf Monate dort durchhalten, und so blieb ich bis Mitte August in Berlin. Es wurde eine Zeit starken Erlebens und vieler Arbeit, die ich aus meiner Laufbahn nicht ausstreichen möchte. Sie hat mir für vieles die Augen geöffnet und ist mir für meinen späteren Dienst von großem Nutzen gewesen.

Doch zurück zu meinem Anfang in Berlin. Die meisten Institute, in denen ich zu arbeiten hatte, lagen, wie es sich herausstellte, in der Gegend der Luisenstraße, und dort in der Nähe wollte ich mir auch eine Wohnstätte suchen, um nicht viel Zeit und Kraft in den Straßen zu verlieren. Ich hatte Gott gebeten, mich in ein Haus zu führen, wo ich ein wenig heimisch werden und irgend jemandem in seinem Namen dienen könnte. So wanderte ich eines Morgens durch die Luisenstraße. Überall hinter den Fenstern hingen bedruckte Papptafeln: »Zimmer zu vermieten«, denn es waren ja Universitätsferien, da reisten die meisten Studenten fort, und Platz für Kursärzte gab es genug. Aber es schien mir unmöglich, in einer solch lärmvollen Straße zu wohnen, und mit Heimweh dachte ich an meine stille, liebe Bude in Zürich. Ach was, jetzt war ich in Berlin, da hieß es, sich zusammenzureißen und hart zu sein mit sich selber! Unter solchen Gedanken kam ich in eine stillere Nebenstraße, durch die keine bedeutsame Verkehrsader lief, und blieb wir festgehalten vor einem der großen Häuser stehen. In jeder Etage waren Mietzettel ausgehängt. Die erste Etage? Nein, da würden die Zimmer zu teuer sein. So stieg ich in den zweiten Stock und kam dort vor zwei Wohnungstüren, eine rechts, eine links. Ich merkte deutlich, daß ich geführt wurde, und nachdem ich einige Augenblicke betend dort verweilt hatte, lautete ich an der Türe rechts. Eine ältere Frau von stattlicher Erscheinung mit sympathischem Gesicht und großen, klugen Augen öffnete mir die Tür. Sie war dunkel und ziemlich dürftig gekleidet, hatte graue Haare und trug eine schwarze Spitzenhaube. Soviel sah ich bei diesem ersten Blick. Sie musterte mich kühl von oben bis unten und fragte nicht eben freundlich nach meinem Begehr. Ich sagte, daß ich Medizinerin sei, von Zürich käme, in Berlin Ärztekurse nehmen wolle und ein Zimmer suche. Da erst gab sie mir mit einer vornehmen Handbewegung den Eingang frei. Im Vorraum betrachtete sie mich noch einmal recht kritisch und sagte streng: »Ich nehme aber nur anständige

Leute bei mir auf.« Das belustigte mich sehr, und ich erwiderte lachend, daß ich nicht die Absicht hätte, anders als anständig in Berlin zu leben. Daraufhin öffnete sie mir die Tür zu einem großen, schönen Zimmer, indem sie erklärte: »Dieses Zimmer ist jetzt frei, während des Semesters bewohnte es ein Studierender aus Zürich, der Sohn der Frau Dr. Heim, die Sie vielleicht kennen.« Und ob ich diese Frau kannte! Ich hatte schon längst eine stille Verehrung für sie, obwohl ich ihr persönlich nie begegnet war. Nun freute ich mich, hier ihren Namen zu hören, und es wurde mir gleich etwas heimatlich zumute. Aber nein, dieses Zimmer war zu schön und zu teuer. »Haben Sie denn kein andres Zimmer? Mir genügt ein ganz einfaches, denn meine Mittel sind bescheiden.« Nach einigem Zögern sagte sie: »Ja, da wäre noch ein Hinterzimmer, aber ich weiß nicht ... ?« — Und dann zeigte sie mir ein kleines, sehr unfreundliches Zimmer, das in drei Tagen frei werden sollte. Es lag nach dem Hof hinaus, in welchem eine hohe, fensterlose Mauer aufragte. Auf meine Frage hieß es, hinter jener Mauer lägen die Anatomiesäle der Universität. Außer dieser finsteren Mauer sah man in der düsteren Stube noch ein Stückchen Himmel, weiter nichts; aber es war still dort, und das Zimmer kostete nur dreißig Mark im Monat. Da ich mich hierhergeführt glaubte und kein weiteres einfaches Zimmer zu haben war, mietete ich diese unfreundliche Bude und fragte, ob ich eine Anzahlung machen müsse. »Nein, geben Sie mir nur Ihre Visitenkarte.« Nachdem dies geschehen war, stellte sich meine zukünftige Wirtin vor, indem sie mir die Hand gab: »Ich heiße Fräulein Thormann.«

O du liebe, feine, mütterliche Frau, wie deutlich stehst du vor mir, obgleich du schon längst gestorben bist! Und wenn ich dir in diesen Blättern ein kleines Denkmal setze, würdest du mir nicht zürnen, auch wenn du noch unter den Lebenden weiltest. Mit Tränen der Freude und des Dankes denke ich heute an das, was mir das Thormännlein (wie ich sie später oft nannte) in jenen fünf Monaten gewesen ist und was ich ihr in der Folge werden durfte. Ja, wunderbarlich führt der Herr die Seinen.

Meine liebe Wirtin war eine echte Berlinerin, die ihre Stadt nach allen Richtungen hin genau kannte und deren Bewohner trefflich zu beurteilen wußte. Sie war auch seit vielen Jahren Studentenmutter und wußte in allen einschlägigen Verhältnissen Bescheid. Das kam mir sehr zugute, und sie wurde in vielen äußeren Dingen meine Beraterin. Immer war jemand da, der mich mit Freuden erwartete, dem ich alles erzählen konnte, was ich erlebt hatte. Nie kam ich vergebens zu ihr, wenn ich mich irgendwie nicht zurechtfand; sie wußte immer noch einen Weg. Sonntags fuhren wir oft zusammen hinaus in die Vororte Berlins oder an einen der Havelseen oder sonst irgendwohin, wo wir das Volksleben studieren oder uns an der schönen Natur erquicken konnten. Ich war etwas naiv-draufgängerisch, sie aber war klug und vorsichtig und hatte viel gesunde Menschenkenntnis, die mir oft mangelte. Dagegen besaß ich damals schon die Gabe des inwendigen Schauens, das durch die Vordergründe hindurch das Nesenhafte im Menschen sieht, und ich merkte bald, daß Fräulein Thormann einsam und unglücklich war, wiewohl sie es nach außen durch ihren Humor verdeckte. Ich aber hatte einen lebendigen Heiland, von dem ich zeugen durfte — und mein Zeugnis ist nicht vergeblich an ihr gewesen. Die Frau hatte vor kurzem einen großen Kummer erlebt. Ein ernster junger Mann, Student der Theologie, an dem sie Mutterstelle vertreten und den sie tief geliebt hatte, war an der Schwindsucht gestorben und hatte sie in Trauer und innerer Einsamkeit zurückgelassen. In diesen Kummer hinein durfte ich ihr ein wenig Licht und Trost bringen. Ich war gerade zur rechten Zeit gekommen, denn ihre Schützlinge waren abgereist, und das Alleinsein hätte sie jetzt nur schwer ertragen. Nun aber gewann sie wieder Lebensmut und Freude. Und ich? Ach, was hätte ich beginnen sollen in der großen, mir so fremden Stadt ohne ihren mütterlichen Schutz! Wir brauchten einander, und deshalb hatte der Herr uns auch zusammengeführt.

Aber dies alles begab sich nicht so bald. Ich hatte anfangs zu viele neue Eindrücke und zu viel Arbeit, um näheren Verkehr zu pflegen, und Fräulein Thormann war eine zu ausgeprägte Persönlichkeit, als daß sie ihr Herz schnell einem Menschen geöffnet hätte. Nach und nach erst bildete sich das freundschaftliche Verhältnis zwischen uns. Ein merkwürdiger Umstand mußte dazu beitragen, daß ich ihre Liebe gewann. In der ersten Nacht, die ich dort in dem kahlen, düsteren Zimmer verbrachte, machte ich eine höchst peinliche Entdeckung. Kaum war ich in dem etwas unbequemen Bett warm geworden, da begann es an meinem ganzen Körper zu krabbeln und zu beißen. Immer wieder machte ich Licht, konnte aber nichts entdecken. Erst am andern Morgen sah ich an den bekannten roten Pusteln, daß ich in ein Wanzenbett geraten war. Schon in der Zürcher Klinik hatten wir Wanzenpusteln unterscheiden gelernt von Nesselausschlag, aber persönliche Bekanntschaft machte ich jetzt zum erstenmal mit diesen Viehchern. Ich war sehr erschrocken, und mir grauste vor weiteren solchen Nächten. Was war da zu tun? Aus der Naturgeschichte dieser stinken Tierlein wußte ich, daß es fast unmöglich ist, sie loszuwerden, wo sie in einem Zimmer oder einem Bett sich eingenistet haben. Mein reinlicher Außenmensch sagte: Sofort ausziehen, ein andres Zimmer suchen! Mein inwendiger Mensch aber sagte: Nein, halte still aus, Gott hat dich ja hierher geführt! Ja, wie denn? Rechnet der Herr in seinen Führungen auch mit Ungeziefer? Jawohl, unter Umständen sogar mit Wanzen!

Als ich der Wirtin freundlich »Guten Morgen« bot, sah sie mich prüfend und traurig an. Da begriff ich ihr Zögern, als sie mir jenes Zimmer anbot, denn sie wußte wohl, wie es darum stand. In diesem Augenblick tat sie mir leid; denn wo sollte die alternde Frau die Betten auch lüften, klopfen und sonnen? Und ich schwieg, schwieg auch weiter, als ich immer wieder schlimme Nächte durchlebte, in denen ich manchmal glaubte, es nicht mehr aushalten zu können. Da lernte ich auch diese Not zum Gebet machen, und Gott schenkte mir Gnade auszuhallen, bis ich nach etlichen Wochen die Plage kaum noch merkte, denn ich war abends so müde, daß ich trotz des Gekrabbels schlafen konnte. Zwischen Fräulein Thormann und mir ist niemals von diesem Umstand geredet worden, obwohl sie sehen konnte, daß ich furchtbar zerstochen wurde; denn diese Tiere sättigten sich hauptsächlich an meinem Halse, an dem ihre Spuren leider deutlich sichtbar waren, was mich oft sehr genierte. Aber schließlich verschwanden auch diese Zeichen; man wird ja bekanntlich nach längerer Zeit immun gegen solches Ungeziefer. Und ich erkannte bald an Fräulein Thormanns dankbarem Verhalten, wozu jene Plage dienen mußte.

Fräulein Thormann hat mir auch in späteren Jahren noch eine rührende Anhänglichkeit bewahrt. Einmal hat sie sogar die weite Reise in die Schweiz unternommen, um mich zu besuchen. Durch sie kam ich dann in Berührung mit der verehrten Frau Dr. Heim und mit deren Tochter, mit der mich noch heute eine herzliche Freundschaft verbindet. — Ja, Gottes Wege sind wunderbar!

16 Arzt in der Großstadt

Ein Bild nach dem andern steigt aus der Berliner Zeit vor mir auf — eindrucksvoll und erinnerungsschwer! Jene fünf Monate waren so reich an Erlebnissen und Erfahrungen, als seien es Jahre gewesen. Nur weniges will ich hier schildern, um zu zeigen, was mir jene Zeit bedeutet hat und wie ernst und verantwortungsvoll das Leben eines Großstadtarztes ist.

Nachtwache im geburtshilflichen Außendienst. Es läutet. Vor der Haustüre steht ein ärmlicher Leiterwagen mit einem Zelttuch bogenförmig überspannt, davor ein minderes Rößlein. Drinnen auf Stroh liegt eine sehr elende Frau. Man hebt sie sorgfältig auf eine Bahre, stumm reicht sie dem Mann die Hand, dann trägt man sie ins Haus. Der Bauer bleibt draußen stehen bei seinem Pferd. Ich sehe, wie er sich mit dem Handrücken über die Augen fährt. Personalien werden aufgenommen, einige Fragen an den Mann gestellt, dann rasselt das sonderbare Gefährt wieder fort. Armer Mann, wie wird er es zu Hause antreffen? Kleine Kinder, unordentliche Wirtschaft, harte Arbeit. Ob die Frau wieder heimkommen wird? Oder? —

Eine nächtliche Fahrt. Das Telephon läutet. Dringlicher Anruf einer Hebamme aus Berlin-Ost. Ein Wagen wird beordert; es ist eine alte Berliner Droschke mit einem Pferd davor, das einmal bessere Zeiten gesehen hat. Autos gab es damals noch nicht. Ein führender Arzt erscheint und fordert mich auf, mit ihm einzusteigen. Es ist eine kalte Frühlingsnacht, ich habe weder Mantel noch Decke bei mir und friere elend in meinem Jackenkleid, denn der Wagen ist offen, nur mit einem Verdeck versehen. Wir fahren durch endlose Straßen, wohl eine Stunde lang. Der Arzt beginnt ein Gespräch mit mir: »Warum leben Sie so zurückgezogen? Warum verkehren Sie nicht mit uns? Sie könnten uns doch von Zürich erzählen, vom Stand der Wissenschaften dort.« — »Ja, das wollte ich wohl, aber wo denn?« — »Na, da müssen Sie zu uns in die Ärztekneipe kommen.« — »Nein, das kann ich nicht.« — »Wenn Sie mit Männern arbeiten, können Sie auch mit Männern verkehren.« Er bietet mir eine Zigarette an. Ich danke ihm und sage, daß ich weder rauche noch alkoholische Sachen trinke und keine Zeit hätte, in ihre Kneipen zu kommen. Dann merke ich, wie der Mann mir langsam näher rückt, ich drücke mich fest in meine Ecke und bete im Herzen. Es wird still im Wagen, der

Mann raucht unaufhörlich. — Endlich sind wir am Ziel. Es geht durch einen Hof, viele Treppen hinauf, dann stehen wir in einem engen Korridor, wo uns eine Hebamme mit vielen Worten die Sachlage schildert: Der Mann, ein Rohling, hat in angetrunkenem Zustand die hochschwangere Frau in den Leib getreten, so daß sie zu Boden fiel. Wir kommen in eine ärmliche, aber saubere Stube. Die Frau liegt still, mit einem solch friedlichen Gesichtsausdruck da, daß ich mich verwundere. Über ihrem Lager hängt eine schlichte Tafel mit einem Gotteswort, neben ihr auf einem Tischchen liegt die Bibel. Wie ein Sonnenstrahl dringt es mir ins Herz. Ich merke, wie meine Augen feucht werden, und unsere Blicke begegnen sich — verstehend! O Herr, habe Dank, daß du hier bist in all dem Elend! Die Untersuchung ergibt, daß vorläufig nichts zu machen ist. Der Arzt gibt Verhaltungsmaßregeln, und dann schnell fort! Ein Händedruck der armen Frau — ich habe sie nie wieder gesehen und nichts mehr von ihr gehört.

Wieder eine Fahrt in der Nacht mit einem andern Arzt. Wir kommen in eine echte Berliner Wohnküche, einen ziemlich großen Raum mit Backsteinboden: in der Fenstergegend das Bett mit der gebärenden Frau. Die Untersuchung ergibt Querlage. Ich muß die Wendung machen, der Arzt narkotisiert. Dann kommt die Extraktion. Es geht sehr schwer, der Kopf ist so groß. Fast wollen mir die Kräfte erlahmen; da fühle ich, wie jemand fest und geschickt in meinen Ellenbogen hineingreift und mitzieht. Es ist der Ehemann. Endlich gelingt es, aber das Kind gibt kein Lebenszeichen von sich. Ich erschrecke heftig. Es lebte ja noch, als ich die Frau untersuchte, es dauerte zu lange — und ich habe es getötet! Alle Wiederbelebungsversuche mißlingen — das Kind ist tot. »Bin ich schuld?« frage ich mit Tränen in den Augen den Arzt; er zuckt die Schultern. Da höre ich den Mann neben mir sagen: »Es ist das sechste.« Damit wollte er mich trösten. Mit schwerem Herzen ging ich nachher heim — das tote Kind kam mir lange nicht aus dem Sinn. Wie groß ist die Verantwortung des Arztes! Aber dennoch — ich hatte ja getan, was ich konnte.

Ein gerichtlicher Fall. Es ist an einem Vormittag. Ich fahre mit einem älteren Arzt in eine obskure Gegend der Stadt. Es geht viele Treppen hinauf, und wir stehen in einer schmutzigen Stube mit schlechter Luft. Auf einem armseligen Bett liegt eine Frau in verwahrlostem Zustand. Eine Geburt hat stattgefunden, aber es ist weder ein Kind zu sehen noch eine Hebamme. Die Frau verweigert jede Auskunft. Sie ist schrecklich zugerichtet und muß genäht werden. Ich frage um heißes Wasser, und die Frau zeigt schweigend auf eine Tür. Ich trete in ein größeres Zimmer, das sauber aufgeräumt ist. Im Bett liegt eine hustende Frau, scheinbar im letzten Stadium der Schwindsucht, am Fenster sitzt die alte Großmutter, die fast blind ist, und am Boden rutscht ein etwa fünfjähriges Kind herum, das gelähmte Beine hat. Bis das Wasser auf dem Petrolapparat heiß ist, frage ich ein wenig, und mir tut das Herz weh ob dieses zusammengehäuften Elends. Dann reinige ich die Wöchnerin, so gut es geht. Der Arzt näht, und ich assistiere ihm. Auf der Treppe sagt er: »Das ist ein juristischer Fall, der muß sofort angezeigt werden.« Mich schaudert, ich hätte gern geweint; aber das ist in meiner Lage hier ausgeschlossen. Mir ist das Herz schwer; auch der Arzt neben mir ist sehr ernst geworden.

Ein Verbrechen. Ich arbeite in der Klinik für Gynäkologie mit mehreren Kursärzten zusammen. Wir haben viele kranke Frauen zu behandeln, jeder zehn bis zwölf an einem Vormittag. Seit einigen Tagen schon kommt eine schöne, sehr elegant gekleidete Frau in meine Behandlung; ihr überfreies Benehmen fällt mir auf. Ich frage nach ihr und es heißt: Sie ist eine bekannte Prostituierte. Der Oberarzt kontrolliert meine Arbeit und sagt zu der Patientin: »Sie sind noch sehr ansteckend; denken Sie daran und bleiben Sie zu Hause!« Einige Tage später, an einem schönen Maimorgen, sehe ich die gleiche Frau im offenen Wagen durch die Straßen fahren mit zwei auswärtigen Ärzten, die mir in andern Kursen begegnet waren, beides verheiratete Leute! Tiefe Empörung kommt über mich, am liebsten wäre ich dem Wagen nachgerannt und hatte die leichtsinnigen Männer gewarnt, um ihre armen Frauen zu schützen. Gibt es solchen Gefahren gegenüber denn keinen Schutz? Ich meldete es dem Oberarzt, der zuckte nur die Achseln: »Was ist da zu machen?« In die Behandlung kam die Frau nicht mehr. — Wie viele arme Frauen werden durch solche Gewissenlosigkeit ihrer Männer ruiniert, wieviel Eheglück wird dadurch zerstört!

Die kleine Gertrud. Sie ist ein Findelkind und kam halbjährig in meine Behandlung, ein elendes Würmlein, mit argem Ausschlag behaftet. Nun aber ist sie ganz gesund geworden, ein reizendes Geschöpflein mit klaren blauen Augen und dunklem Haar. Sie fängt an, mich zu kennen, und meine Mütterlichkeit strömt ihr entgegen. Die pflegende Schwester, die meine wachsende Liebe zu dem Kind beobachtet hat, fragt mich eines Tages: »Wollen Sie es haben? Wir suchen eine Mutter für das Mädel; von beiden Eltern haben wir keine Spur, es ist ein Findling.« Mein natürliches Herz sagt sofort »ja!« — Solch ein Kindlein haben, es großziehen! Wie schön wäre das für dein einsames Leben! Dann hättest du ein Eigenes, das ganz nur dir gehörte. Ich könnte es irgendwo in Pflege geben, bis mein Lebensweg sich geklärt hätte. Aber wie denn, durfte ich das? »Ihr seid nicht euer selbst, denn ihr seid teuer erkauft«, tönte es in mir. Ich betete, aber Gott schwieg. Ein tiefes Sehnen zog mich zu diesem Kind, wie gern hätte ich es für immer ans Herz genommen! Aber durfte ich es tun, wenn Gott mir schwieg? Ich wartete noch einige Tage vor ihm — und dann mußte ich nein sagen zu meiner Sehnsucht, die mich unruhig gemacht hatte, nein sagen zu dem lieblichen Mägdlein. Es ging nicht ohne Kummertränen und Abschiedsweh. Kleine Gertrud, ich habe dich bis heute nicht vergessen. Wohin bist du wohl gekommen? Und was ist aus dir geworden? Heute weiß ich genau, warum mir dieser Herzenswunsch damals nicht erfüllt wurde. Gott wollte mich ohne jede Bindung allein auf den Weg stellen, den er für mich ersehen hatte.

Arbeiterlos. Wochenlang kommt ein kräftiger Mann in meine Behandlung, der in einem Spreehafen arbeitet und den ganzen Tag im kalten Wasser stehen muß. Er hat Plattfüße und leidet an heftigen Wadenkrämpfen. Ich tue mein möglichstes, und es wird auch wirklich ein wenig besser mit ihm. Aber was nützt alle diese Mühe, wenn der Mann nicht die richtigen hohen, wasserdichten Stiefel mit Plattfußeinlagen bekommt und wenn ihm nicht alle Tage die Beine kunstgerecht gewickelt werden? Ich spreche mit ihm darüber. Ja, das weiß er wohl, aber solche Stiefel, wenn sie recht sitzen sollen, müssen extra für ihn angefertigt werden und kosten mindestens einhundert Mark. Die kann er nicht aufbringen; denn daheim warten Frau und Kinder auf seinen Lohn, um das Leben fristen zu können; eine andre Art Arbeit kommt für ihn nicht in Betracht, es ist schwer, eine anständig bezahlte Stellung zu finden. Ich bin traurig, denn ich habe nur wenig Geld; wie gern hätte ich ihm sonst die Stiefel geschenkt! Ich mußte ihn ohne sie entlassen. Wie es ihm weiter ergangen ist, weiß ich nicht. Wie sehr habe ich darunter gelitten, daß ich weder Zeit, noch Kraft, noch Geld hatte, den armen Leuten nachzugehen und ein wenig für sie zu sorgen!

Idealismus und bestes menschliches Wollen halten nicht stand im Blick auf all den Menschheitsjammer, der sich dem ernsten, stillen Beobachter, besonders dem Arzt enthüllt hinter dem glänzenden Schein einer Millionenstadt. Wie furchtbar wirkt sich das Todeswesen aus in diesem Heer von Krankheiten und Gebundenheiten! Da offenbaren sich Abgründe von Schuld und Sünde, von Lastern und Gemeinheiten, von Not und Verzweiflung, in die hineinzuschauen erschütternd ist. — Aber auch viel still getragenes Leid, viel tapfere Hingabe begegnen dem menschenfreundlichen Arzt. Wie stark ist sein Verlangen zu helfen, doch wie wenig richtet auch sein bestes Können und Wollen im Grunde aus!

In einem geordneten Staatswesen geschieht ja sehr viel zur Bekämpfung und Linderung solcher Notstände. Aber gemessen am tiefsten Wesen menschlichen Elends, hat auch die beste soziale Fürsorge nur geringe Erfolge; denn immer neue Abgründe tun sich auf, immer neue Wellen von Not fluten heran, denen zu wehren schier unmöglich erscheint. Ist es zu verwundern, daß Ärzte, Armenpfleger, Wohlfahrtsbeamte Pessimisten werden? Sie erfahren zu viel vom Menschheitselend, um sich Illusionen über den Sinn des Daseins zu machen. Ich verstehe auch gut, daß ihr Selbsterhaltungstrieb sie nötigt, die seelische Belastung ihres Berufes manchmal abzuwerfen oder stundenweise zu vergessen.

Viele glauben den Grund dieser Übel in den Kriegen zu erkennen und arbeiten mit ihrem guten Willen und mit all ihren Kräften daran, den Krieg aus der Welt zu schaffen. Sie wollen ein »Reich Gottes« mit »irdischen Gebärden« herbeiführen und sehen nicht, daß ihr ideales, gutgemeintes Streben vergeblich ist. Ach, sie alle wissen ja nicht wohin mit der Not! Andre aber, die ebenfalls beseelt sind von heißem Drang zu helfen, suchen die Ursache solch vergeblichen Mühens und Ringens in der Gesellschafts- und Wirtschaftsordnung, im Klassenunterschied und im Kapitalismus. Umsturz der bestehenden Ordnungen scheint ihnen der Weg zum Heil der Gesamtheit zu sein. So werden aus Idealisten Revolutionäre, die manchmal ihre idealen Ziele durch Ströme von Blut zu verwirklichen suchen. Das alles sind brutale Wirklichkeiten — nicht wegzuwischen aus dem Weltbild eines ehrlichen Menschen.

Daß ich damals in Berlin und auch später in der eigenen Praxis mit ihren schweren Eindrücken trotz meiner natürlichen Empfindsamkeit seelisch gesund geblieben bin, verdanke ich dem lebendigen Glauben, der hinter allem Erdenleid immer und überall Jesus sieht. Ihn erkannte ich immer tiefer als den Heiland der Welt, den Retter der Menschen, der seine Hände ausstreckt nach jedem Leidenden, nach allen Verirrten und Verlorenen, der unaufhörlich die »Mühseligen und Beladenen« zu sich ruft. Er ist letzten Endes der Überwinder alles Erdenleids und aller Seelennot, der Löser aller sozialen Probleme der Menschheit.

Oft habe ich mich damals gefragt, ob ich wohl dauernd als Großstadtärztin leben und arbeiten könnte. Meinem Herzen und Wollen nach — ja! Aber meinen Kräften nach — unmöglich! Bald schon würde ich darunter erliegen, und wie wenig Zeit und Gelegenheit böte ein solch anstrengender Beruf, von dem einen Notwendigen zu reden, das mir doch zur Hauptsache geworden war! Dazu wäre ein stilleres Arbeitsfeld notwendig. Ob mir das je geschenkt würde? Ich wußte es nicht und stand meiner künftigen Laufbahn gegenüber vollständig im Dunkeln. Eines aber wußte ich immer: Ich bin des Herrn Eigentum, und er wird mich führen, wie es ihm gefällt. Dieses Vertrauen und die bewahrende Gottesnähe trugen mich durch Not und Elend hindurch.

Anfang Juni waren die Ärztekurse beendet, und ich hätte abreisen können von Berlin, wenn mich das Engagement von Professor Zabludowsky nicht noch festgehalten hätte. Bis Mitte August hatte ich nun von früh bis Mittag als Volontärärztin in der Poliklinik für Massage zu arbeiten, indes ich die Nachmittage für eine mir sehr am Herzen liegende Sache benutzen konnte, über die im nächsten Kapitel berichtet werden soll.

Der Massagedienst war anstrengend; denn ich hatte täglich bis zu fünfzehn Patienten zu behandeln, darunter oft schwierige Fälle. Wer es war eine interessante, selbständige Arbeit, in der ich viele Kranke mit ihren mancherlei Gebrechen beobachten und reiche Erfahrungen sammeln konnte. Das kam mir in meiner späteren Praxis sehr zugute. Der gesamte Berliner Aufenthalt hat mir trefflliche, vielseitige Gelegenheit zur Ausbildung geboten. Ich möchte diese Zeit aus meiner Lebensführung nicht missen und denke noch heute mit großer Dankbarkeit daran zurück.

17 Ein neuer Frauenberuf

Jetzt endlich war die Zeit gekommen, mich dem zu widmen, was mich seit meiner Arbeit im Zürcher Gebärsaal und viel früher schon so stark beschäftigt hatte und was in Berlin nun zur Reife gelangt war.

Nichts Geringeres lag mir im Sinn als eine durchgreifende Reform der Geburtshilfe, die sich, vielleicht erst im Laufe von Jahrzehnten, als sehr segensvoll erweisen und in weiten Volkskreisen Eingang finden könnte. Ich wollte ein Zwischenglied schaffen zwischen dem Spezialarzt für Geburtshilfe und der Hebamme. Einer großen Schar ernster, gebildeter Frauen und Mädchen wollte ich damit zugleich einen neuen idealen Beruf bereiten, nach dem so viele meines Geschlechtes sich heute sehnen.

Vor allem aber bewegte mich der Notstand unzähliger junger Frauen, deren Kenntnisse von Schwangerschaft, Geburt und Säuglingspflege, von dem ganzen so wichtigen Gebiet der Mutterschaft meist sehr gering sind. Ihnen sollten tüchtige Beraterinnen und Helferinnen zur Seite stehen. Die damalige Hebamme war wegen ihrer viel zu geringen Ausbildung dafür durchaus nicht genügend, besonders wenn sie noch wenig Erfahrungen gemacht hatte. Es lagen und liegen zum großen Teil noch heute hier Übelstände vor, die ich im Laufe der Jahre gründlich kennenlernte, unter denen ich auch selbst als junge Mutter in peinlichster Weise schon gelitten hatte, obwohl eine tüchtige, ältere Hebamme mir damals zur Seite stand. Der Gedanke, im Interesse eines gesunden Volkskörpers müßte auf diesem Gebiet etwas andres entstehen, hatte mich seit jener Zeit nie mehr ganz losgelassen. Nun konnte ich dem Ausdruck verleihen, denn jetzt war ich selber für das, was ich ins Leben rufen wollte, gründlich ausgebildet und vorbereitet. Meine Zeit schien gekommen zu sein, und ich machte mich mit großem Eifer daran, meine Ideen schriftlich auszuarbeiten.

In einer neuen, besseren Zeit sah ich an Stelle der jetzigen Hebammen Geburtshelferinnen amtieren, die ihre Ausbildung innerhalb der medizinischen Fakultät erlangt hätten. In ihrem Fach müßten sie gründlicher geschult werden als der Medizinstudent von heute, indes ihr übriges medizinisches Studium unter gewisse Beschränkungen gestellt würde durch Ausschaltung derjenigen Gebiete, die für diesen Beruf nicht unbedingt erforderlich wären. Die Eramina sollten spezialisiert werden und mit denen der Mediziner nicht zusammenfallen.

»Akademische Geburtshelferin« nannte ich diesen neuen Beruf, und dank meines eigenen gründlichen Studienganges wurde es mir nicht schwer, Lehrplan und Werdegang einer akademischen Geburtshelferin sowie ihren Beruf mir klar vorzustellen. Ich kam dabei zu der Überzeugung, daß auf diesem Wege eine intelligente, gesunde Frau in etwa vier Jahren zum Ziel gelangen könnte. Zur vollen Ausbildung einer praktischen Ärztin aber gehören heute etwa acht Jahre, die klinische Assistentenzeit inbegriffen. Ihre Ausbildung würde nur etwa die Hälfte an Zeit, Geld und Kraft erfordern wie der Studiengang der Ärztin, könnte aber trotzdem gründlich und sehr befriedigend sein, und der neue Beruf böte vielseitige, ideale Möglichkeiten.

Und welche Wohltat würde mit solcher Neuordnung den gebärenden Frauen geboten! Dann müßten nicht mehr so viele ihre Niederkunft in die Klinik verlegen, wie es im heutigen Notstand ja meistens geschieht. Es liegt Unnatur und volkswidrige Sitte darin, dieses gottgeweihte, allernatürlichste Geschehen zu kasernieren. Geburt und Wochenbett sind in gewöhnlichen Fallen keine Krankheiten, sondern ganz natürliche Funktionen. Eine gebärende Frau, deren Verhältnisse nur einigermaßen geordnet sind, gehört in ihre Häuslichkeit, unter den Schutz ihres Gatten, in die Obhut erfahrener Frauen, aber nicht in die Klinik. Im Geist sah ich bereits überall in Stadt und Land tapfere Geburtshelferinnen in ihrem schönen Beruf amtieren. Mit welcher Freude hätte auch ich einst diesen Weg eingeschlagen! Ein volles Medizinstudium hatte ich gar nicht erstrebt; nur ein idealer, gründlich unterbauter Beruf lag mir am Herzen. Damals war ein solcher Weg noch nicht möglich, nun aber durfte ich Bahnbrecherin dafür werden. Welche Freude war mir das!

Jetzt galt es, in einer eingehenden Denkschrift den neuen Beruf zu schildern, ihn zu begründen und seine Notwendigkeit nach allen Seiten hin zu beleuchten. Der Studiengang der akademischen Geburtshelferin mußte gründlich ausgearbeitet, die Kompetenzen ihres Berufes genau umschrieben werden. Auch eine Gründungsorganisation und Werbevorschläge mußte ich entwerfen. Es war eine große Arbeit, die mir aber viel Freude machte, weil sie im Rahmen meines Könnens und Wollens lag. Nach Fertigstellung dieser Schrift wollte ich sie mit einsichtigen

Kollegen durcharbeiten, sie nachher einer prominenten Persönlichkeit zur Kritik unterbreiten und sie dann drucken lassen, um sie Professoren, Regierungsbeamten, Studierenden und Ärzten sowie der gebildeten Frauenwelt vorzulegen. Sodann wollte ich abwarten, wann und in welcher Weise ich selber aktiv auf den Plan treten müßte.

So hatte ich mir die Nächstliegende Arbeit gedacht, war mir aber wohl bewußt, daß ich mancherorts auf Widerstand stoßen würde und daß eine gründliche, vielleicht länger dauernde Propaganda notwendig wäre, bis ich die Erstlingsschar solcher Schülerinnen einer deutschen oder schweizerischen Universität zuführen könnte. Aber während ich an dieser Schrift arbeitete, gewann ich unvorhergesehen Mithilfe und einen starken Impuls, mit der Ausführung meiner Idee bald schon zu beginnen.

Eines Tages begegnete mir im großen Berlin auf der Straße ein Züricher Kollege, mit dem ich derzeit ein wenig näher verkehrt hatte. Er war Berliner und für zwei Semester nach Zürich gekommen, fühlte sich aber etwas fremd dort, so daß ich mich als Landsmännin veranlaßt sah, mich seiner ein wenig anzunehmen. Wir hatten einige schöne Wanderungen miteinander gemacht, und einmal begleitete er mich auf meine Alp im Toggenburg. Der junge, sehr gut erzogene Student war mir recht sympathisch gewesen, und es freute mich herzlich, ihn hier so unerwartet wiederzusehen. »Nun müssen Sie aber auch meine Mutter besuchen«, sagte er fröhlich. »Ja, das will ich gerne tun, wo wohnen Sie denn, und wann treffe ich Ihre Mutter am besten?« Da gab er mir seine Visitenkarte, auf die er schnell seine Adresse geschrieben hatte. Als ich nach Hause kam, erzählte ich Fräulein Thormann von dieser freundlichen Begegnung und gab ihr die Karte, um sie nach dem nächsten Wege dorthin zu fragen, denn gleich am andern Tage wollte ich hingehen. Da stutzte sie und fragte: »Wissen Sie auch, wer das ist?« Nein, das wußte ich nicht, denn ich fragte nie nach dem »Woher« der Leute. Da nannte sie mir einen Namen von hohem Rang. Ich erschrak ein wenig bei dieser Eröffnung, und mein erster Gedanke war: »Nein, dahin gehe ich nicht, für solche Art Besuch bin ich ja gar nicht eingerichtet.« Aber das Thormännlein dachte anders; sie bürstete mein Zeug, riet mir, ein Paar Handschuhe zu kaufen, — »und jetzt gehen Sie einfach«.

Ich traf in der Mutter meines Kollegen eine stattliche, lebhafte

Dame, die mich sehr freundlich aufnahm mit Dankesbezeugungen für das, »was ich damals ihrem Sohn gewesen sei«. Im Laufe des Gespräches stellte es sich heraus, daß sie sich sehr fürs Frauenstudium interessierte; sie fragte lebhaft nach meinen Arbeiten, Aussichten und Plänen. Ich sagte etwas von dem, was mich derzeit so stark beschäftigte. »Davon müssen Sie mir mehr erzählen, kommen Sie dann und dann wieder, und essen Sie mit uns zu Mittag.« Als ich nach Hause kam, sagte ich zu Fräulein Thormann: »Wie kann ich denn zum Mittagessen dorthin gehen, ich habe ja kein rechtes Kleid bei mir!« Aber sie wußte wieder Rat: »Ihr schwarzer Tuchrock ist ganz nett, den bürsten wir gründlich aus, und morgen gehe ich mit Ihnen ins Kaufhaus; da kaufen wir eine seidene Bluse.« Ich mußte lachen über diese Kühnheit, folgte aber dem Rat meiner Hausmutter und ging dann, von ihr zurechtgebracht, zu jenem Mittagessen, das mir noch heute so deutlich in Erinnerung ist, als hätte ich es vor einigen Tagen und nicht vor dreiunddreißig Jahren erlebt. Der Hausherr führte mich zu Tisch; die Unterhaltung war sehr lebhaft und veranlaßte mich, mehr von meiner Idee und von meinem Plan zu reden, als ich beabsichtigt hatte. Am Nachmittag mußte ich der hohen Dame einen regelrechten Vortrag darüber halten. Auf herzliches Interesse war ich gefaßt gewesen, aber eine solche Begeisterung hatte ich nicht erwartet. »Wie schade«, rief sie, »daß die Kaiserin Friedrich nicht mehr lebt! Ich würde sofort mit Ihnen zu ihr gehen. Sie müßten ihr den gleichen Vortrag halten wie soeben mir, und ich bin überzeugt, daß sie auf Ihre Ideen mit Freuden eingegangen wäre und Sie bei der Verwirklichung derselben kräftig unterstützt hätte. Die Kaiserin Augusta ist für solch kühne Neuerungen nicht gut zu haben, aber mein Mann und ich helfen Ihnen, wie wir es nur können.« Mir wurde es bange bei diesem ungeahnten Erfolg, und ich wußte zunächst nicht recht, was ich damit anfangen sollte. »Begeistert« war ich bis jetzt nicht gewesen für meine Idee, wohl aber tief durchdrungen, fest überzeugt und ehrlich bereit, mich dafür einzusetzen. Nun aber wurde ich von der Begeisterung der hohen Dame doch ein wenig angesteckt und sah die Verwirklichung meiner Pläne in einem rosigen Licht. Beim Abschied versprach ich gern, bald wiederzukommen. Es war ein merkwürdiger Tag.

Ich schrieb nun recht ermutigt weiter an der Schrift und ging noch etliche Male zu der liebenswürdigen Mutter meines Kollegen, um ihr das Geschriebene vorzulesen. Sie wurde immer zuversichtlicher und redete mir ernstlich zu: »Fangen Sie nur mutig an, die Zeit dafür ist reif; lange genug hat die Frauenwelt unter diesen haltlosen Zuständen gelitten. Hier in Berlin ist der beste Boden für so etwas. Bleiben Sie nur gleich da, ich richte Ihnen eine nette Wohnung ein und bahne Ihnen den Weg. Mein Mann will Ihnen für einen Vortrag den Börsensaal zur Verfügung stellen; er wird dann die Professoren der Fakultät und andre prominente Leute dazu einladen, und Sie werden sehen, daß der Erfolg nicht ausbleibt.« Mir wurde es schwindlig bei diesen kühnen Vorschlägen; meine Gründlichkeit und meine schüchterne Natur scheuten davor zurück. Ich hatte das Gefühl, als müsse ich ganz allein über einen großen Platz schreiten auf einem Boden von Glatteis. Nein, so rasch, so ungestüm konnte ich nicht vorgehen.

Um etwas realeren Boden unter den Füßen zu haben, wandte ich mich an einen der Professoren, einen bekannten Frauenarzt und Geburtshelfer, unter dem ich im Ärztekurs gearbeitet hatte. Auch er ging sofort auf meine Pläne ein und bot mir seine Unterstützung dafür an. Auf seinen Wunsch mußte ich ihn bei meiner Gönnerin einführen. Er empfahl mir dann, durch Protektion dieser Dame Eingang in die Hofkreise zu suchen und als »akademische Geburtshelferin« dort gleich praktisch zu arbeiten. Dann gälte es, Vorträge zu halten und Propaganda für meine neue Idee zu machen. Hätte ich in maßgebenden Kreisen einmal »festen Fuß gefaßt«, würden sich mir auch die Universitäten öffnen, wo ich dann bald die ersten Kandidatinnen für den neuen Beruf einführen könne. Als ich solch rasches Vorgehen ablehnte und keine besondere Freude zeigte, in Hofkreisen meines Amtes zu walten, bot mir der Professor eine Assistentenstelle als Geburtshelferin in seiner Privatpraxis an.

Sollte ich nicht mit beiden Händen zugreifen, um für die Verwirklichung meiner großen Pläne diese so günstige Position auszunützen? War es Feigheit, daß ich zögerte? Warum wurde es mir denn immer unbehaglicher zumute? Es war, als umfriede mich die Gegenwart Gottes nicht mehr. Ich arbeitete wie im Fieber, redete mehr, als ich sollte, betete und flehte und wäre so gern vorangegangen in meiner guten Sache; aber der Herr, mein Gott, schwieg dazu. In mir hörte ich nur das Wort: »Ihr seid nicht euer selbst, denn ihr seid teuer erkauft.« Nein, ohne meines Gottes Einwilligung wollte ich nichts tun. Aber waren diese merkwürdigen Begegnungen, diese günstigen Umstände, die ich ja in keiner Weise gesucht hatte, nicht doch von Gott gegeben? Doch ganz leise tauchte immer wieder der Gedanke in mir auf: Sollte dies alles eine Versuchung für mich sein? Wurde mir hier nicht eine glänzende Laufbahn angeboten, in der ich meines Gottes vergessen könnte? Merkwürdigerweise wurde das liebe, kluge Fräulein Thormann sehr steptisch bei meinen Berichten. Sie schüttelte ihr greises Haupt und sagte: »Hüten Sie sich!«

Unter heißen Kämpfen in dunklen Nachtstunden war ich endlich zu dem Entschluß gekommen, das ganze so lockende Angebot abzulehnen und zu versuchen, meine Pläne in Zürich zu verwirklichen. Ich sandte die im Entwurf nun fertige Denkschrift an eine Studienkameradin nach Zürich. Von dorther kam dann die erste mich befriedigende Reaktion; klar, nüchtern, durchaus anerkennend, aber zu langsamem Vorgehen mahnend. Das war wohltuend nach all dem Gestürm und gab mir wieder etwas wie sicheren Boden unter die Füße. Die mir so wohlgesinnte einflußreiche Dame aber mußte ich durch meine Absage tief enttäuschen. Das tat mir weh, denn ich hatte die liebenswürdige, energische Frau schätzen gelernt und war für ihre Ermutigung und ihr weitgehendes Helfenwollen sehr dankbar gewesen. Ach, sie konnte die innersten Beweggründe meines Handelns ja nicht verstehen und hat mir mein Zurückziehen auch falsch gedeutet. Ich fühlte mich beschämt und schuldig ihr gegenüber; denn ich war nicht zurückhaltend genug gewesen, wie es einem Menschen Gottes ziemte. Dafür war ich nun innerlich gestraft. Aber anders handeln konnte ich nicht, denn wo der Herr nicht vorangeht, darf und kann ich nichts beginnen.

O Berlin! Du betriebsame, lebensvolle, intellektuelle Metropole des großen Deutschen Reiches, wie weißt du alles an dich zu ziehen, was Neues bringen. Bedeutsames wirken könnte! Und wie weißt du jeden einzuschätzen nach seinem Wissen und Können und ihn an seinen Platz zu stellen!

Manchmal, wenn der Weg mich durch die brausende Friedrichstraße führte, war es mir, als ginge ich ganz allein am Strand eines brandenden Meeres. Und doch war's nur ein kleiner Ausschnitt aus dem gewaltigen Völkermeer. Paris, London, New York, Chicago — brauste es dort nicht starker noch, dies »ungestüme Meer, das nicht stille sein kann und des Wellen Kot und Unflat ausschäumen«? Wie wunderlich weh tat mir der Anblick der vielen, vielen Menschen, die dem Tod entgegenleben! Tief in meinem Herzen aber tönte das Wort: »Also hat Gott die Welt geliebt« — ja, diese Welt, die im argen liegt — »daß er seinen eingebornen Sohn für sie dahingab, auf daß alle, die an ihn glauben, nicht verloren werden, sondern das ewige Leben haben«. Mußte ich nicht laut hinausrufen in dieses Gebrause: »Halt, halt, haltet ein! Ihr geht einen falschen Weg, ihr rennt und jagt nach unwirklichen, vergänglichen Zielen, dem Verderben entgegen! Wenn ihr umkehrtet und stille bliebet, dann würde euch geholfen!?«

Aber wer war denn ich? War ich nicht auch nur eine kleine Welle in dem großen Völkermeer? Und konnte auch ich nicht darin untertauchen, mich verlieren und schließlich zugrunde gehen? Bei solchen Gedanken, die in den letzten Wochen in Berlin oft über mich kamen, erfaßte mich unbeschreibliche Sehnsucht nach einem Untertauchen in die andre Welt, die ich ja kannte, in die ich hineingeboren, aber in der ich noch nicht genügend verankert war, um in allen Stürmen des Lebens standzuhalten. Ich sehnte mich nach stiller, lichter Einsamkeit, nach Alleinsein mit Gott, nach voller Erkenntnis seines Willens, nach tieferer Offenbarung Jesu Christi. Diese Sehnsucht wurde schließlich so mächtig, daß oft alles andre davon zurückgedrängt, manchmal wie verschlungen wurde. — Ach, wohin sollte ich fliehen, um solche Einsamkeit und solche Gottesnähe zu finden? Aber tief im Herzen war ein tröstliches Wissen: »Du wirst sie finden, du wirst zum Ziel deiner heißen Sehnsucht gelangen.« Ja, »selig sind, die Heimweh haben, denn sie sollen nach Hause kommen«. Dieses Wort Jung-Stillings hat sich auch an mir bewährt. Einige Monate noch — und mir geschah, was ich ersehnt und geglaubt hatte.

18 Schmerzvoller Abschied

Die Berliner Zeit nahte ihrem Ende; aber die vielen eindrucksvollen Erlebnisse lagen noch unverarbeitet und chaotisch in meinem Gemüt. Ich mußte erst einmal zur Ruhe kommen und Klarheit gewinnen für die nächste Epoche in meinem äußeren Lebensgang. Die medizinischen Studien hatten in Berlin ihren Abschluß gefunden, und ich stand jetzt vor bedeutungsvollen Entscheidungen. Die Arbeit für den »neuen Frauenberuf«, die mir so brennend am Herzen lag, hielt ich für meine Lebensaufgabe und dachte nichts anderes, als in der Geburtshilfe meinen künftigen Dienst zu finden. Aber in mir hieß es immer wieder: »Ihr seid nicht euer selbst, denn ihr seid teuer erkauft«. Wenn ich noch selber hätte wählen dürfen, wäre ich natürlich in Berlin geblieben, um die mir dort gebotenen großen Vorteile auszunützen. In der Erinnerung daran schien es mir später oft, als hätte mir damals der Fürst dieser Welt die Schätze der Erde angeboten, wenn ich niederfiele und ihn anbetete. Es liegt nicht in Gottes Art, eine von ihm gegebene Aufgabe mit Ruhm und Ehre, unter hoher weltlicher Protektion beginnen zu lassen. So sollte gewiß auch meine Berufsarbeit in kleinen Anfängen beginnen, nicht in Hofkreisen, sondern im Volk, nicht in Berlin auf einem mir fremden Boden, sondern wahrscheinlich in Zürich, wo mir alles bekannt und vertraut war. So dachte ich. Aber: »Meine Gedanken sind nicht eure Gedanken, und eure Wege sind nicht meine Wege, spricht der Herr«, Und ich wollte ja nichts andres, als daß sein Wille an mir geschehe. Betend, fragend und wartend blieb ich vor ihm stehen, bekam aber keine klare Weisung für die Zukunft. — Da kam eine Einladung meines Bruders zu mir, mit seiner Frau und seinen Kindern für einige Wochen an die Ostsee zu gehen. Was wollte ich lieber als das, und freudig sagte ich zu! Dann war ich einige Wochen lang an der Ostsee mit ihrem froh belebten Strand und den tiefen, schweigenden Wäldern. Dort in der großen Weite und Stille kam ich von all meinem Getriebe langsam zur Ruhe und fand die Klarheit und Innerlichkeit meiner Glaubensstellung wieder. O wie wohltuend war das! Wie ganz anders wurde all mein Erleben beleuchtet, und wieviel kühler und nüchterner übersah ich nun auch die letzten Wochen in Berlin!

In diese Stille hinein kam ein Brief meiner Zürcher Kollegin mit folgender, mich hart treffender Mitteilung: In Zürich an der medizinischen Fakultät war eine Art Revolte gegen die studierenden Frauen losgebrochen. Den Anlaß dazu hatte der neueste Roman einer schweizerischen Schriftstellerin gegeben, in dem sie mit schamloser Offenheit alle Einzelheiten des medizinischen Studienganges vom Anatomiesaal bis in die Kliniken hinein schilderte. Solch eingehendes Wissen konnte nur von den Aussagen einer Kandidatin der Medizin herrühren. Diese unakademische Indiskretion hatte unter Professoren und Studenten mit Recht solch eine Empörung hervorgerufen, daß sie keine Frauen in den Lehrsälen und Kliniken mehr dulden wollten. Und dies, so schrieb meine Kollegin, sei nun der ungünstigste Augenblick, um mit meinen Reformplänen an die Zürcher Universität zu gelangen. Sie würden jetzt glatt abgelehnt werden, und ich müsse wohl noch geraume Zeit damit warten. Es sei ihr auch fraglich geworden, ob es mir in Zürich gelingen werde, meine Ideen zu verwirklichen. Gerade auf diesem Gebiet sei der Andrang der Studierenden recht groß; wie dann für meine Geburtshelferinnen noch Gelegenheit zum Praktikum geschaffen werden solle, sei ihr nicht recht klar.

Auch meine hohe Gönnerin in Berlin war inzwischen betreffs dieser Sache etwas ernüchtert worden. Durch eine Berliner Ärztin, die in Zürich ausgebildet war, hatte sie erfahren, daß eine Reform der Geburtshilfe von andrer Seite bereits angebahnt sei. Man wolle neue Schulen mit weitaus besseren Ausbildungsmöglichkeiten dafür gründen und mit großer Propaganda in der gebildeten Frauenwelt für diesen Beruf werben, um sein Ansehen zu heben und die »mittelalterliche Hebamme« nach und nach verschwinden zu lassen. So schrieb sie mir und meinte, vielleicht wäre ja dieser viel zahmere Weg ein Übergang zu meinen kühnen und gründlichen Reformideen. Aber so dachte ich nicht. Dieser Weg schien mir eine neue Halbheit zu bedeuten, sowohl in bezug auf die »gebildeten Hebammen«, wie man sie nannte, als auch in bezug auf die Frauenwelt. Viele tüchtige, gebildete Frauen würden wohl kaum auf diesen Beruf eingehen. Ich verschaffte mir die Adresse des Professors der geburtshilflichen Fakultät, der an der Spitze dieser Bewegung stand, und reiste mit guten Empfehlungen ausgerüstet zu ihm in der Hoffnung, ihn für meine weitergehenden Pläne zu gewinnen. Er gab mir in freundlicher Weise Gelegenheit, ihm meine Ideen gründlich zu schildern, prüfte eingehend meine Denkschrift und riet mir sodann, die »recht interessante Schrift« ruhig drucken und verbreiten zu lassen, das könne für seine Arbeit nur vorteilhaft sein. Er werde eine Gegenschrift herausgeben, um für seine Ideen zu werben, denn für die meinen sei die Zeit noch nicht reif; sie würden, besonders von akademischen Kreisen, schwerlich angenommen werden. Der Professor unterbreitete mir auch seine Reformvorschläge, die ich aber nicht gutheißen konnte. Diese interessante Auseinandersetzung endete mit einem feindlich-kollegialen Händedruck. »Auf gute Feindschaft!« rief mir der liebenswürdige Mann beim Abschied zu.

Dies alles zog wie dunkles Gewölk über den Himmel meines Ideals. Es dämpfte meinen Mut und lähmte meine Tatkraft für die schöne Sache, für die ich mich so gern eingesetzt hatte und die ich noch heute, nach mehr als dreißig Jahren, für gut und möglich halte. Aber solch einem Kampf, wie der Professor ihn vorgeschlagen hatte, fühlte ich mich nicht gewachsen. Ein schwerer Druck legte sich auf mein Gemüt, und schließlich, nach bitteren Kämpfen, mußte ich mein berufliches Ideal, nach dem so lange schon mein Sinn gestanden hatte, fallen lassen! Die Denkschrift ließ ich nicht drucken. Sie liegt noch heute in meinem Schreibtisch; denn um eines so fraglichen Erfolges willen konnte ich die Mühe und die Kosten für die Veröffentlichung nicht aufwenden. Dies war ein überaus schmerzlicher Abschied vom Besten, das ich mir für meinen äußeren Lebensweg ersehen hatte. — Wie gut, daß ich all diese Kämpfe in der Stille, umgeben von der weiten, herben Schönheit des Meeres und der Wälder durchringen konnte! Mein Herz wurde langsam ruhig. Wie sollte ich für mein weiteres Geschick denn nicht dem Herrn vertrauen, der mich bis hierher so sichtlich geleitet hatte?

Aber noch ein anderer, nicht weniger schmerzlicher Abschied stand mir bevor. Von der Ostsee aus fuhr ich nach Bremen, um nach längerer Zeit wieder einmal bei meinen Eltern zu sein, mich mit ihnen über meine weiteren Entschlüsse zu beraten und dort zu bleiben, bis meine Lage sich geklärt haben würde. Meine Eltern hatten von Anfang an meinen Studiengang gebilligt, und nach der Scheidung meiner Ehe hatte mein Vater mir auch die Mittel dafür willig zur Verfügung gestellt. Er war ein vermögender Mann und führte mit der Mutter nun im Alter ein behagliches Privatleben, nachdem mein einziger Bruder das große Geschäft übernommen hatte. Meine Eltern hätten wohl gern eine »berühmte« Tochter bei sich gehabt, und mein Vater legte es mir dringlich nahe, alles daranzusetzen, um in Deutschland mein Staatsexamen zu machen und mich dann als praktische Ärztin in Bremen niederzulassen. Er kannte meinen Idealismus von früher her noch und versprach mir, für meinen Unterhalt vollständig aufzukommen, so daß ich seinetwegen auch eine Armenpraxis führen könne. Es war nicht nur persönlicher Ehrgeiz, sondern auch Liebe zu mir, was ihn so denken und planen ließ. Als ich ihm erklärte, daß ich dazu alle Examina von der Matura an nachholen müsse, was mir jetzt, im Alter von siebenunddreißig Jahren, nicht mehr möglich sei, war er sehr enttäuscht. Das tat mir leid, denn ich liebte ihn und hätte ihm gern Freude gemacht.

Geradezu entrüstet aber waren meine Eltern über meine »religiöse Einstellung«, die ich ihnen von Anfang an nicht verhehlt hatte, die sie aber nicht recht ernst genommen hatten. Bei diesem Besuch zeigte sich schon in den ersten Tagen die tiefe Kluft, die durch meine Sinnes- und Lebensänderung zwischen mir und meinen Eltern entstanden war. Nie zuvor hatte ich so deutlich erkannt wie jetzt im Elternhaus, daß ich »andern Geschlechts« geworden war. Ich hatte noch kein Wort von meinem Glauben geredet, als mein Vater mich streng zur Rede stellte über das »mystische Zeug«, in das ich da hineingeraten sei und das ich unbedingt ablegen müsse, denn damit wolle er nichts zu tun haben; er wisse genug von diesen »Mukkern« und wolle so etwas in seinem Hause nicht dulden; es sei eine Schande für ihn, wenn seine Tochter solche Wege gehe, das schicke sich nicht für mich. Der alte Mann — er war achtundsiebzig Jahre alt — redete und schrie sich dabei immer mehr in einen großen Zorn hinein. In tiefem Kummer, aber schweigend und innerlich zum Herrn flehend ließ ich diesen Gewittersturm über mich ergehen. Und als mein Vater schwieg, erschöpft und wie in sich zusammensinkend, da tat er mir sehr leid, aber still und fest mußte ich ihm erklären, von diesem Glauben könnte ich niemals lassen, auch wenn sie alle mich deswegen verstoßen würden. »Wenn du den kenntest, an den ich glaube, würdest du anders denken, Vater.«

Von diesem Tage an erlebte ich eine Hölle im Elternhaus. Fast täglich wiederholten sich die Bitten und Vorstellungen meines Vaters, die allemal im Jähzorn endeten. Vom Heilsweg Gottes irgend etwas zu sagen, war ganz unmöglich. Buchstäblich erlebte ich das Wort des Herrn: »Des Menschen Feinde werden seine eigenen Hausgenossen sein« (Mtth. 10,36). Es war mir ein tiefer Schmerz im Blick auf meine alten Eltern; aber eine verborgene Seligkeit lag auch darin, um meines Glaubens willen solches zu erdulden. Ich ging still meinen Weg, und besuchte meine früheren Freunde und viele
 Stätten meiner Kindheits- und Jugenderinnerungen. Es war überall ein wehmütiger Rückblick und ein schmerzlicher Abschied; denn ich wußte nun, daß in meiner Vaterstadt kein Raum für mich sei; es war dort alles so fremd, so ganz anders als früher,

weil in mir selbst ein Umbruch geschehen war, dessen Bedeutung ich jetzt erst in vollem Maß erkannte. Mein bloßes recht stilles Dasein im Elternhause regte meinen Vater derart auf, daß er krank davon wurde. Und eines Tages bat mich meine Mutter, abzureisen und nie mehr heimzukommen, solange der Vater lebe; »es sei denn, daß du diesen verrückten Glauben aufgibst und wieder ein vernünftiger Mensch wirst«. So ähnlich äußerte sich auch mein Bruder, und die meisten meiner alten Freunde und Bekannten schüttelten die Köpfe über mich. Wie konnten sie meinen Weg auch verstehen?

Wohin sollte ich mich nun wenden? Und was sollte aus mir werden? In all diesen Kämpfen und Nöten wurde meine Sehnsucht nach Alleinsein mit Gott immer stärker, so daß sie alles andere verdrängte. Da zog es mich mächtig zurück in die Schweiz. Wo anders konnte ich die Einsamkeit finden, die ich jetzt brauchte, um klar zu werden über Gottes Absichten mit mir und um alles Erlebte sich auswirken zu lassen, als dort, wo ich so manches Mal Zuflucht gefunden hatte auf stillen Alpen und wo ich Land und Leute nun besser kannte als daheim? Ich brachte auch diesen Gedanken und mein tiefes Sehnen flehend vor Gott, und siehe, der Weg wurde mir deutlich freigegeben. So fuhr ich denn Ende September zurück nach Zürich, um mir von dort aus ein Übergangsasyl zu suchen und, wenn möglich, auch für eine Zeitlang jene Weltabgeschiedenheit zu finden, nach der ich mich vor allem sehnte.

Nie vergesse ich jenen Abschied aus dem Elternhause. Ich wollte einen Nachtzug über Köln nach Zürich benutzen. Mein Vater verweigerte mir jeden Abschied und blieb den ganzen Tag unsichtbar; auch er mag schwer gelitten haben unter dieser Trennung. Meine Mutter geleitete mich bis an die Haustür, wo gegen Mitternacht der Wagen stand, der mich samt all meinem Gepäck zum Bahnhof bringen sollte. Niemand begleitete mich, niemand gab mir ein freundliches, tröstliches Wort zum Abschied, auch meine Mutter nicht. Es war eine trübe, regnerische Herbstnacht; mein Herz war schwer von Kummer, und über meine Seele senkte sich Dunkelheit. Nun war mir auch das Elternhaus verschlossen, und alles war mir weggenommen: meine Kinder, meine Ehe, meine Geschwister, meine Freunde. O wie einsam war mein Leben geworden! Sollte ich auch noch meine Heimat verlieren, die mir so teuer war? — Unter solchen Gedanken fuhr ich durch die lange, schwere Nacht. In Köln mußte ich eine Stunde auf den Schnellzug nach Frankfurt warten. Müde und angegriffen saß ich ganz allein im Frauenabteil des Wartesaals. Da kamen zwei katholische Schwestern herein und setzten sich mir gegenüber. Sie lasen still in ihren Gebetbüchern, was mich merkwürdig beruhigte. Nach einiger Zeit trugen zwei Männer eine Bahre herein, auf der eine Schwerkranke lag, eine Begleiterin setzte sich daneben. Da bemerkte ich, daß die beiden Nonnen sich anschauten und zunickten, in ihren Büchern etwas aufschlugen und für die Kranke zu beten begannen, wobei ihre Lippen sich bewegten. Das geschah so selbstverständlich und innerlich, daß es mich tief bewegte und zugleich auch beschämte. Konnte ich nicht auch beten? Könnte Gott mir nicht auch einen Dienst anvertrauen an Kranken und Sterbenden, an Verirrten und Verlorenen? Keiner sprach ein Wort, die Kranke seufzte nur leise, aber wie ein stilles Wehen der Ewigkeit ging es durch den Raum, der nun seine Öde für mich verloren hatte. Mein Herz empfing einen tiefen Trost, es konnte wieder vertrauend und betend aufschauen. – Da wurde mein Zug gemeldet. Mit leisem Gruß und einem dankbaren Blick auf die Schwestern ging ich hinaus und fuhr dann getröstet meinem Ziel entgegen.

Meine Rückkehr nach Zürich glich der Heimkehr an einen vertrauten Ort. Die Freunde, die ich dort gewonnen hatte, empfingen mich mit Freude und Herzlichkeit. Sogar meine liebe Bude durfte ich wiederfinden; meine treue Kollegin hatte sie inzwischen bewohnt und sie mir wie selbstverständlich wieder eingeräumt. – Daß die Schweiz mir zur Heimat werden und mir dauerndes Asylrecht gewahren würde, ahnte ich damals noch nicht. Meine Absicht war es keineswegs. Ich dachte, nur so lange in der Schweiz bleiben zu sollen, bis Gottes weitere Zubereitung und sein Marschbefehl mich auf irgendeinen Kampfplatz führen werde, den ich entweder auf einem Missionsfeld oder in meinem Vaterlande zu finden hoffte. In diesem Sinne schrieb ich meinen Eltern und bat meinen Vater, mir noch so lange, bis mein Weg mir klar gezeigt werde, seine Unterstützung zu gewähren. Darauf veranlaßte mich mein Vater, einen Erbschaftsverzicht zu unterzeichnen; denn er sähe es schon im voraus, daß ich sein sauer verdientes Geld unter die Armen verteilen würde, »da draußen« ausgenützt werde und schließlich noch Hunger leiden müsse. Das wolle er eben nicht, und sein Geld solle im Lande bleiben. Er wolle mir aber für die Zeit meines Lebens eine Rente von den Zinsen meines Erbes ausstellen, wenn ich auf den Verzicht einginge. Als ich mit diesem Erbschaftsverzicht (es handelte sich zunächst um etwa hunderttausend Mark, die jede von uns beiden Schwestern nach des Vaters Tode erhalten sollte) zu einem Zürcher Notar ging, sagte dieser, es sei ja Unsinn, was ich da täte; mein Vater hätte gar kein gesetzmäßiges Recht, mich zu enterben. Ich bestand aber darauf, und er fertigte kopfschüttelnd das Aktenstück aus. Fortan bezog ich meine »Rente«, die nun für alles reichen mußte. Der liebe Vater! Er glaubte, für mein ganzes Leben gut gesorgt zu haben, ahnte aber nicht, daß nach zehn Jahren alle seine Berechnungen über den Haufen geworfen wurden, als durch den Weltkrieg sein gesamtes Vermögen verlorenging und mein Rentenbezug von selber aufhörte. Gut war es für ihn, daß er es nicht mehr erlebt hat! Damals, als jener Erbschaftsverzicht unterschrieben war, hat er Ruhe bekommen. Mir aber blieb das Elternhaus verschlossen; ich habe meinen Vater nicht wiedergesehen.

Sechstes Kapitel: Wieder in der Schweiz

> Du allein, Herr, hilfst mir, daß ich sicher wohne. (Ps. 4,9)

19 Neue Heimat

Ich bin Deutsche nach Geburt und Abstammung, in Art und Wesen, und ich liebe mein Vaterland; ich bin ihm treu geblieben im Ausland, habe mit ihm gelitten in seiner Not und Schmach, mich mitgefreut in seiner Freude und bleibe ihm eingegliedert bis ans Ende. Seine Geschichte und sein Volk, seine Fischer und Bauern und Handwerker, die mächtige Industrie und ihre Arbeiter, die großen Handelsherren, die ihre Schiffe über alle Meere führen lassen, die Dichter und Denker, deutsche Kunst und Wissenschaft — alles ist mir Vaterland. Ich müßte es lieben, auch wenn es mich verstieße, dieses große, schöne Reich der Erde. Seine nordische Landschaft, aus der ich hervorwuchs, hat sich unauslöschlich meinem Wesen aufgeprägt: der weite Horizont, das große, grüne Marschland, die wogenden Kornfelder und der ebene Wald, die Heide und vor allem das endlose Meer. Oft hatte ich Heimweh im Land der Berge, dorthin, wo die Ströme breiter fließen und die Sonne sichtbar untergeht, wo das Auge die ungehemmte Weite erfaßt und das Rund der Erde sich erkennen läßt.

Aber trotz dieser inneren und äußeren Zugehörigkeit zu meinem Vaterland ist mir die Schweiz im Laufe der Jahre zur Heimat geworden. Sie war ja die Heimat meiner neuen Geburt, das Jugendland meines geistlichen Lebens; aber sie wurde auch die Freistatt meines Wirkens und Schaffens. Dort erst erwachte ich zum vollen Menschtum, dort entfalteten sich alle meine Kräfte zum Ausmaß der Persönlichkeit, aber auch, und das war und ist ja die Hauptsache meines Lebens, »zum vollen Wuchs in Christo«. Du liebes, schönes Schweizerland, wie vieles danke ich dir! Wenn ich meine Schweizerfreunde das Kellersche Lied singen hörte: »O mein Heimatland, o mein Vaterland, wie so innig, feurig lieb ich dich!«, dann habe ich sie gut verstanden und begreife auch das sprichwörtlich gewordene Schweizer Heimweh. Dies

Land ist nicht nur wunderbar schön, wie aus Schöpferhand zu majestätischer Größe gestaltet, es birgt auch ein freizügiges Volk und bringt Menschen hervor vom Ausmaß eines Gottfried Keller, eines Jeremias Gotthelf, eines Böcklin, Hodler und vieler anderer, auch tüchtige Offiziere und kluge, besonnene Staatsmänner. Während des Weltkrieges habe ich mich oft darüber gewundert, mit welcher Festigkeit und Umsicht der Bundesrat dieses vielsprachige Volk in der Wirrnis jener Zeit zusammengehalten hat. Damals habe ich den Ausspruch Bismarcks verstehen gelernt: »Wenn es keine Schweiz gäbe, müßte man eine machen.«

Es hat mich oft erstaunt, mit welcher Gelassenheit die Schweizer Dinge aufnehmen, die anderwärts Begeisterung, Empörung oder Lachen hervorrufen würden, und mit welcher Duldsamkeit sie Fremdartiges bei sich beherbergen. Der Schweizer läßt sich nicht so leicht aus der Ruhe bringen wie der Franzose, der Deutsche, der Italiener und andere. Auch das Schulwesen der Schweiz hat mir oft Anerkennung abgenötigt, wenn ich merkte, wieviel ein Kind aus dem Volke hier lernt und wie sangeskundig und sangesfreudig die meisten sind.

Wer als Ausländer jahrzehntelang in der Schweiz lebt, der wird hier ganz ohne Worte erzogen, in gewisse Grenzen gewiesen und doch in seiner Eigenart geschätzt, soweit diese als schätzenswert angesehen wird. Das habe ich mit großer Dankbarkeit auch an mir erfahren und immer wieder feststellen dürfen. Beinahe vierzig Jahre schon genieße ich jetzt Asylrecht in der Schweiz; und daß ich dabei deutsch geblieben bin in Art und Wesen, spricht nicht nur für mein Deutschtum, sondern auch für die liebe, großzügige Schweiz. Viel Liebe und Freundschaft ist mir hier zuteil geworden. Was ich zu geben hatte, wurde dankbar aufgenommen und reich gelohnt, und ich darf wohl sagen, daß gerade meine deutsche Art den Schweizer Freunden oft wohlgetan hat, wie mir ihre Art zum Gewinn für Charakterbildung und Lebensführung geworden ist. In allen Schichten der Bevölkerung durfte ich weitgehende Gastfreundschaft genießen, und in einigen lieben Familien wurde ich schon zu Beginn meines Aufenthaltes so vorurteilslos und freundlich aufgenommen, daß mir das Einleben in Zürich von Anfang an nicht schwer geworden ist.

Als sich, es war Ende September 1903, meine äußeren Verhältnisse geordnet hatten und ich nun in Zürich ein wenig zur Ruhe gekommen war von all den schweren Erlebnissen, begann ich mich nach einem Übergangsasyl umzuschauen. Freunde rieten mir, ein kleines Haus auf dem Lande zu suchen, das ich bewohnen könne, bis ein Plan oder ein Ruf an mich herankäme. Ich annoncierte auf ihren Rat in einer Graubündner und in einer Zuger Zeitung und erhielt eine große Anzahl von Angeboten. Nun hieß es, auf die Wohnungssuche gehen, und diese Gelegenheit wollte ich benützen, ein weiteres Stück der Schweiz kennenzulernen. Ein junges Mädchen aus meinem Bekanntenkreise, das gleich mir gern wanderte, bot mir ihre Begleitung an, und frohgemut fuhren wir miteinander ab. Zwischen die Bahnfahrten legten wir größere Fußwanderungen; Nachtquartier bekamen wir bei Bekannten, in kleinen Berggasthöfen oder in Bauernhäusern. Es wurde ein frohes Wandern in schöner Herbstzeit, aus dem sich mir einige Bilder und Begebenheiten eingeprägt haben, die ich hier niederschreibe, weil sie von Land und Leuten recht charakteristische Eindrücke geben.

20 Auf Erkundungsfahrten

Zum erstenmal sah ich Graubünden, die Heimat der stillen, gediegenen Menschen, das Jugendland des Rheins, der mir hier wie ein munterer Knabe vorkommt gegen den herrlichen Strom meines Vaterlandes. In Klosters war mir ein Haus angeboten worden; es erwies sich als ein altes, gediegenes Steinhaus, wie sie in dieser Gegend üblich sind. Eine schöne, würdevolle Frau zeigte es uns. So hatte ich mir Lukrezia von Planta vorgestellt, die Geliebte des Jürg Jenatsch. Schön sind sie, die Bündner Frauen in ihrem schlanken Wuchs, mit den tiefen, dunklen Augen und den ebenmäßigen Zügen, aber etwas Ernstes, Herbes liegt über ihrem Wesen, so wie die Natur dort es prägt.

Davos, das von Klosters aus schnell zu erreichen ist, lag ebenfalls im Plan unsrer Reise. Dort hatten wir kein Haus zu besichtigen. Aber ich wollte den Ort so vieler Leiden und so vielen Sterbens, so vieler Sehnsucht und Hoffnung und Enttäuschung kennenlernen. Und noch etwas andres zog mich dorthin: In Davos lebte als Lehrer der jüngste Sohn meines Freundes Schwalb, der an unheilbarem Asthma litt, dort oben aber leben und arbeiten konnte. Er war so glücklich über diesen Besuch, daß er uns auf unserer Wanderung landabwärts durchaus begleiten wollte.

Bis Filisur dürfe er es schon wagen, und des Weges sei er kundig. In Filisur wollten wir übernachten, um anderen Tages weiterzufahren nach Thusis, indes Heinrich allein zurückwandern wollte in seine heilsame Gefangenschaft. Aber wir verfehlten den Weg, denn unser lieber Führer war in praktischen Dingen nicht eben zuverlässig. Dazu kam, daß durch den derzeitigen Bau der Albulabahn in der Landschaft einiges verschoben war, was uns noch weiter irreleitete. Es dunkelte bereits, und wir hätten nach unserer Berechnung jetzt in Filisur sein müssen, wanderten aber noch in einsamer Gegend umher, ohne zu wissen, wo wir waren. Die Nacht brach herein, eine kalte stacht, ohne Mondschein, nur von den Sternen erleuchtet. Ich fürchtete für den kränklichen jungen Mann, und als er uns dringend riet, auf die kürzeste Weise, auch ohne die Spur eines Weges, bergab zu laufen, denn hier müsse Filisur liegen, da folgten wir seinem Rat. Es war ein sonderbarer Abstieg, wir sahen in der Dunkelheit nicht, wohin die Füße traten, und es kam uns vor, als hätten wir keinen Boden unter uns, sondern rutschten mehr, als wir gingen, auf einem merkwürdigen Grund abwärts. Plötzlich kam eine eigenartige Bangigkeit über mich, und es war, als sage mir jemand: »Halt, nicht weiter!« Wie gebannt blieb ich stehen und zwang auch meine Begleiter dazu. Hier mußte etwas Gefährliches sein, aber wir sahen nichts. Da entsann sich unser Führer, daß er Streichhölzer bei sich habe. Im Licht eines solchen Flämmchens sahen wir mit Grauen, daß wir dicht vor einer gefüllten Kalkgrube standen — noch ein paar Schritte, und wir wären alle drei hineingefallen. Wir waren in eine Baustelle der Albulabahn geraten und an einem der steilen, hohen Dämme, die hier frisch aufgeschüttet waren, herabgelaufen. Zum Glück sahen wir nun einige Lichter in der Ferne; das war Filisur. Gegen Mitternacht kamen wir übermüdet und frierend zu einem ländlichen Gasthof. An Schlafen war trotz der Müdigkeit nicht viel zu denken; der arme Heinrich bekam in jener Nacht einen heftigen Asthmaanfall. Ich lag wach in Besorgnis um ihn, aber auch in Dank und Anbetung über diese göttliche Bewahrung. »Herr, ich bin nicht wert aller Treue und Barmherzigkeit, die du an mir tust, aber ich vertraue dir, daß du mich dahin führst, wo du mich haben willst.« Das war mein Flehen in der unvergeßlichen Nacht in Filisur.

In Thusis kamen wir auf einen hochgelegenen alten Herrensitz in einem Park. Darin lag, von prächtigen Bäumen umgeben, eine ziemlich große Waldwiese, still und verschwiegen. Auf dieser, so wurde uns berichtet, fände jeweilen die »Landsgemeinde« statt, es gehöre dies zu den »Servituten« des Gutes. Was eine Landsgemeinde war, das wußte ich aus Erzählungen meiner Freunde wohl. Es ist dies ein alter, feierlicher Brauch, der aus der echten Demokratie sowie aus der Urwüchsigkeit des Schweizervolkes stammt. Damals bestand dieser ehrwürdige Brauch noch vielerorts. Später ist er in den meisten Landschaften leider abgeschafft worden, aber in den Kantonen Appenzell, Glarus und Obwalden besteht er noch heute. An einem Frühlingstage versammeln sich auf feierliche Einladung hin alle stimmberechtigten Bürger einer Landschaft unter freiem Himmel an einem dafür ersehenen Platz. Da kommen sie alle von den Bergen herab und aus den Tälern herauf, um das Wohl und Wehe ihrer Volksgemeinschaft miteinander zu beraten. Jeder Stimmberechtigte trägt ein kurzes Schwert an der Seite. Die Regierung erscheint in festlichen Gewändern. Diese Landsgemeinde erinnert an die nordischen Things. Es wird Abrechnung gehalten, die Organe der Regierung werden neu gewählt oder wiedergewählt, die Abstimmung geschieht öffentlich durch einfaches Erheben der Hände. Innen- und außenpolitische Fragen werden erörtert, Beschwerden vorgelegt, und das alles geschieht im Beisein der Geistlichkeit, die den Segen Gottes auf die Versammlung herabfleht. Diese singt den feierlichen Schweizerhymnus: »Alles Leben strömt aus dir und durchwallt in tausend Bächen alle Welten. Alle sprechen: Deiner Hände Werk sind wir ...« — So ungefähr war mir eine »Landsgemeinde« geschildert worden, und es wurde mir ganz feierlich zumute in dem Park mit den großen, alten Bäumen und der stillen Wiese.

Dieses Gut war sehr billig zu verkaufen. Was hätte ein unternehmungslustiger Mann alles daraus machen können! Mir aber schien es unmöglich, dort zu wohnen. Meine Begleiterin wollte eine Nacht bei Bekannten in Thusis bleiben, und ich machte mich allein auf die Reise, in der Rheingegend ein Haus zu besichtigen. Dort war ich zum Nachtquartier bei den mir unbekannten Bauersleuten eingeladen, die ihr Haus und Land vermieten oder verkaufen wollten. An der Bahnstation erwartete mich der Bauer mit einem kleinen Wagen. Es dunkelte bereits, als wir abfuhren, und dann kam eine lange Fahrt im Finstern, die schier nicht enden wollte. Endlich sah man einige Lichter in der Ferne, bald ertönte Hundegebell, und dann hielt der Wagen vor einem Hause. Eine behäbige Frau erschien mit einer Laterne. Das Hundegebell übertönte jede Begrüßung. Als ich mich anschicken wollte, vom Bock herunterzuklettern, wurde ich ohne Worte von zwei starken Armen erfaßt und ins Haus getragen, indes der große Hund mit Freudengebell an uns heraufsprang. Erst in der Wohnstube setzte mich der Bauer behutsam auf den Boden und gab mir treuherzig die Hand: »Sind Willkomm.« Auch die Bäuerin begrüßte mich nun mit festem Handschütteln. So war ich noch nie bei einem Besuch empfangen worden. Mir wurde es sofort wohl bei diesen schlichten Leuten. Ein ländliches Nachtessen wurde aufgetragen; dann kam die Frau mit einem gedrehten Wachskerzenstock, um mich ins Gastzimmer zu führen. Unvergeßlich ist mir dieses liebevoll hergerichtete Zimmer: ein riesiges Bett mit so hoch getürmten Federbetten, daß man auf einen Stuhl klettern mußte, um hineinzukommen. Rot- und weißkarierte Bezüge von selbstgewebtem Stoff, frisch und schön! An den Fenstern schneeweiße Vorhänge, auf Tisch und Kommode weiße, gehäkelte Decken, der Boden weißgescheuert. Auf der Kommode aber war das Liebevollste dieses Zimmers: ein kleiner Marienaltar, mit schöner Muttergottesfigur, dahinter an der Wand ein Kruzifix, künstliche Blumen daneben in blaubunten Gläsern und eine kleine Engelsfigur aus Porzellan — alles sauber und zierlich. Dorthin stellte die Frau den Kerzenstock. Ich dankte ihr, daß sie es mir so schön gemacht habe, und sagte, daß es mich herzlich freue, wiewohl ich nicht katholisch sei. Nein, zu Maria betete ich nicht, aber doch kam in dieser Nacht ein tiefes Danken aus meinem Herzen, das mich mit diesen lieben Leuten innerlich verband. Am Morgen, nach einem währschaften Frühstück, wurde mir das Haus samt Umgeländs gezeigt. Dann forderte mich der Mann auf, mit ihm zu ihrem Pfarrer zu gehen. Daraus ersah ich, wie ernst katholisch die Leute waren, die nichts ohne ihren Herrn Pfarrer tun wollten. Diesem Besuch konnte ich dadurch entgehen, daß ich erklärte, das Anwesen weder mieten noch kaufen zu können, weil es meinen Bedürfnissen nicht entspräche. Das war eine Enttäuschung für die guten Leute, die damit gerechnet hatten, daß aus dem Handel etwas würde, weil ich doch eine solch weite Reise deswegen unternommen hatte. Ein schönes, kurzes Zusammensein war es dennoch gewesen, wir hatten über manches »berichtet«, auch über »die Religion«, wie die Landleute hier sagen, und wir hatten uns ganz gut verstanden, denn einfältige Frömmigkeit verbindet die Menschen, auch bei verschiedenartigem Bekenntnis.

Damals sprach ich das Schwyzerdütsch nicht schlecht; ich hatte es in den klinischen Semestern, besonders während meiner Arbeit im Gebärsaal, erlernt und liebe diese urwüchsige Sprache. Es ist die Landessprache, die von den Schweizern aller Stände geredet wird, anders als in Deutschland, wo das gute alte Plattdeutsch nur noch von der Landbevölkerung gesprochen wird. In der Schweiz lernen die Kinder das Hochdeutsch (Schriftdeutsch nennen sie es) wie eine neue Sprache. Im Laufe der Jahre, besonders jetzt im Alter, habe ich das Schwyzerdütsch wieder etwas verlernt, bin aber froh darüber, daß meine Schweizerfreunde meist in ihrer vertrauten Sprache mit mir reden, und ich kann mich auch heute noch mit Kindern und Landleuten gut verständigen.

Wir wandten uns nun dem Zugerland zu, das mir durch Ausflüge während der Studienzeit schon ein wenig bekannt war, und fuhren sogleich in das altertümliche Städtchen Zug an dem träumerisch schönen See, in dem sich Rigi und Pilatus an hellen Tagen spiegeln. Von dort aus wanderten wir auf den Baarer Berg, wo ein kleines Anwesen zu besichtigen war. Die Lage war schön, und auch hier fanden wir die gleiche Zuversicht für den Handel, der durch unsere Anmeldung schon für abgemacht zu gelten schien. Vor dem primitiven Hause stand ein neuer Küchenherd; den hatte das Bäuerlein, ein kleiner, etwas verwachsener Mann, tags vorher aus der Stadt geholt, um ihn schnell noch zu setzen; denn in seiner Küche befand sich noch eine mittelalterliche Feuerstätte unter einem großen Rauchfang, und das war ihm zum Hausvermieten wohl doch nicht geeignet erschienen. Unter den Vorzügen seines Gütleins schilderte uns der Mann auch seine geheimnisvolle Lage auf diesem Berg, in dem jene große, berühmte Höhle läge, wo es noch »Erdmanndli« gäbe; er selbst, der Bauer, habe nachts bei Mondenschein welche gesehen. Auf meine Frage, ob ihm die Erdmännlein schon beim Heuen geholfen hätten, sagte er, das eben nicht; aber man müsse wohl aufpassen, daß man gut mit ihnen stünde, sonst könnten sie einem schaden, aber andernfalls täten sie den Menschen Gutes. Ich verzichtete gern auf die nähere Bekanntschaft mit diesen Heinzelmännchen, und selbst der neue Küchenherd konnte mir das elende kleine Haus nicht anziehend machen. Der Bauer war ordentlich böse, als ich das Haus ablehnte, und meinte beim Abschied: ja, ja, den Herd hätte er früher setzen müssen.

21 Unterkunft im Zugerland

Unter all den ernsten und heiteren Erlebnissen auf dieser Reise blieb mein Herz voll Sehnsucht nach Einsamkeit und nach jenem Leben, das nicht von dieser Welt ist. Ich dachte, erst zum Frühling eine kleine Haushaltung einzurichten, und hoffte den Winter über irgendwo ganz im Verborgenen leben zu können. Auf unseren einsamen Wanderungen hatte ich mit meiner Begleiterin darüber gesprochen. Da war ihr ein Haus in den Sinn gekommen, in welchem es ihr möglich schien, eine Zeit solcher Einsamkeit zu finden. Es läge im Kanton Schwyz, an der Grenze des Zuger Landes; wir könnten es auf unserer Reise gut ansehen und von dort aus zu Fuß an den Ägerisee gelangen, wo ebenfalls ein Haus zu besichtigen war.

So wandten wir uns dem Zürichsee zu, nahmen in Wädenswil die kleine Zweigbahn, die bis fast tausend Meter aufwärts führt, und kamen dort an einen merkwürdigen Ort, der nur aus drei Häusern zu bestehen schien, die, etwa hundert Schritt voneinander entfernt, sich um eine Kapelle lagerten. Die übrigen Bauernhöfe des Ortes lagen weit verstreut in den Bergen. Die Biber fließt dort hindurch und bildet hier einen Bogen, der dem Ort den Namen Biberegg verliehen hat. In der kleinen Kapelle wurde jeden Morgen eine Messe zelebriert, und in einem der Häuser wohnte ein alter Kaplan, der diesen Dienst als eine Art Altersversorgung versah. In dem zweiten Haus lebte eine angesehene Bauernfamilie, und das dritte stand leer. Der Besitzer desselben wohnte etwa fünf Minuten weit davon entfernt. Meine Reisegefährtin, die diesen Ort gut kannte, erzählte mir, jene Kapelle sei eine Sühnekapelle, vor vielen Jahren von einer vornehmen Österreicher Sippe erbaut, aus der ein Sohn an jener Stelle einen Mord begangen habe, und nun müsse für die arme Seele im Fegefeuer alle Tage dort eine Messe gelesen werden. Dieses Haus aber stünde schon seit Jahren leer, weil das Gerücht umginge, es »spuke« darin.

Wieweit dieser Bericht auf Wirklichkeit beruhte, habe ich nicht näher zu erforschen versucht. Wir gingen zu dem Besitzer des mysteriösen Hauses und ließen es uns aufschließen. Da fanden wir eine schöne, alte, saubere Bauernstube mit einer großen Fensterreihe und einem riesigen Kachelofen, die mir so anziehend und geeignet für meinen Wunsch erschien, daß ich sie sofort um weniges Geld für den ganzen Winter mietete, und ich wußte in meinem Herzen, dort würde ich finden, was ich so sehnsüchtig gesucht hatte. Für weiterhin war dieses Haus nicht zu mieten.

Ein Wunschobjekt war also gefunden, und nun gings fröhlich weiter auf die Wohnungssuche für den Frühling. Nach langer Wanderung über den »Sattel«, der den Blick freigibt in das Massiv der Schwyzer Berge, gelangten wir in jene denkwürdige Gegend, in der vor einigen hundert Jahren die berühmte Schlacht »am Morgarten« stattgefunden hatte. Eine kleine Kapelle bezeugt in Bildern und Worten die Heldentat der freien Schweizer, die dort um ihre Unabhängigkeit so mutig gekämpft haben. Bald lag der liebliche Ägerisee vor uns, in den die stolzen Österreicher damals hineingetrieben wurden. Am gegenüberliegenden Gestade steigt aus dem See eine bewaldete Hügelkette auf. Dahinter ragt der mächtige Urirotstock empor, der bereits schneebedeckt war, und ihm gegenüber der Frohnalpstock. Wie zwei riesige Wächter erschienen sie mir hinter dem stillen See, auf dessen Fläche ihr gewaltiges Massiv sich in wunderbarer Klarheit spiegelte.

Nach einigem Suchen und Fragen kamen wir in ein großes, wohlgepflegtes Bauernhaus, wo uns eine alte Frau empfing. Liebe Mutter Henggeler, nie werde ich dein gutes Gesicht vergessen und die gemessene Freundlichkeit, mit der du uns müde Wanderer damals aufgenommen und bewirtet hast! Viel Güte und Mütterlichkeit hast du in der Folge auch in mein Leben hineingebracht. Das dort angebotene Haus, das dem jüngsten Sohn der alten Frau gehörte, war ein hölzernes »Chalet« mit etwa zehn Zimmern, zwei »Lauben« im ersten Stock und mit lieblichem Umgelände. Es lag ziemlich nahe am See, aber nicht unmittelbar an der Straße, so recht verborgen im Grünen. Sauber war es, gut im Stand gehalten und mit einfachen Möbeln versehen. Nachdem wir es gründlich angeschaut hatten, wußte ich sogleich, daß dies die für mich bereitete Wohnstätte sei. Ich mietete das Haus mit allem Zubehör sofort um achthundert Franken im Jahr zum Einzug auf Anfang März 1904. Es war das Rothaus, in welchem ich sieben Jahre lang leben und arbeiten, kämpfen und leiden sollte. Zur Erziehungsschule Gottes ist es mir geworden und zur Jugendstätte des Wirkens im Glauben, unter der Führung meines Herrn.

Mit diesem Schritt war ich für drei Jahre gebunden, denn auf kürzere Zeit wollte die Familie das Haus nicht vermieten. Aber ein Gefühl tiefer Ruhe kam über mich, denn diese Zeit würde ja sicherlich genügen, daß ich Gottes Absichten mit mir erkennen und dann den rechten Weg einschlagen könnte. —Nun galt es Brücken abzubrechen, um die nahe bevorstehende Zeit der Einsamkeit und den darauf folgenden Umzug vorzubereiten. Das war nicht so einfach; denn ich hatte viele Beziehungen, und niemand durfte vorläufig wissen, wo ich war, sonst wäre ich nicht ungestört geblieben. Nur das junge Mädchen, das mich dorthin geführt hatte, wußte um diesen Ort, und eine Freundin wurde nun eingeweiht in das Geheimnis. Sie übernahm es, alle meine Post zu empfangen und zu lesen und mir nur das ganz Notwendige nachzusenden. Diese Vorsicht bewirkte, daß ich in den viereinhalb Monaten meiner Einsamkeit nur zwei Postsachen empfing. Nie gelangte ein Brief, nie ein Besuch in jener Zeit zu mir. Ich durfte sein wie eine für die Welt Verschollene. Oh, welcher Segen lag darin! — Aber vorher waren noch viele erklärende Briefe zu schreiben und etliche Besuche zu machen; manche Kritik galt es zu entkräften oder hinzunehmen. Schließlich war alles überwunden, und Mitte Oktober war ich soweit, um in jener stillen, hellen Stube in Biberegg zu landen.

Siebentes Kapitel : In den Bahnen der Mystik

> Ich will mich mit dir verloben in Ewigkeit!
> Ich will mich mit dir vertrauen in Gerechtigkeit und Gericht,
> in Gnade und Barmherzigkeit. Hosea 2, 21
>
> Meinen Hunger stille,
> meinen Grund erfülle mit dir selber gar.
> Tersteegen

22 Einsamkeit

Wie deutlich sehe ich sie vor mir, die niedere, holzgetäfelte Bauernstube mit der großen Fensterreihe, die zur Zeugin seligen Erlebens und heißer Kämpfe geworden ist! Dort sind Stunden solch reichen stillen Glückes und solch tiefer Beschämung mir zuteil geworden, daß es schwer sein wird, darüber zu schreiben. Es bedeutet Schonungslosigkeit gegen mich selbst, denn jene Erinnerungen rühren an das Intimste meiner Seele. Und doch muß ich sie preisgeben, wenn mein weiteres Leben und Gottes Wirken in ihm verständlich werden soll. Ohne solche Offenheit würden diese Blätter besser nicht geschrieben, weil dann ihr Sinn verdunkelt, ihr Zeugnis verhüllt und ihr Zweck verfehlt würde.

Nun hieß es, sich zurechtfinden in der fremden Umgebung und sich, so gut es möglich war, in jener Stube einrichten. An der Fensterreihe und am Kachelofen entlang liefen hölzerne Bänke ohne Lehnen. Vor einer von ihnen stand am Fenster ein großer, alter Tisch mit eingelegter Schieferplatte, und davor ein hölzerner Stuhl. An der fensterlosen Wand des Zimmers befand sich ein großes, zweischläfriges Bett, das nichts als eine gepolsterte Untermatratze enthielt. Mein kleines Roßhaarkissen und zwei mitgebrachte Wolldecken vervollständigten das harte, kühle Lager, das ich damals nicht vertauscht hätte mit meinem heutigen bequemen Bett. Das war die karge Einrichtung des Zimmers. Auf die eine Seite des Tisches legte ich meine Bibel, etwas Schreibzeug und ein paar Bücher von Madame Guyon; weitere Lektüre hatte ich nicht mitgebracht. Auf die andere Seite stellte ich meinen kleinen Spirituskocher und etwas Geschirr. In der ungeheizten Nebenstube verwahrte ich einige Vorräte: Grieß, Reis, Hafer, Mehl und Brot, das ich mir selber im Kachelofen buk, etwas Dörrobst, einen Kranz Feigen, Erdnüsse, ein wenig Butter und ein Töpflein Milch. Von den Bauern erhielt ich billiges Gemüse, aus dem ich im Kachelofen eine Brühe bereitete, in der dann Reis oder dergleichen zu einer dicken Suppe gekocht wurde. Ich verfügte über sehr wenig Geld, weil alles zurückgelegt werden mußte für den Neuanfang im Rothaus. Aber das war mir gerade recht. Ein seliges und erwünschtes Losgelöstsein von all den kleinen Bequemlichkeiten und Genüssen des Daseins lag in jener mehr als einfachen Lebensweise.

Als ich Mitte Oktober dorthin kam, lag noch sonniger, bunter Herbst über der Landschaft und lockte mich zu weiten Spaziergängen. Aber die hörten von selber auf, als sehr bald der harte Winter mit großen Schneemassen einsetzte. Da reichte es höchstens zum Weg ins nächste Dorf, um die notwendigen Einkäufe zu machen. Das Wasser hatte ich mir am Brunnen zu pumpen, zu dem ich mich nach großen Schneefällen erst hindurchschaufeln mußte. In diesen Verhältnissen spielte sich das äußere Leben dort ab. Es rückte aber gegen das starke innere Erleben ganz in den Hintergrund, ja es war oft wie davon verschlungen. Tagelang sah ich keinen Menschen, und lautlose Stille lagerte rings um das einsame Haus. Ja, das war Einsamkeit, echte, tiefe Einsamkeit!

Mein Tagewerk bestand hauptsächlich im Studium der Bibel, im Gebet und im Stillesein vor Gott. Daneben schrieb ich nach Auszügen aus der Selbstbiographie der Madame Guyon an einer Arbeit über »Christliche Mystik«, die mir viel Freude und Gewinn brachte. Ich fühlte mich zu dieser seltenen Frau stark hingezogen. Es schien mir, als sei ich, dem inwendigen Menschen nach, ihr nahe verwandt, nur daß ich ihre hohe Geistesstufe bei weitem nicht erreichte. Ich war wie ein Kind neben ihr, das die ersten Buchstaben des göttlichen Alphabets noch zu lernen hatte. Diese erleuchtete Frau war in jener Zeit meine Führerin, bis der Apostel Paulus mir zum Lehrer und Führer wurde, was aber erst später im Rothaus geschah. All mein Sehnen und Wünschen war damals auf das eine Notwendige gerichtet, auf das Einssein mit Jesus. Und wunderbar neigte der Herr sich zu mir in seiner Gnade, mich elendes Geschöpf umhüllend und durchdringend mit der Kraft seines unauflöslichen Lebens. Aber leicht war jene Zeit wahrlich nicht. Nur wer einmal in Einsamkeit vor dem Herrn gelebt hat, der weiß, was das bedeutet. Es ist schrecklich, in die Hände des lebendigen Gottes zu fallen, und — selig, etwas zu schauen von seiner Herrlichkeit. Oft, wenn er mir mein eigenes Wesen und die in mir liegende Sündhaftigkeit offenbarte, bin ich vor ihm gelegen in solch heißem Schmerz der Buße, daß ich glaubte, daran verbrennen zu müssen. Und manchmal wurde ich so weit dem Irdischen entrückt, daß ich nichts mehr sah und merkte als Jesus allein.

Anfangs wollte eine gewisse Bangigkeit über mich kommen, wenn es in der Nacht gar so dunkel und grabesstill um mich war oder wenn unerklärbare Geräusche in dem großen Hause mich erschreckten. Da mußte ich einmal recht eindringlich an David denken, wie er, verfolgt von seinem Sohn Absalom, in dunkler stacht auf der Erde schlief; und mit seinem Gebet: »Ich liege und schlafe ganz mit Frieden, denn du allein, Herr, hilfst mir, daß ich sicher wohne« (Ps. 4, 9) bin ich seither manche Nacht eingeschlafen, bis der Friede Gottes mich so fest umhüllte, daß alle Furcht davon verschlungen wurde. In der Folge schloß ich nachts nicht einmal mehr die Haustüre ab. Eine Geborgenheit hatte mich umfangen, in der ich ruhte wie ein Kind im Schoß der Mutter und restlos glücklich war. Da ich ja weder mit einem Menschen noch auch mit irgendeiner Kreatur reden konnte, sprach ich meist mit dem Herrn Jesus — ehrfürchtig und doch so vertraut, als wäre er mein bester Freund. Das geschah besonders dann, wenn irgendein Wort der Heiligen Schrift mir ins Herz fiel, und ganz neue Erkenntnis mir dadurch geschenkt wurde.

Oft kam auch jener erdentrückte Zustand über mich, wie Madame Guyon ihn als »inneres Gebet« schildert. Aber ich erlebte dies alles in meiner Weise und auf meiner Stufe des inneren Lebens und freute mich dabei wachsender Klarheit und Nüchternheit. Bald merkte ich auch, daß ich nicht beten konnte, wie und was ich wollte, und manchmal, wenn ich vor Gott auf den Knien lag, wurde mir wie von außen her das Bild eines Menschen vor die Seele gerückt, den ich dann gleichsam mitnehmen mußte zum Gnadenthron. Das geschah nicht aus eigenem Wunsch oder Willen, ja nicht einmal aus meinem Erinnern; ich merkte deutlich, daß es Auftrag sei. So lehrte mich der Herr, Fürbitte zu tun, und ich habe es nicht mehr vergessen.

Ja, das war Leben in jener Welt, nach der ich mich so unaussprechlich gesehnt hatte, als die andre, die diesseitige Welt, mich noch so fest umfangen hielt und ihre Anforderungen an mich stellte. Aber selbst in diesem gottseligen Leben wußte ich, daß ich durch meine sinnliche Natur auch für die andre Welt noch offen war, und das erfuhr ich dort in der Einsamkeit mit erschreckender Deutlichkeit. Unvergeßlich hat ein Erlebnis dieser Art sich mir besonders eingeprägt: Ich war an einem dieser Tage so tief versenkt gewesen im Gebet, daß dieses Beten auch während des Schlafes in der Nacht nicht nachließ und ich am andern Morgen mit einem Herzen erwachte, das immer noch betete. Da verstand ich das Wort der Sulamith: »Ich schlafe, aber mein Herz wacht«, und tief beseligt ging ich an mein Tagewerk. Es war ein klarer, kalter Wintermorgen; betend schaute ich hinaus in die schöne, weiße, weite Landschaft, die von einem tiefblauen Himmel überwölbt wurde. Da sah ich nicht weit vom Hause entfernt einen Leichenzug vorübergehen; voran wurde der Sarg getragen, ein Priester und zwei Chorknaben gingen hinterdrein, und ihnen folgte eine ziemlich große Schar Leidtragender in schwarzen Kleidern. Das wirkte in dieser Landschaft sehr malerisch. Und plötzlich wurde das alles übergoldet vom ersten Strahl der aufgehenden Sonne. Das gab ein Bild von solch wunderbarer Schönheit, daß meine Augen wie gebannt daran hängen blieben, und ich dachte: Oh, wäre ich ein Maler, das müßte ich sofort darstellen! Meine schönheitsdurstige Seele trank dieses Bild gleichsam in sich hinein. Aber – O weh, wie mit einem Schlage war das inwendige Beten vorüber, die Seele war nicht mehr eingesenkt in Gott, sondern durch die Sinne abgelenkt in die Welt der Erscheinungen. Dadurch ward ihr das Höchste und Beste, die fühlbare Gegenwart Gottes, genommen. Das war ja an sich keine Sünde, und dennoch wirkte es auf mich wie eine Austreibung aus dem Paradiese – so köstlich war mir das Versenktsein in Gott gewesen. Und deutlich offenbarten sich mir in diesem Augenblick die beiden verschiedenen Welten, in denen wir Menschen leben, solange wir auf dieser Erde weilen. Damals habe ich unter heißen Tränen Gott gebeten: »Laß mich lieber blind werden, als daß mir durch Augenlust deine Gegenwart entzogen werde! « Gott hat dieses Gebet nicht erhört. Soll ich ihm dafür danken oder soll ich es bedauern? – Ich habe im späteren Leben noch oft durch Augenlust mir höchste Werte gemindert. In der Folge aber lehrte mich der Herr, daß der Mensch Gottes zu kämpfen hat um die

Welt des Lichtes, damit er die Welt der Erscheinungen mit ihren mannigfaltigen Lockungen überwinde. Es gehört dies zum guten Kampf des Glaubens zwischen Geist und Fleisch. Wie schmerzlich mußte ich es damals erfahren, daß ich noch langst keine Überwinderin war wie meine Vorbilder, die Mystiker! Später aber durfte ich unter der Freiheit des Evangeliums erkennen, daß Askese, wie ich sie damals noch übte, nicht die von Gott verlangte Stellung eines Christenmenschen sei. Ich bereue diese Durchgangszeit jedoch nicht; sie hat mich vieles gelehrt, hat mir meine Ohnmacht gezeigt und mich zuschanden werden lassen in allen eigenen Bemühungen.

Eine Art sinnliche Lust schien mir damals auch das Essen und Trinken zu erzeugen. Ich weiß nicht recht, ob es daran lag, daß ich mich ungenügend, zu mager und zu reizlos ernährte, oder ob diese sündhafte Neigung mir in tieferer Weise innewohnte. Jedenfalls glaubte ich dagegen kämpfen zu müssen. Und eines Tages, als mich wieder einmal allerlei Gelüste anfielen »nach den Zwiebeln und Fleischtöpfen Ägyptens«, flehte ich ernstlich zu Gott, er möge mir diese Gelüste wegnehmen, und ich glaubte, einen Bund mit ihm machen zu müssen, daß ich keine Nahrung mehr zu mir nehmen wolle, bevor er mir die Zusicherung seiner Hilfe gegeben und die Eßlust weggenommen hätte. Törichtes Menschenkind! Nein, so billig solltest du nicht davonkommen! Ich machte also meinen selbstgewählten Bund mit Gott — und fastete unter vielem Beten. Nachdem dies zwei Tage und zwei Nächte geschehen war, wurde es mir sehr schlecht zumute, schwarz vor den Augen, übel und schwindlig, und ich besann mich nun doch auf mein ärztliches Wissen, wollte es zu keinem Zusammenbruch kommen lassen und nahm ein Stück altes Brot zu mir, das ich in warmem Wasser einweichte. Diese frugale Mahlzeit vergrößerte mein Elend noch. Ausgerechnet in diese Situation hinein kam die Bäuerin aus dem Nachbarhause zu mir. Ich hatte mit jener lieben Familie dadurch einige Beziehungen gewonnen, daß sie mich als Medizinerin, als die ich mich dort angemeldet hatte, gerufen hatten. Nun kam die Mutter, mir ihren Dank für meine Hilfe abzustatten, indem sie mir — einen Schweinebraten! brachte. Sie setzte ihn auf den Tisch und plauderte noch allerlei. In mir hieß es: »Gib diesen Braten zurück, du bist ja Vegetarierin, sag, daß du kein Fleisch issest«, aber ich tat es nicht, denn er duftete gar so gut, und ich bekam ganz schrecklichen Hunger. Dann verabschiedete sich die gute Frau. Noch einmal sagte mein Überwinderwille: »Gib ihr den Braten wieder mit«; aber ich tat es nicht – die Lust war größer als dieser Wille. Und dann saß ich allein am Tisch, angesichts dieser leckeren Speise. Es war verhängnisvoll! »Ich werde ein kleines Stück davon abschneiden, das wird ja keine Sünde sein in diesem elenden Zustand.« Und ich tat es. Oh, wie gut das schmeckte! Ein zweites Stück folgte, ein drittes, es war, als vergehe mir Hören und Sehen, Denken und Glauben. Ich aß einfach und wollte auch gar nichts andres als essen. Und ich aß so lange, bis alles, alles aufgegessen war, und der Braten war nicht klein gewesen! Dabei fühlte ich mich so wohl, wie schon lange nicht mehr, vergaß die Welt des Lichtes und tauchte unter in der Welt der Lust und der Befriedigung meiner Sinne.

Erst mit der Sättigung kam die furchtbare Reaktion auf diese entsetzliche Sünde. Denn wenn ich auch heute jenes Gelübde als Zeichen von Unreife erkannt habe, so war es doch

damals für mich bindend. Es war schrecklich, und der Teufel wird sich gefreut haben an diesem tiefen Fall aus seliger Höhe. Nun war der Zusammenbruch da und die kläglich Erkenntnis: »Ein solches Geschöpf wie du taugt gar nicht ins Reich Gottes; dein Verlangen danach und all das herrliche Erleben der letzten Zeit hast du dir nur eingebildet« ... und Ärgeres noch flüsterte die Finsternis mir zu. Dieser Kampf, der schließlich in tiefe Buße führte, währte so lange, bis ich das ganze beschämende Erlebnis als einen Demütigungsweg aus Gottes Hand angenommen hatte.

Aber es sollte noch Schlimmeres kommen. Als der Friede mit Gott nach jenem Sündenfall längst wiederhergestellt und seine Gnadengegenwart mir wieder geschenkt war, erwachte ich eines Morgens nach einem höchst befremdlichen, peinlichen Traum. Ich hatte mich als Kind zwischen den Arbeitern in einer Werkstatt meines Vaters gesehen, aber nicht in jener Unschuld, in der ich als kleines Mädchen gelebt hatte, sondern es war mir alles ganz häßlich erschienen. Die Arbeiter hatten mich so merkwürdig angeschaut und angetastet, was mir anstatt Abscheu Vergnügen bereitet hatte. Der Traum empörte mich, und ich glaubte, in meinem Morgengebet Gott meine Unschuld vorhalten zu müssen, in der ich als kleines Mädchen gelebt hatte, da ich ja die Gabe des Gebetes hatte. Im seligen Erleben jenes Tages vergaß ich den Traum wieder, legte mich am Abend fröhlich nieder und schlief betend ein. Und wieder quälte mich ein widerwärtiger Traum. Ich sah mich als Schulmädchen mit Buben übers Feld gehen, und es war durchaus nicht unschuldig, was dabei geredet und getan wurde. In Heller Empörung stand ich am Morgen auf. Was bedeutete denn das? So hatte ich ja niemals geredet, ja nicht einmal gedacht. Woher kamen mir denn solche Träume? Ich bat den Herrn, das wegzunehmen und mir die stillen Nächte wieder zu schenken. Aber in der nächsten Nacht wurde es noch ärger. Ich sah mich als junges, kokettes Mädchen mit Männern tanzen und scherzen, aber nicht »unschuldig«, wie es nach meinem Erinnern von damals wirklich gewesen war, sondern häßlich, gemein, wie ich es bewußt niemals erlebt, ja nicht einmal gedacht hatte. Am andern Morgen lag ich mit Tränen des Zorns und in großer Not vor Gott, flehend, ringend, in Angst und Schrecken. Was bedeutete denn das? Ich war doch in diese Einsamkeit gekommen um Gottes willen, um ihn besser zu erkennen und tiefer zu erleben, und nun sollte der Teufel eine solche Macht über mich gewinnen, daß er sich in meine Träume mischte? Am nächsten Abend fürchtete ich mich, ins Bett zu gehen, und bat Gott unter Tränen, mich in dieser Nacht zu bewahren. Aber es half nichts, die furchbaren, quälenden, mir ganz unbegreiflichen Träume gingen weiter, noch drei Nächte lang. Ich mußte mein ganzes Leben gleichsam von unten her durchträumen. Das Reine, Ideale, alles menschlich Gute fiel davon ab, und nur Häßliches, Gemeines, das ich je und je verabscheut hatte, trat in Erscheinung. Anfangs hatte ich mich dagegen noch wehren können in Empörung und Widerwillen. Morgens im Gebet war es mir gewesen, als stünde ich unter Anklage vor Gericht, viele Augen schauten auf mich, und ich mußte vor einem strengen Richter um jeden Preis meine Unschuld beweisen. Dann aber waren mir einzelne kleine Begebenheiten aus jenen Zeiten vor Augen gestellt worden; ich begann leise zu zweifeln an meiner damaligen Unschuld und furchtbar zu leiden und zu zagen. Das Erleben des Tages stand nun ebenfalls unter diesen entsetzlichen Träumen, ich zitterte in Furcht und Schrecken, fürchtete mich vor jedem Geräusch und kam der Verzweiflung nahe.

Schließlich, nach der sechsten dieser Gerichtsnächte, war ich am Ende meiner Kräfte. Halb ohnmächtig, an allen Gliedern wie zerschlagen, lag ich an jenem Morgen vor dem Herrn und konnte nichts andres als leise weinen und stille flehen: »Ach, Herr Jesus, willst du mich immer noch in Satans Händen lassen, soll der Teufel über mich triumphieren?« Dann wurde alles still in mir, so lautlos still wie in einer Art Ohnmacht, und plötzlich hörte ich eine Stimme, war sie in mir, war sie außer mir? Ich weiß es nicht — und sie sprach: »Es ist nicht der Teufel.« Und ich fragte: »Ach, Herr, was ist es denn, das mich so quält?« Wieder die lautlose Stille, dann hörte ich deutlich das Wort: »Dein Fleisch!« — Was war das? Mein Fleisch? »Herr, mein Gott, sieht mein Fleisch so aus? Wie furchtbar ist das!« Und noch einmal hörte ich das Wort: »Dein Fleisch.« Dann war wieder alles still in mir und um mich. Wie lange ich so auf den Knien lag, weiß ich nicht; aber eines weiß ich, es hat sich unauslöschlich meinem Gedächtnis eingeprägt: Ich erkannte plötzlich ganz inwendig und doch in voller Bewußtheit: Ja, so sieht das Fleisch der Menschen aus, auch derer, die gut und edel erscheinen! Unter diesem Erkennen stand Paulus vor mir in Röm. 7, ich vernahm sein Wort: »In mir, das ist in meinem Fleische, wohnt nichts Gutes«, und weiter hörte ich ihn reden: »Da ist keiner, der Gutes tue, auch nicht einer!«... Hellwach war plötzlich mein Erkennen, und ein Licht fiel in mich hinein, wie ich es so tief noch nie empfangen hatte: Damals, bei jenem ersten Bußkampf in meiner Zürcher Studentenstube, entlarvte und strafte der Geist Gottes »meiner Sünden Menge«. Und ich mußte bekennen und gutmachen, wo es mir gezeigt wurde. Jetzt aber offenbarte der Herr mir die angeerbte Sündhaftigkeit meines Wesens, mein Fleisch. Und das wurde allein zwischen ihm und mir ausgemacht. — Unter diesem hellen Licht stand plötzlich der Herr vor mir in seiner Knechtsgestalt, und mein Herz und meine Lippen sagten: »O Herr Jesus, mein Heiland und mein Gott, in dieses Fleisch bist du heruntergestiegen, auch in mein Fleisch? Was hat es dich gekostet, uns unreine Sünder zu erlösen, du reiner, heiliger Gottessohn!« Und ein jubelndes, seliges Dankgebet, das ich hier nicht wiedergeben kann, strömte durch mein ganzes Wesen zu Gott hin. In einer Gottseligkeit, wie ich sie kaum je empfunden hatte, stand ich von den Knien auf, bereichert und beglückt wie nie zuvor. Den ganzen Tag über hielt das Danken und Loben an, und wie ein frohes Kind schlief ich in jener Nacht, traumlos und selig. — Nie mehr haben mich solche Träume erschreckt und gequält.

Nun wußte ich, daß jene Gerichtsnächte durch Gottes Geist und nach seinem Willen über mich gekommen waren und daß er mir eine Belehrung darunter gegeben hatte, die ich nie mehr vergessen sollte und die mein späteres Leben und Wirken wesentlich beeinflußt hat. Für »gut« habe ich mich seither nie mehr gehalten. Aber solches muß ein Mensch erst erfahren, bevor er es für alle Zeiten weiß.

Ein merkwürdiges Erlebnis von früher war mir in jenen Tagen nach den furchtbaren Träumen lebendig und verständlich geworden: Vor etwa vierzehn oder fünfzehn Jahren war es gewesen, da hatte mein Mann eine große Reise mit mir gemacht nach Paris und nach Südfrankreich in die Pyrenäen bis in den Norden Spaniens. Es war eine wundervolle Reise, die mir unverwischbare Eindrücke hinterlassen hat, besonders von dem berühmten Wallfahrtsort Lourdes und von Biarritz, an dessen Felsenufer der Atlantische Ozean seine Wellen emporspritzt. Wir hielten uns einige Zeit in Bordeaux auf, wo unsere Geschäftsfreunde wohnten, bei denen wir zu Gast waren. Eines Abends ging mein Mann mit mir in ein Nachtcafé dieser Stadt des Südens, um mir einen Einblick zu verschaffen in jenes mir noch unbekannte Leben. Ich sah das alles mit Schrecken und Abscheu: die Absinth trinkenden Männer, die geschminkten, aufgeputzten Frauen, die sich an sie herandrängten, das Lachen, die Blicke, die ganze Frivolität, die sich dort breitmachte. Mir ward es sehr elend zumute in diesem Getriebe. Aber plötzlich, als hätte es mir jemand zugeflüstert, hörte oder dachte ich wie unter einem Zwang: Ja, sieh nur hin, du bist auch — so eine wie diese Frauen hier, bist um gar nichts besser. Ach was, dachte ich, das ist ja purer Unsinn! Und ich bat meinen Mann, mit mir wegzugehen, es sei dort abscheulich. Aber der Gedanke, der sich mir dort aufdrängte, hat mich damals tagelang nicht losgelassen, ich war ganz verwirrt davon geworden und hatte Angstzustände bekommen, die erst nach und nach unter den großartigen Natureindrücken vergangen waren. Und jetzt in der Einsamkeit stand jenes Erlebnis wieder vor mir, schaute mich an und sagte: Nun siehst du ja, wer du bist. Von neuem befielen mich Angst und Schrecken, aber alsogleich betete ich den Sohn Gottes an, der gekommen ist, unser Fleisch auf sich zu nehmen, dessen Blut uns rein macht von aller Sünde, auch von der Erbsünde und von dem in uns wirkenden Fleischeswesen. Dann wurde ich wieder still und froh. — Oh, welche Erleichterung und welche Seligkeit bedeutet solches Erkennen für uns elende Menschen des Sündenfalls!

Unter diesem erschütternden Erleben lernte ich die gesamte

Menschheit als eine Kollektivmasse des Verderbens anschauen. Sie erschien mir wie ein einziger großer Teig, durchsetzt mit Sauerteig. Jeder einzelne Mensch bedeutete mir nach seinem Fleischeswesen ein Klümplein von dieser großen Masse — nur mit dem Unterschied, daß das eine an einen brutwarmen Art kommt, an welchem das Sündenwesen hochaufschwillt, das andre aber kühl gestellt wird und klein bleibt. Welches Verdienst hat nun ein solcher Mensch, der sich seines sündhaften Wesens nicht einmal bewußt wird? Gar keines! Und alles bleibt nur Gnade. Ja, wahrlich, ich war auch »so eine«; aber ich hatte es nicht gewußt, und die Menschen meiner Umgebung wußten es auch nicht. Jene Dirnen im Nachtcafé zu Bordeaux waren ja meine »Schwestern nach dem Fleisch«. Und nichts erhob mich über sie als allein mein Glaube, dieses wundervolle Gnadengeschenk Gottes, das allen Menschen, auch den Huren und Mördern, zuteil werden kann. Wahrlich, solches Erkennen ist notwendig, wenn einer mit Erfolg missionieren will, sei es in den Wildnissen Afrikas oder in den Londoner »Slums« und anderswo. — Seit diesem Erleben gab es für mich keine vergoldeten Idealbilder mehr unter den Menschen; ich war Realistin geworden, aber mit der gewissen Zuversicht des Glaubens an den allesvermögenden Erlöser. Wie wertvoll ist mir solche Erkenntnis geworden für meine spätere Arbeit in der Seelsorge! Diese Erfahrungen an mir selbst hatten mich tiefsichtig gemacht für andere. Es war oft, als sähe ich in den Grund ihres Wesens hinein, der ihnen selber nicht bewußt war. Das »Du« aber schrieb ich fortan nicht mehr groß in meinen Briefen, wie wir Deutschen ja auch das »Ich« nicht groß schreiben. — Jenes gottgewirkte Erkennen meines grundverdorbenen Wesens war das wichtigste Resultat meiner so lang ersehnten Einsamkeit mit Gott.

23 Von bösen Geistern und armen Seelen

»Es gibt mehr Dinge zwischen Himmel und Erde, als eure Schulweisheit sich träumen läßt.« So lesen wir in »Hamlet«, und wahrlich, auch Kinder Gottes können lernen am Genius des großen Shakespeare! — Von jenen Dingen, an die keine Schulweisheit je hingelangen wird, unterrichtet uns auch die Bibel, die ewige Dinge nie als philosophische Meditationen behandelt, sondern immer als heilige Realitäten. Die Bibel redet von einer gewaltigen Engelwelt, von »Fürstentümern und Herrschaften«, von Erzengeln, die vor Gottes Thron stehen, seine Befehle zu empfangen. Sie redet auch von gefallenen Engeln, »die ihr Fürstentum nicht bewahrten«, und von Satanas, dem Obersten dieser Dämonen, den der Herr Jesus den »Fürsten dieser Welt« nennt und von dem Paulus redet als vom »Gott dieser Welt«. Von bösen Geistern unter dem Himmel lesen wir in der Heiligen Schrift, »die in der Finsternis dieser Welt herrschen«, aber auch von »Geistern im Gefängnis«, denen Jesus, der Auferstandene, in der Unterwelt gepredigt hat. Die Bibel lehrt uns, daß alle die armen, gottlosen Seelen, die vor Tausenden von Jahren in der Sintflut zugrunde gegangen sind, noch der Rettung harren, daß sie alle noch leben, die Leute von Minive und von Sodom, die Königin von Saba und die Erzväter des Volkes Israel.

Sollen wir alle diese Dinge nun einfach beiseite legen, weil unsere Schulweisheit und unser modernes, materialistisches Denken damit nichts anzufangen weiß? Und sollen wir unsere Bibel nur ethisch-religiös oder gar als Morallehre betrachten, alles einfach ausstreichend, was in unsere Denksysteme nicht hineinpaßt? Nein, das hieße die Bibel als Gottes Wort verwerfen. Aber alles, was Gott je und je geredet hat durch seinen Heiligen Geist, das wird »herwiedergebracht werden« und in Erscheinung treten, wie wir es uns in dieser Welt der Sichtbarkeit kaum vorzustellen vermögen.

Als ich schon einige Jahre im Rothaus gelebt und manche merkwürdige Erfahrungen aus der Welt der Geister gemacht hatte, kam mir das bekannte Buch von Zündel über Johann Christoph Blumhardt in die Hände, das ich mit wachsendem Interesse las und das mir viel Aufschluß über eigene Erlebnisse gab. Damals fuhr ich einmal nach Bad Boll, um, wie ich hoffte, dort einige Orientierung für meinen Weg zu finden. Leider fand ich nicht, was ich suchte, denn der alte Vater Blumhardt war nicht mehr unter den Lebenden und sein Sohn gab mir nicht, was ich brauchte. Dort in Boll aber traf ich einen Enkel des alten Blumhardt, der gleich mir Mediziner war und mit dem ich ein wenig näher verkehrte. Er erzählte mir viel von seinem Großvater, neben dem er seine Kindheit verlebt hatte, und sprach begeistert von dem starken Geistesleben, das damals in Voll geherrscht habe, von den herrlichen Gesängen und den Predigten des Großvaters. Er berichtete auch, wie sie als Kinder oft Engel gesehen hätten. Eines

Tages führte er mich in die kleine Kirche und zeigte mir einen nach vorn abgeschlossenen Raum hinter dem Altar, der Kanzel gegenüber. »Sehen Sie, dies war der den armen Seelen zugewiesene Platz, den sie für gewöhnlich nicht verlassen durften. An manchen Abenden aber ging der Großvater ganz allein in die Kirche und predigte diesen armen Seelen, die keine Ruhe finden konnten im Jenseits, dann durften sie die Kirche füllen. Der Großvater konnte manche von ihnen auch sehen, und sie drängten sich alle herzu, um ihn von der Gnade in Christo reden zu hören. « Dieser seltsame Bericht mutete mich durchaus nicht fremd an, denn damals in Biberegg, in der Einsamkeit, hatte ich ja Ähnliches erlebt. Meine Selbstbiographie wäre unvollständig, wenn ich nicht einiges darüber berichten würde. Mögen meine Kollegen von der hohen Schule darüber lächeln, wenn es der eine oder andre vielleicht liest, oder mögen es manche psychologisch erklären – gleichviel, ich will einfach sagen, wie es war.

Ich erwähnte schon, daß ich in dem großen Hause bisweilen merkwürdige Geräusche hörte, die ich mir nicht erklären konnte, und einige Male sah ich im Halbschlaf oder beim Erwachen auch nebelhafte Gestalten. Sie waren nicht dämonisch wie damals in jener Nacht nach meiner Bekehrung; da war mir zum erstenmal die Realität der Hölle aufgegangen, die ebenso auf mich verlorenen Menschen gewartet hatte wie die himmlische Welt, als ich zitternd zwischen jenen zwei Abgründen gestanden hatte. Nein, jetzt war es keine Hölle, die mir entgegentrat, es mußte etwas anderes sein, und bald kam mir darüber auch Klarheit. Eines Tages war ich in der großen, kahlen Küche, um meine Wäsche zu waschen. Ich hatte Feuer auf dem Herd gemacht und stand singend an der mir ungewohnten Arbeit. Plötzlich hörte ich etwas wie ein Seufzen und Flüstern um mich herum, und es war mir, als würden meine Kleider wie von unsichtbaren Händen leise berührt – ich schaute ringsum, sah aber nichts. Zuerst wollte mir die Sache unheimlich werden; es war, als müsse ich fliehen von dem Ort, aber dann betete ich und fragte den Herrn, was das bedeute. Eine direkte Antwort bekam ich nicht; aber in meinem Herzen wußte ich mit plötzlicher Klarheit: Hier sind arme Seelen, die keinen Frieden haben und keine Ruhe finden. Da verschwand die Furcht in mir, und ich begann mit ihnen zu reden vom Herrn, von der Gnade Gottes in Christo. Erst wollte mir das merkwürdig vorkommen, daß eine normale, in der Wissenschaft wohlbewanderte Medizinerin in einem ganz leeren Raum zu jemandem redete. War denn das nicht »verrückt«? — Aber nein, hier waren Wirklichkeiten. Ich verbot nun diesen »armen Seelen«, mich je wieder zu berühren; auch sagte ich ihnen, sie dürften nicht in die Wohnstube kommen, sondern sollten dort in der Küche bleiben. Ich aber wolle jeden Abend für sie beten. Darauf wurde es ruhig und wie feierlich. Nachher beschäftigten mich andere Dinge. Meine Wäsche hing auf der Leine, und ich saß bei der Lampe vor meiner Bibel. Plötzlich hörte ich lautes Klopfen von der Küche her, so, wie wenn auf Eisen geschlagen würde; ich erschrak, aber gleich darauf fiel mir ein: Du wolltest ja beten für die armen Seelen dort. Ich rief laut den Namen »Jesus«, ging dann auf die Knie, betete zuerst ein Unservater und dann inbrünstig aus dem Herzen für jene armen Seelen, die vor Not und Schuld keine Ruhe fänden. »O du Lamm Gottes, erbarme dich ihrer! « Das wiederholte ich nun alle Abende. Wenn ich es je vergaß, kam wieder das sonderbare Getön aus der Küche. Seither werde ich immer sehr traurig, wenn ich evangelische Prediger behaupten höre, nach dem Tode gäbe es keine Gnade mehr. Ist denn Gott nicht ein Gott der Lebendigen und der Toten? Ist der Gnadenthron denn nicht aufgerichtet in himmlischen Örtern? Solange es »heute« heißt, gibt es auch Gnade überall und für jeden, der den Namen des Herrn anruft in der Not.

Den Erfolg meines Betens für jene armen Seelen, die ich voll tiefen Mitleids zu lieben begann, kenne ich nicht. Im nächsten Jahr wurde das Haus von jungen Bauersleuten bezogen, die ich etwa zehn Jahre später dort einmal besucht habe. Eine Schar Kinder blühte um sie herum. »Spuken« tat es in dem Haus scheinbar nicht mehr. Von meinem Erleben mit den armen Seelen habe ich nichts gesagt. — Warum ich es in diesen Blättern tue? Weil ich viel daraus gelernt habe über den Heilsweg Gottes und weil es mir später in meiner psychiatrischen Praxis zugute kam, daß ich »Dämonen«, wie sie der Herr Jesus je und je von Besessenen ausgetrieben hat, unterscheiden lernte von armen Seelen, die keine Ruhe finden. Ich habe sehr selten über diese Dinge geredet und niemals eine Lehre daraus gemacht. Aber einigen Glaubensgenossen habe ich diese merkwürdigen Erfahrungen mitgeteilt, worauf sie mich als Irrlehrerin und Spiritistin verurteilt und andere vor mir gewarnt haben. Das machte mich sehr traurig, und ich unterließ es in der Folge, von diesen Dingen zu reden.

In meiner späteren Praxis hatte ich einige Male nervenkranke Katholikinnen zu behandeln. Bei näherem Forschen nach der Ursache ihrer Erregung und Schlaflosigkeit stellte sich heraus, daß diese Patientinnen viel für verstorbene Angehörige gebetet hatten, wie es ihre Kirche ja vorschreibt. Ich mußte ihnen davon aus ärztlichen Gründen dringend abraten, da zur Fürbitte für Verstorbene gesunde Nerven gehören. Einmal bekannte mir eine Gemütskranke, daß sie schon seit Jahren für eine Schar armer Seelen beten müsse, die alle Abende zu ihr kämen. Aber seit einiger Zeit rege sie das so furchtbar auf. Als ich ihr sehr ernst zuredete, das künftig zu unterlassen, sie könnte sonst geisteskrank werden, begann sie zu weinen und fragte:»Wo sollen denn diese armen Seelen hin in ihrer Not, wenn sich niemand ihrer annimmt?« Da beging ich die Unvorsichtigkeit, zu versprechen, ich wolle sie auf mich nehmen. Daraufhin wurde die Kranke ruhiger.

In der vielen Arbeit des Tages hatte ich kaum noch an dieses Versprechen gedacht, aber als ich spät abends sehr ermüdet in mein Schlafzimmer kam, umringten mich unsichtbare Wesenheiten mit solcher Macht, daß mich plötzlich eine starke Angst befiel. War es meine Müdigkeit, in der ich diesem Anprall nicht widerstehen konnte, oder waren schlimme Elemente darunter? Ich weiß es nicht, hielt es in meinem Zimmer aber kaum noch aus und begriff, daß man davon krank werden könne. Ich lief zu Maria Buß, meiner lieben Mitarbeiterin, und bat sie, mir zu helfen. Sie kam mit in mein Zimmer. Da haben wir zusammen für diese ruhelosen Geister zu Gott gefleht, sie seiner Gnade befehlend. Dann aber baten wir den Herrn, diese Plage von uns zu nehmen und die armen Seelen aus unserem Hause zu vertreiben, weil ja unsere ganze Kraft im Dienst an den Lebenden gebraucht werde. Das Gebet wurde erhört, der Spuk verschwand sofort; und diese Geister sind nicht mehr gekommen, weder zu mir noch zu jener Kranken, mit der es dann langsam besser ging.

In der Bibel finde ich keine Stelle, die uns gebietet, für Verstorbene zu beten. Die katholische Kirche macht zwar Kultus und Pflicht daraus für jedermann; aber als evangelische Gläubige kann ich das nicht annehmen. Trotzdem erkenne ich das hier Geschilderte als eine Realität, die man nicht ohne weiteres übersehen kann. — Manchmal noch wurde ich innerlich gedrängt, für arme Seelen zu beten. Später, als meine Kraft mehr verbraucht war, hörte das von selber auf. Aber auch heute denke ich an Verstorbene als an solche, die der Gnade Gottes noch teilhaftig werden können, wenn sie dieselbe suchen. Denn »dazu ist Christus auch gestorben und auferstanden und wieder lebendig geworden, daß er über Tote und Lebendige der Herr sei« (Rom. 14, 9).

24 Gute Nachbarschaft

Während dieser langen Zeit in Biberegg konnte es nicht ausbleiben, daß sich einige Beziehungen zu meiner Umwelt ergaben. Wohl sah ich tagelang niemanden. Die Milch wurde mir nach Verabredung jeweilen vor die Haustüre gestellt. Ich hatte den Nachbarn einen kurzen Besuch gemacht, suchte aber keinen weiteren Verkehr mit ihnen, denn ich wollte unbedingt allein sein.

Eines Tages nun riefen mich die Leute in ihren Stall; ein Kälblein habe es auf der Lunge, und da ich doch Medizinerin sei, verstünde ich mich gewiß auch auf Kälber; mit denen sei es so ähnlich wie mit den Kindern. Ich ging hinüber. Ein Stethoskop hatte ich wohl bei mir, wußte aber mit dem besten Willen nicht, wie man ein Kalb untersuchen müsse. Ich half mir, so gut es ging, merkte, daß das Tierlein fieberte und schwer atmete, und meinte, es werde wohl eine Lungenentzündung haben, wir wollten es danach behandeln. Eine Kiste ließ ich zur Hälfte mit Heu füllen und forderte ein grobes Bettlaken, eine alte Wolldecke und einen Sud von Heublumen. Dann machte ich dem Tier eine regelrechte Schwitzpackung und ließ es ins Heu betten, so daß nur der Kopf heraussah. Es war sehr geduldig und schaute mich flehend an. Der Schweiß rann ihm bald vom Kopf. Nach einer Stunde packte ich es wieder aus, rieb es mit trockenen Tüchern und ließ es in frisches Heu legen. Es war sichtlich erleichtert. Wahrend dieser Prozedur saßen die Nachbarn und einige andre Bauern auf Holzkisten oder Melkschemeln im Stall, rauchten ihre Pfeifen und sahen mir ernsthaft zu. Das nette Tierlein war leider nicht zu retten, es verendete nach einigen Tagen, und die Sektion ergab, daß es eine stark verdichtete Lunge hatte, was von den Bauern als angeboren festgestellt wurde. Mit diesem Akt hatte ich ihr Vertrauen gewonnen, und nachher rief man mich bisweilen auch zu Hilfeleistungen in der Familie. Eine nachbarliche Beziehung war hergestellt, und die Bäuerin setzte mir blühende Geranien auf die Bänke unter meinen Fenstern.

Die Familie bestand aus der Witwe des vor einigen Jahren gestorbenen Bauern, aus drei erwachsenen Söhnen und einer Tochter Kathri, die etwa vierundzwanzig Jahre alt war. Die Hausvaterstelle versah ein älterer Verwandter, »der Vetter« genannt. Sie alle haben mir in jenem Winter viele Freundlichkeiten erwiesen; sie fühlten sich mit verantwortlich für meine Sicherheit und bewachten mich treulich. Einmal, als ich Wasser pumpte am Brunnen, kamen zwei etwas verdächtig aussehende Burschen in die Nähe und riefen mir mit unverschämtem Lachen etwas zu, das ich nicht verstand. Sofort war einer der jungen Bauern an meiner Seite, fuhr die Leute an und sagte, sie sollten sich wegscheren, denn sie hätten da nichts zu suchen. Der Vetter meinte nachher: Er sei ein Mann und ich sei nur eine Frau, und er würde sich fürchten, so allein in einem Hause in fremder Umgebung zu wohnen. Er würde mir doch raten, einen Revolver neben mein Bett zu legen, man könne ja nicht wissen. Bei dieser Vorstellung mußte ich lachen. Ach, ich war ja gar keine Heldin; und wenn ich solch eine Mordwaffe, die ich gar nicht zu gebrauchen wußte, neben mir liegen hätte, würde ich erst anfangen, mich zu fürchten. Nein, ich hatte einen unsichtbaren Beschützer! Der Bauer schüttelte den Kopf und verstand diese Sache ganz und gar nicht. Die Tochter Kathri aber schaute mich so merkwürdig verstehend an.

Eines Nachts — ich war kaum eingeschlafen — erwachte ich durch einen fürchterlichen Lärm, der mit Kuhschellen und Topfdeckeln unter Geschrei und Gejohle vollführt wurde. Ich sah vom Bett aus Lichtschein und hörte Getrampel ums Haus herum. Anfangs erschrak ich und begann zu beten, ohne mich zu rühren und ohne Licht zu machen. Dann hörte ich Lachen und Reden und merkte, daß es sich um einen plumpen Scherz handelte, um irgendeinen alten heidnischen Brauch, mit dem die jungen Burschen aus dem Nachbardorfs mich erschrecken, vielleicht auch vertreiben wollten. Als ich gar nicht darauf reagierte, zogen sie schließlich ab. Von da an hat mich niemand mehr auf solche Weise gestört.

Später berichteten mir die Nachbarn, es sei Dorfgespräch gewesen, was ein so einzelnes Frauenzimmer in dem leeren Hause wolle und tue. Einige hätten gemeint, da würde wohl bald ein Mann erscheinen. Als der aber nach Wochen noch nicht gekommen sei, wäre die Meinung entstanden — die Bevölkerung war streng katholisch —, das müsse eine Heilige sein, die etwas abzubüßen hätte.

Der jüngste Sohn meiner Nachbarn studierte im Kollegium »Maria hilf« im Kanton Schwyz. Durch ihn war Kunde von mir zur katholischen Geistlichkeit gelangt, so daß diese glaubte, sich der »sonderbaren Heiligen« annehmen zu müssen. Ein Ordensgeistlicher aus dem Kollegium begann mit mir zu korrespondieren, schickte mir gute Bücher über den katholischen Glauben und erinnerte mich an die evangelische Pfarrerstochter Luise Hensel, die zur katholischen Kirche übergetreten sei. Sie wäre sehr glücklich geworden in ihrem neuen Glauben, und das könne ich auch werden. Sobald ich es wünsche, würde er mich besuchen; ich sollte mich doch vertrauensvoll an ihn oder an einen andern Priester wenden. Anfangs las ich die Bücher und beantwortete die Briefe. Es gab eine ernste Auseinandersetzung mit dem Katholizismus, die wie eine Störung in meine Einsamkeit hineinfiel. Meiner Veranlagung und Führung gemäß neigte ich stark zu den Lehren und besonders zu den Mysterien der katholischen Kirche, und es war gar nicht leicht, mich in dieser Auseinandersetzung zurechtzufinden. Der starke Einfluß der gut katholischen Madame Guyon spielte dabei keine geringe Rolle. Besonders beim Lesen eines vorzüglich geschriebenen Buches, dessen Verfasser ein kluger Jesuitenpater war, fragte ich mich immer wieder: Ist dies nicht eng verwandt mit dem, was du hier erlebst? Sollte die katholische Kirche nicht doch die »alleinseligmachende« sein?

Ich war noch zu jung im Glauben und zu wenig bewandert in der Bibel, um klar und logisch diesen Fragen zu begegnen, und es war ja niemand in meiner Nähe, mit dem ich über meine Konflikte hätte reden können. Diese gedanklichen Anstrengungen begannen mich zu quälen, mein unmittelbares Gotterleben wurde gestört und das einfältige Beten gehemmt. Und doch war ich innerlich wie festgehalten, und beim Lesen der Bibel fiel mir immer wieder ein Wort ins Herz, an dem ich mich in meinem evangelischen Glauben aufrichten und orientieren konnte. Schließlich hielt ich diese Kämpfe nicht mehr aus; sie schienen mir unnötig zu sein, und kurz entschlossen packte ich die Bücher zusammen, sandte sie freundlich dankend an den gutgesinnten Geistlichen zurück und machte einen festen Schlußstrich unter diese Auseinandersetzung. Dann wurde ich still und froh. Ich hatte die evangelische Wahrheit und Freiheit gleichsam von neuem entdeckt.

Meine Beziehungen zur katholischen Kirche blieben freundlich, aber reserviert; mein Glaubensleben wurde von dort her nicht mehr beeinflußt.

Zwischen mir und der Tochter Kathri aus dem Nachbarhause entstand im Laufe des Winters eine herzliche Freundschaft, die sich durch Jahre hindurch erhalten hat. Das kam so: Es mochte etwa Mitte Januar sein, als die große Kälte und die ungewohnte Lebensweise meine Körperkraft lahmzulegen begannen. Ich fühlte mich krank, und eines morgens konnte ich nicht mehr aufstehen, vermochte kaum ein Glied zu bewegen und hatte große Schmerzen. Es schien sich um eine Entzündung der vom Rückenmark ausgehenden Nerven zu handeln. Mit solcher Möglichkeit hatte ich nicht gerechnet, als ich in die Einsamkeit ging, und nun lag ich ganz hilflos da, aber in tiefem Frieden meine Not vor dem Herrn ausbreitend, in der Gewißheit, er werde einen besonderen Segen daraus hervorgehen lassen. Aber in der Stube wurde es kalt; wie sollte nur der Ofen geheizt werden? Und ich hatte auch nichts zu essen. Doch ich wußte und vertraute, der Herr werde mich nicht verlassen. Um Mittag war es, als befehle mir jemand: »Steh jetzt langsam auf, schieb dich an dem Stuhl (den ich abends immer ans Bett stellte) in die Nebenstube und schaue hinaus.« Ich gehorchte dem Befehl mit großer Mühe, und als ich an jenes Fenster trat, sah ich den Weg herauf den Sohn des Hausbesitzers mit einem Schlitten voll Holz kommen. Es war höchst selten, daß von dort her jemand ins Haus kam. Ich konnte gerade noch das Fenster öffnen und hinunterrufen, er möge doch zu mir heraufkommen, wenn der Schlitten abgeladen sei. Dann schob ich mich an dem Stuhl zurück und legte mich wieder ins Bett. Ach, wie schwer das ging! Bald trat der junge Bauer in die Stube. Ich bat ihn, den Kachelofen zu heizen, und während er warten mußte, bis »die Reiswelle« (Reisigbündel) verbrannt war und die Glut zurückgeschoben werden konnte, saß er bei mir im Zimmer auf der Ofenbank und erzählte folgendes: Sie hatten beim Mittagessen gesessen, da habe der Vater zu ihm gesagt, er solle gleich gehen und das Holz ins obere Haus in die Scheuer bringen. Er, der Sohn, habe gemeint, das »pressiere« doch gar nicht, aber der Vater hatte ihm nach dem Essen keine Ruhe gelassen, er müsse jetzt sofort gehen. Da sei er eben gegangen, und nun wisse er, warum. Mir aber klopfte das Herz vor Dank und Freude. So bis ins kleinste hinein sorgte der Herr für mich. Wie sollte ich ihm da nicht weiter vertrauen durch alles hindurch? Der Bauer sagte, er wolle mir seine Schwester schicken, die könne als Magd bei mir bleiben. Aber darauf konnte ich nicht eingehen, das hatte mir die selige Einsamkeit in Frage gestellt, und ich wollte lieber von Tag zu Tag, von Stunde zu Stunde dem Herrn vertrauen, der mich ganz gewiß nicht verlassen werde. Das sagte ich dem jungen Mann, und es schien mir, als verstünde er mich, er reichte mir treuherzig die Hand und versprach, am nächsten Morgen wiederzukommen und zu heizen. Dann war ich wieder allein, einen ganzen langen Nachmittag, betend und dankend. Es wurde dunkel und niemand kam. Mich begann recht zu hungern, und ich sagte es dem Herrn. Da sah ich einen Lichtstrahl draußen vor den Fenster und hörte Kathri meinen Namen rufen. Ich rief ihr zu, die Tür sei offen, sie möge nur heraufkommen. Dann kam sie mit ihrer Laterne und war sehr erschrocken, mich so krank zu finden. Sie sei den ganzen Tag fort gewesen, eine kranke Verwandte zu pflegen, und vor kurzem erst heimgekommen, da habe sie kein Licht bei mir gesehen und sei nun gleich hergelaufen. Sie kochte mir eine Milchsuppe und blieb bei mir, bis für die Nacht und den andern Morgen alles hergerichtet war.

Von da an kam das liebe Mädchen jeden Abend, wenn sie mit ihrer Arbeit fertig war, verrichtete die notwendigen Dinge und saß dann noch lange bei mir. An diesen Abenden, die sich durch einige Wochen täglich wiederholten, haben wir uns gegenseitig ins Herz geschaut. Es war eine wachsende Freude für mich, diese schlichte, fromme Seele zu erkennen. Kathri war ein außergewöhnlich hingebender, dienstbereiter Mensch. Wo in der Verwandtschaft oder Nachbarschaft eine Not, ein Leid war, wo es galt zu pflegen oder bei Sterbefällen zu beten, da ging sie hin. Sie erzählte von allem Elend in der Ortschaft und im nächsten Dorf. Und das geschah so anspruchslos und einfältig, daß sie selbst dabei ganz in den Hintergrund trat. Bald merkte ich, daß sie um dieser tiefen Gespräche willen sehr gern zu mir kam. Ich sprach auch mit ihr vom evangelischen Glauben, vom Herrn und von dem, was ich tagsüber in der Bibel gelesen hatte. So knüpfte sich ein inneres Band zwischen uns. Jeden Morgen um sechs Uhr läutete Kathri in der kleinen Kapelle die Messe ein. Das war jahraus, jahrein alle Tage ihr Amt, dem sie mit absoluter Pünktlichkeit oblag. Ich erwachte gewöhnlich an ihrem Läuten und war dann gleich mit ihr verbunden. Wenn sie das Verwandlungsglöcklein läutete und ich wußte, nun glaubt die fromme Kathri an das Mysterium der Umwandlung des Brotes in den Leib des Herrn und des Weines in sein Blut, dann glaubte ich betend in meiner Weise an die ewig wirksame Kraft des Blutes Jesu und an seinen für uns gebrochenen Leib. An das Mysterium der Verwandlung glaubte ich nicht, und in die Messe ging ich nie, denn ich glaubte der Heiligen Schrift, die so ausdrücklich das einmalige Opfer des Herrn verkündigt. Aber dennoch waren Kathri und ich tiefer miteinander verbunden, als ein Glaubensbekenntnis es darstellen kann. Kathri gewöhnte sich daran, jede Not, alle ihr aufsteigenden Lebensfragen abends zu mir zu bringen und auf das zu hören, was ich ihr zu sagen hatte. Ich erzählte ihr von meinem Hunger nach Gott, von meiner Bekehrung und von meiner großen Sehnsucht, für Jesus allein nur zu leben und zu arbeiten. Ach, wie sehnlich wollte auch sie nur dies eine! »Oh wenn ich doch mit Ihnen gehen könnte ins Rothaus«, sagte sie, »da wollte ich die grobe Arbeit tun, und Sie könnten ärztlich und geistlich arbeiten!« Ja, wie gerne hätte ich dieses treue Mädchen mit mir genommen; aber sie durfte ja nicht fortgehen von der alten Mutter, dem Vetter und den Brüdern! Im Verkehr mit Kathri, unter unseren tiefen Abendgesprächen ist mir manchmal das Schillersche Wort eingefallen: »Adel ist auch in der sittlichen Welt, gemeine Naturen zahlen mit dem, was sie tun, edle mit dem, was sie sind.« Dieses wahre Wort läßt sich auch auf das Leben im Glauben anwenden, in welchem es ebenfalls zweierlei Menschen gibt, solche, die redlich bemüht sind, etwas »zu tun für den Heiland« und zu leben »für andre«, und solche, die ganz schlicht nur leben wollen »um seinetwillen«.

Im Laufe meines weiteren Lebens lernte ich viele Menschen kennen. Hunderte um Hunderte sind an meinem inneren Auge vorübergezogen. Gute und Böse, Gerechte und Ungerechte, Gläubige und Ungläubige. Manche waren dabei, die selbstlos und willig sich hingaben für andre, — edle Menschen, die viel Gutes taten und die ich höher schätzte als mich selber, und doch hätte ich um keinen Preis mit ihnen tauschen mögen, denn sie gingen ohne Glauben durchs Leben. Auch sind mir viele Gläubige begegnet, die sich zu »ihrem« Heiland hielten, damit es ihnen wohlgehe auf Erden, damit sie Vergebung der Sünden hätten und immer besser und frömmer würden, um endlich in die ewige Seligkeit einzugehen. Ist das nicht Selbstleben mit dem Herrn als

Helfer für das eigene Dasein? Nicht viele habe ich getroffen, die gar nichts andres wollten und ersehnten, als dazusein für Gott, die es tief erkannt hatten, daß wir Menschen für ihn und sein Werk geschaffen sind; die sich nicht mehr um sich selber oder um eine andere Kreatur bewegten — auch mit dem Heiland nicht — sondern ganz schlicht nur leben wollten um seinetwillen.

Aber »Gott ist's, der in euch wirkt beides, das Wollen und das Vollbringen, nach seinem Wohlgefallen«. Ganz leise, kaum merklich beginnt in einem Menschenherzen ein Sehnen und Verlangen nach Gott, ein Drängen zum Licht, das langsam starker und bewußter wird, bis es durchbricht zum Erkennen der Wahrheit und zum lebendigen Glauben an Christus. Von uns aus ist nur eines dabei notwendig: die Hingabe unseres persönlichen, oft schwachen, oft hartnäckigen Willens an Gottes Tun in uns. Mit eigenem Wollen können wir den Weg des Lebens weder finden noch gehen. Es liegt wahrlich nicht an jemandes Laufen oder Wollen, sondern an Gottes Erbarmen. Aber wenn wir von ganzem Herzen und mit unserem ganzen Willen »ja« sagen zu dem, was Gott unter Gericht und Gnade in uns wirkt, dann erfahren wir immer mächtiger das Wunder der Erlösung und der Umwandlung unseres ganzen Wesens.

An Kathri beobachtete ich, wie schlicht und still solches in einfachen Naturen vor sich geht und wie bei Gott kein Ansehen der Person gilt. Nicht auf »Bildung«, auf Wissen, Können und gute Werke kommt es an, ja nicht einmal auf die moralische Qualität eines Menschen, wenn Gott seinen Sohn in ihm offenbaren will, sondern allein auf die Lebensrichtung zu Gott und auf die Annahme des uns geschenkten Glaubens. Und immer ist das Sein in Christo mehr wert als alles Tun »für ihn«.

25 Ausgänge und Eingänge

Der Aufbruch von Biberegg mußte gegen Ende Februar stattfinden. Auf Anfang März war das Rothaus gemietet, und länger konnte ich auch mein Zimmer in Zürich, das meine Studienfreundin solange bewohnte, nicht beanspruchen. Es war gut so, sonst hätte die Einsamkeit zu starke Fesseln um mich geschlagen, und ich wäre allzu weltfremd geworden. Unsagbar schwer war es mir, die wundervolle Abgeschlossenheit aufzugeben, die mich den Einflüssen von außen so lange entzogen hatte. Aber einmal mußte es ja sein. Sollte ich nicht darreichen, was ich an Glauben und Erkenntnis empfangen hatte? Und sollte ich nicht willig sein, da draußen zu sterben an mir selber? Hätte ein Bleiben in der Einsamkeit mir nicht zuviel genußvolles Eigenleben gewährt?

Recht schwer wurde mir auch der Abschied von Kathri. Ich habe sie erst wieder gesehen, als sie etwa zehn Jahre später auf dem Sterbebett lag. Da bin ich aus großer Arbeit heraus noch einmal hingefahren, um eine Nacht bei ihr im Gebet zu wachen. Sie hatte die Lungenschwindsucht bekommen, wohl auch dadurch, daß sie in ihren Liebesgängen bei Wind und Wetter nie auf sich selber geschaut hatte.

Damals war es trotz des Abschiedsschmerzes still und sonnig in meinem Herzen. Wohl wußte ich, daß nun ein ganz neuer Lebensabschnitt für mich beginnen werde; und manchmal wollte mich Bangnis beschleichen, doch ich vertraute dem Herrn und wußte, daß er auch weiter alle meine Ausgänge und Eingänge behüten werde.

Jener verschneite Winter in der Einsamkeit war mir zum bedeutsamen Abschluß meines bisherigen Lebens geworden. In manch stiller Stunde hatte ich Rückschau gehalten über das zurückgelegte Leben, das ein Sehnen und Suchen, ein immer wiederholter Kampf um die Welt des Lichtes gewesen war. Zeiten der Schwachheit und Perioden starker Lebensbehauptung hatten mich wohl manchmal auf Irrwege geleitet, aber immer wieder hatte der Kampf um Wahrheit und Wirklichkeit eingesetzt. Nun wußte ich, daß er nicht vergeblich gewesen war. Die Zeit der Einsamkeit hatte vieles in mir geklärt und geordnet; sie war mir zur wesentlichen Vorbereitung für die nächste Lebensepoche geworden. Als ich nachher so ruhig, furchtlos und vertrauensvoll meine Arbeit im Rothaus beginnen konnte, wußte ich erst so recht, was diese Zeit mir gewesen war. Heute, im Überblick über meine zweiundsiebzig Lebensjahre, sehe ich jenen Winter als einen Höhepunkt meines Lebens an, von dem aus ich Kraft und Mut gewann, das nachher Kommende auf mich zu nehmen.

Kaum war ich nach Zürich zurückgekehrt, da erfaßte mich ein erneuter Anfall der Krankheit. Meine Wirtin meinte, das hätte ich nun von meiner »übertriebenen Frömmigkeit«, dabei käme nie etwas Rechtes heraus. Als ich ihr von der Liebe Gottes sprach, die immer nur unser Bestes suche, da sagte sie, ob das denn Liebe sei, die solche Schmerzen auferlege. Ich sagte: Ja, auch darin sähe ich Gottes Liebe, und es werde einmal offenbar werden, weshalb unser Erdenleben mit soviel Leiden verbunden sei; auch in dieser Krankheit läge ein tiefer Sinn für mich. Sie ärgerte sich über meinen Standpunkt und fand, es genüge, wenn man regelmäßig in die Kirche gehe und recht tue.

In jener Zeit kam ein älterer »Bruder« mich besuchen, er war Stadtmissionar einer Gemeinschaft. Als er hörte, ich sei krank und könne nicht gut Besuch empfangen, ließ er sich nicht abweisen sondern meinte, gerade dann müsse er zu mir. Er kam also und sagte, es sei nicht richtig, daß ein Gotteskind solche Schmerzen leide; er wolle mir die Hände auflegen und wir wollten den Herrn bitten, diese Krankheit wegzunehmen. Ich erwiderte ihm, daß ich dazu keine Weisung vom Herrn habe und lieber auf ihn allein warten wolle, bis seine Zeit gekommen sei, mich von dieser Plage zu befreien. Ich sah, wie er meine Ablehnung mißbilligte, aber ich konnte nicht anders. Später hat dieser gläubige Mann, der es gewiß gut mit mir meinte, mich im Rothaus einmal besucht und mir erklärt, es stünde nicht recht mit mir, ich müsse in meinem Glaubensleben wieder von vorn anfangen. Er wollte eben, daß ich mich nach seiner Fasson noch einmal bekehren sollte. Meine lieben »Brüder in Christo« haben mir oft hart zugesetzt, und es war große Gnade, daß ich ihnen gegenüber meine Selbständigkeit bewahren durfte und doch nicht aus der Liebe Christi fiel, die mich doch mit ihnen verband!

Eines Tages, als die Schmerzen fast untragbar wurden, so daß ich nicht mehr aufstehen konnte, bat ich meine Wirtin, mir ein paar heiße Krüge zu machen. Sie trat mit den Tonkrügen im Arm herein, und als sie sah, daß ich sehr litt und die Tränen mir übers Gesicht liefen, fragte sie spöttisch: »Nun, Frau Popken, finden Sie auch jetzt noch, daß Gottes Liebe Sie trägt?« Da kam es wie ein Freudenstrahl aus meinem Herzen, und ich sagte: »Ja, Frau S., Gott ist Liebe, nur Liebe! Und auch dies gehört zu seinen Liebesschlagen.« Da merkte ich, wie die schon ältere Frau plötzlich nach Luft rang und aschfahl wurde. Sie litt infolge eines nach innen wachsenden Kropfes an solchen Anfällen, besonders wenn sie in starke Erregung kam. Ich sah sie schwanken, und mit einem Satz sprang ich aus dem Bett, um sie zu stützen und ihr die Krüge abzunehmen. Von diesem Augenblick an waren meine Schmerzen verschwunden, so daß ich wieder aufstehen und die notwendigen Dinge verrichten konnte. Länger noch als ein Jahr hatte ich unter Anfällen jener Nervenentzündung zu leiden. Später erkannte ich, daß auch diese Krankheit zu den Resultaten der Zeit in Biberegg gehörte: Gott wollte nicht, daß ich mit vollen Segeln in eigener Kraft den neuen Lebensabschnitt beginne, sondern schwach und elend, arm an mir selber, um stark zu werden in ihm.

Ein neuer Anfang lag vor mir. Ganz anders würde mein Leben sich nun gestalten als je zuvor. Das wußte ich wohl, und es war mir bang, zugleich aber auch froh zumute. War ich mir doch klar bewußt, daß der bevorstehende Ausgang und Eingang unter göttlicher Führung stand. Das Mieten des Rothauses war ebenso führungsgemäß gewesen wie der Winter in Biberegg. Wohl fühlte ich mich krank und erschöpft nach allem Erlebten, aber ich war ja erst achtunddreißig Jahre alt. Konnte ich da nicht neue Kräfte sammeln für neue Aufgaben? Ja gewiß, ich durfte vertrauen und brauchte der aufsteigenden Bangigkeit nicht Raum zu geben.

Jetzt erst, wo ich meine Zürcher Stube endgültig aufgeben mußte, schien mir meine Studienzeit beendet, und ich nahm wiederum Abschied von der Stadt, in der ich so vieles erlebt hatte, und von den Menschen, die mir dort so lieb geworden waren.

Achtes Kapitel : Sieben Jahre Arbeit im „Rothaus"

> Heiland, deine größten Dinge
> Beginnest du still und geringe,
> Was sind wir Armen, Herr, vor dir?
> Aber du wirst für uns streiten
> Und uns mit deinen Augen leiten,
> Auf deine Kraft vertrauen wir.
> Dein Senfkorn, arm und klein.
> Wächst endlich ohne Schein
> Doch zum Baume
> Weil du, Herr Christ, Sein Hüter bist.
> Dem es von Gott vertrauet ist.
>
> Albert Knapp

26 Ein armseliger und selig armer Anfang

Nun stand ich vor der Aufgabe, mir mein eigenes Heim einzurichten. Vor einigen Jahren schon hatte ich meine Studierstube mit eigenen Möbeln ausgestattet, damals, als ich durch die Ehescheidung meine Aussteuer zurückerhalten hatte. Da mein Mann die Wohnung und einen Teil der Möbel zu behalten wünschte, wurden diese geschätzt und bezahlt, so bekam ich damals eine Beisteuer zu meinem Studium und konnte mir in Zürich eine einfache, solide Zimmereinrichtung anschaffen, ohne vorläufig zu wissen, wozu sie später dienen sollte. Jetzt wollte ich die große Wohnstube im Rothaus damit möblieren, Wäsche und Geschirr sowie meine Kücheneinrichtung hatte ich mir aufbewahren und jetzt nach Zürich kommen lassen. Mit diesen Sachen und den Betten, die im Rothaus mitgemietet waren, konnte ich eine einfache Einrichtung wohl zustande bringen. Ich reise in Begleitung von Anni nach Ägeri, derselben, die damals bei der Wohnungssuche mit mir gekommen und auch dabeigewesen war, als ich die Stube in Biberegg und das Rothaus mietete. Sie hatte mich gebeten, gleich zu Anfang einige Monate bei mir sein zu dürfen. Da ich merkte, daß sie vor allem aus inneren Gründen diesen Wunsch hatte, willigte ich ein. So fuhren wir mit der Bahn nach

Zug und von dort in der Postkutsche nach Oberägeri. Anni führte drei Kanarienvögel in zwei großen Käfigen mit sich, die sie während der ganzen Reise auf den Knien hielt. Das machte mich ein wenig ärgerlich, weil ich merkte, daß ihr Herz an diesen Tierchen hing, und weil ein Vogel im Käfig mir von jeher unsympathisch war. Unterwegs schon dachte ich: »Wäre es nicht besser und tapferer gewesen, wenn du ganz allein dort angefangen hättest?« Aber so zu denken, war unrecht, und bald schon war ich froh und dankbar über Annis stilles und treues Beimirsein.

Es war am 8. März 1904, an einem nassen und kalten Tage, als wir unseren Einzug im Rothaus hielten. Es dunkelte bereits, als der Möbelwagen eintraf. Kaum hielt er vor der Haustür, als ein ganzer Schwärm von Kindern hergelaufen kam, es waren die Enkel von Mutter Henggeler. Jedes von ihnen zerrte irgend etwas Erreichbares aus der Fuhre und schleppte es eifrig und wahllos ins Haus. Selbst der Kleinste, dreijährige, hatte etwas gefunden, das er tragen konnte. Das alles war so lieblich und komisch, daß es mich trotz des Durcheinanders, das die kleine Gesellschaft erzeugte, sehr erheiterte. Nun war der Einzug gar nicht mehr so kalt und öde wie zu Anfang. Das hatte sie gut gemacht, die liebe Mutter Henggeler! Dieses Kindertrüpplein blieb mir rührend treu, sie kamen jeden Tag gelaufen, beschauten sich alle Räume und spielten im Umgelände. Theodorli, der Kleinste, wurde bald mein Liebling; er kletterte mir auf dem Schoß herum und ergötzte mich oft durch seine drolligen Einfälle. Als er kaum vier Jahre alt war, sah ich ihn einmal die ganze Kuhherde seines Vaters mit einem kleinen Stecken unter Hüh und Hott vor sich hertreiben.

Wie gütig war alles von Gott geleitet, wieviel Trost und Freude spendete er mir auch durch diese Kinder! An jenem ersten Abend ließen wir alles stehen und liegen und richteten nur noch unsere Betten; still und dankbar konnte ich mich dann niederlegen. Am nächsten Morgen aber, als alles so ungeordnet durcheinander stand und die Fußböden mich schmutzig anstarrten, da wollte mir der Mut wieder sinken. Wie war das alles zugerichtet durch den Einzug bei dem nassen Wetter! Und wie sollte ich nur all die Arbeit tun — so ohne kräftige Hilfe, mit meinem elenden Körper? Die Anni war auf grobe Arbeit noch weniger eingestellt als ich. Da habe ich in großer Not zum Herrn gefleht, und er hat mich wunderbar erhört.

Am nächsten Morgen schon kam ein mir bekannter Schreiner

und bot mir seine Hilfe an. Ich sagte etwas erschrocken, daß ich mir den Luxus eines Schreiners nicht leisten könne. Da lachte er und erwiderte, er wolle ja keinen Rappen dafür haben und sei mit der einfachsten Kost zufrieden, er wolle nur helfen, bis da im Hause alles in Ordnung sei. Seine Frau habe ihm keine Ruhe gelassen, da sei er eben gekommen. Die Frau war vor ihrer zweiten Heirat meine erste Wirtin in Zürich gewesen, und eine innere Verbindung war zwischen uns bestehen geblieben. Vor fünf Monaten, ehe ich nach Biberegg ging, hatte ich sie am Sarnersee einmal besucht und ihr gesagt, daß ich Anfang März ins Rothaus in Oberägeri einziehen würde. Und nun stand ihr Mann vor mir! Wie merkwürdig war mir das, und wie dankte ich dem Herrn in meinem Herzen für diese wertvolle Hilfe! Alles Grobe und Schwere tat – wie ganz selbstverständlich – dieser tüchtige Mann; und als dann die Sonne des herben und lieblichen Vorfrühlings zu leuchten begann und den Schnee in den Gründen zum Schmelzen brachte, da wurde es recht hoffnungsvoll in meinem Herzen. Als das Haus einigermaßen eingerichtet war, reiste unser lieber Schreiner wieder ab. Ich habe seinen treuen Dienst von damals nie vergessen.

Anni zahlte mir etwas Pension, wodurch es mir möglich wurde, zum Waschen und Putzen eine Frau aus dem Dorf zu nehmen. Sie kam, so oft es notwendig war, für zwei Franken am Tag. Dann wusch und putzte ich mit ihr, und bald lernte ich diese treue Seele aufrichtig schätzen.

Mittlerweile war es Zeit geworden, in dem Wiesenland, das zum Hause gehörte, einen kleinen Gemüsegarten anzulegen und etwas Blumen zu säen. Davon verstand ich nun leider gar nichts, aber ich wußte mir zu helfen; ich kaufte auf Empfehlung sachkundiger Leute ein einfaches Buch über Gartenkultur, das ich abends fleißig studierte, um am Morgen meine neuen Kenntnisse anzuwenden. Ein halbwüchsiger Bursche aus dem Dorf mußte mir etwas Land umgraben, und dann durfte ich säen und pflanzen und nach und nach recht vertraut werden mit der guten Mutter Erde. Das war etwas ganz Neues für mich und schenkte mir eine nie gekannte Freude. Hatte ich denn vorher nie gesehen, wie die Samenkörner zarte, grüne Spitzchen aus dem Boden sandten? Nie hatte ich das Wachsen und Werden so belauscht und betrachtet wie jetzt. Es war mir unbeschreiblich köstlich, obwohl mir die ungewohnte Arbeit ziemlich schwer wurde.

Eines Tages stand wieder eine andere Hilfe für mich bereit: Ein junger Mann bat um Aufnahme für einige Wochen. Er war der Sohn eines mir befreundeten Malermeisters in Deutschland, der den Wunsch hatte, seinen Jungen eine Zeitlang bei mir unterzubringen. Anfangs hielt ich diese nicht gerade große Hilfe für unnötig; bald aber erkannte ich, wozu auch dieser neue Hausgenosse mir geschickt war. Hans, so hieß er, machte Farbanstriche, wo es notwendig war, hackte Holz, half im Garten und verrichtete sonstige kleine Arbeiten.

Für die Einrichtung des Hauses gab es noch viel zu tun; ich hatte meine Nähmaschine mitgebracht und nähte mit Annis Hilfe Vorhänge fürs ganze Haus, sowie die noch fehlende Bettwäsche. Da blieb mir wenig Zeit übrig zum Kochen. Wir waren arm, und da ich keine Schulden machen oder sonstwie menschliche Hilfe suchen wollte, mußten wir sehr einfach leben. In jenen ersten Wochen aßen wir alle Mittage dasselbe: Kartoffeln in etwas Fett gebraten, ein Stück Käse dazu und grünen Salat aus Sauerampfer und Löwenzahn, den wir auf der Wiese suchten. Morgens gab es irgendeinen dicken Brei, der nachts in einer selbstgemachten Heukiste gar wurde, dazu ein Glas Milch, etwas gekochtes Dörrobst und ein Stück Schwarzbrot. Abends gab es wieder ein Glas Milch, dazu Schwarzbrot, Erdnüsse und Feigen. Das war alles, weitere Mahlzeiten gab es nicht; Fleisch, Kaffee, Tee, alkoholische Getränke kamen im Rothaus nicht auf den Tisch. Zum Sonntag buk ich einen Kuchen. Auch das Schwarzbrot buk ich selber. Reste von Brei oder Kartoffeln wurden dem Brotteig beigemischt. Ich hatte mir einen doppelwandigen Blechkasten machen lassen, der auf einen Petrolapparat gestellt wurde. Darin wurde alles gebacken, und das Gebäck war sehr gut. Es war eine gesunde Kost und eine merkwürdige Haushaltung in schlichtester Aufmachung. Damals kamen mir meine frühesten Studien zugute, als ich darum bemüht war, Arbeiterfrauen in rationeller Haushaltführung zu unterweisen. Nun war ich selbst eine Arbeiterfrau! Kochen, Nähen, Putzen, Geschirrwaschen und dergleichen, das füllte meine Tage aus.

Das Haus war ziemlich primitiv. Außer dem kleinen Küchenherd waren nur zwei weiße Kachelöfen vorhanden, in denen man auch Brot backen und Obst dörren konnte. Sanitäre Einrichtungen gab es nicht, zur Beleuchtung dienten Petroleumlampen. Die Wasserleitung ging nicht höher hinauf als in die kleine Küche, die neben der schönen, großen Wohnstube im Hochparterre lag! Ein anderer Ausguß als der Schüttstein in der Küche war nirgends vorhanden, man mußte also alle übrigen Abwasser in die Waschküche hinuntertragen oder im Freien ausleeren. War es da zu verwundern, daß ich manchmal fragend vor Gott stand, was ich nun machen solle mit diesem kleinen Hause, das für mich allein doch wiederum zu groß sei? Aber ich war ja hierher gekommen, um auf ihn zu warten, bis er mich zubereitet hatte für eine Lebensaufgabe, die er mir zu seiner Zeit gewiß auch anvertrauen würde. Für drei Jahre war das Rothaus gemietet. Sie lagen wie ein weiter Raum voller Möglichkeiten vor mir, und in meiner oft harten Arbeit wurde ich immer wieder getröstet und ermutigt. – Ich wollte nun vorläufig jeden Hilfesuchenden, der an meine Tür klopfte, aufnehmen und ihm, so gut es ging und soweit meine Mittel reichten, dienen. So konnte ich die acht gemieteten Betten benutzen.

Zwei Monate waren dahingegangen in meinem stillen Winkel; da begann ich wieder recht elend zu werden, und, nichts Gutes ahnend, brachte ich meinen Haushalt nach Möglichkeit in Ordnung, buk auf Vorrat so viele Schwarzbrote, wie ich nur konnte, und war nun daran, die Küche noch einmal gründlich zu putzen. Dazu hatte ich mir einen Tag ersehen, an dem ich ganz allein im Hause war. Während ich mitten im Putzen war und nicht gerade sauber ausschaute, klingelte es an der Haustüre. Ich öffnete mit zurückgeschlagener Küchenschürze. Da stand eine Frau vor mir und fragte nach der »Frau Doktor«. Nachdem ich mich vorgestellt hatte, sah sie mich sehr befremdet von oben bis unten an, wagte aber dennoch, mich um eine Konsultation zu ersuchen. Ich band die Küchenschürze ab und ging mit ihr in mein Arbeitszimmer hinauf, untersuchte sie gründlich nach allen Regeln der ärztlichen Kunst, stellte ihr meine Diagnose und machte ihr schriftlich genaue Kurvorschriften. Das dauerte ungefähr eine Stunde. Zwischenhinein dachte ich: »Du mußt diese Frau, die von auswärts gekommen ist und doch den nächsten Postwagen abzuwarten hat, zum Mittagessen einladen.« Aber ach, gerade heute hatte ich nichts im Hause als etwas altes Weißbrot und einen Liter Milch. Aber ich wagte es dennoch, sie einzuladen, wenn sie mit einfachen »Milchmocken« vorliebnehmen wolle. Sie nahm es an. Während ich auf dem Petrolapparat die Milch kochte und über die Brotbrocken schüttete, wartete die Frau in meinem Wohnzimmer.

Ihr mußte wohl dort die Bibel auf dem Tisch, mein großes Harmonium und das schöne Christusbild darüber aufgefallen sein, denn als ich mit zwei Tellern und Löffeln und der Suppenschüssel hereinkam, sagte sie: »Wir wollen erst ein Lied singen«, nahm ein Gesangbuch und schlug ohne weiteres auf: »Herr, habe acht auf mich und reiß mich kräftiglich von allen Dingen...« Dann setzten wir uns an den Tisch, und die Frau, die ich vor einer Stunde noch gar nicht gekannt hatte, begann einfältig für mich zu beten, und dann aßen wir unser bescheidenes Mahl. Als sie mich nachher nach ihrer Schuldigkeit fragte, war ich wieder recht in Verlegenheit. Was sollte ich fordern? Nahm ich nichts, dann wäre ihr mein gutes ärztliches Können vielleicht fragwürdig erschienen, und so sagte ich kurz entschlossen: »Fünf Franken.« Sie legte das Geld auf den Tisch, dankte mir und verabschiedete sich. Kaum war sie fort, da begann es mich zu reuen, daß ich der Frau das Geld abgenommen hatte; es brannte mir auf der Seele. Durfte ich denn überhaupt hier ärztlich arbeiten? Sollte ich nicht lieber meinen ganzen Unterhalt aus Gottes Hand nehmen? Ich beschloß fortan für meine Arbeit kein Geld mehr zu fordern. Dieses war meine erste Konsultation im Rothause.

Einige Tage später lag ich wieder mit einer Nervenentzündung unter großen Schmerzen und fast ohne mich rühren zu können im Bett, während draußen der Mai grünte und blühte und duftete. Von meinem Fenster aus hätte ich den Ägerisee, den gegenüberliegenden Kaiserstock und die hohen Berge sehen und mich an der herrlichen Natur erfreuen können, doch ich konnte mich kaum bewegen. Von irgendwelcher Pflege war keine Rede, denn Anni und Hans hatten genug zu tun, den Haushalt einigermaßen in Ordnung zu halten und für ihren eigenen Bedarf zu sorgen. Sie zankten sich viel und trugen ihre Zwietracht und ihre Verlegenheiten zu mir ans Bett. Ich aß sehr wenig und mußte mich, so gut oder schlecht es eben ging, selber behandeln. Drei Wochen lang lag ich so, ohne daß jemals das Bett gemacht werden konnte. Es war eine Zeit großer Schmerzen und schwerer Kämpfe. Oft wollte ich schier verzagen, und immer wieder fragte ich den Herrn: »Habe ich denn falsch gehandelt? Bist du nicht bei mir? Ist denn dein Arm zu kurz, um zu helfen? Was soll ich tun hier in dem einsamen Haus?« Ich wollte doch Arme, Elende, Heimatlose aufnehmen um seinetwillen, wollte ihm gehorchen, für ihn nur da sein und andern dienen mit den Gaben, die mir gegeben waren. Immer tiefer redete, dachte, betete ich mich in diesen religiösen Idealismus hinein; und als eines Tages eine mir bekannte Frau aus Zürich schrieb, sie sei so furchtbar elend, daß sie sich nicht mehr zu helfen wisse, sei auch zu arm, um irgendeine Kur zu machen, ich möge sie doch um Gottes willen aufnehmen, da begann ich dringend und fast eigensinnig den Herrn anzuflehen, mich nun gesund zu machen, daß ich diese arme Frau aufnehmen könne; warum ich denn noch länger daliegen solle, ich wolle doch für ihn dasein, ihm dienen; ob er mich denn so verlassen könne. Als ich so bettelnd vor Gott lag, erfaßte mich wieder jenes Gefühl der Ohnmacht und Wesensstille, und ich hörte deutlich die Worte: »Weißt du denn, ob ich dich will?« Da kam ein tiefes Erschrecken über mich. Ach, daran hatte ich ja noch gar nicht gedacht! Ich hatte mich so gebärdet, als müsse der Herr froh sein, wenn so ein Menschlein »ganz nur für ihn dasein wolle«. Oh, wie anmaßend war ich gegen den heiligen Gott gewesen! Wie wenig ehrfürchtig und demütig! Ganz zerschlagen in Scham und Buße lag ich nun vor ihm und gab ihm recht in allen seinen Liebesschlägen. War es mir nicht gezeigt worden, daß das »Sein in Christo« mehr sei als das »Tun für ihn« und deshalb an erster Stelle stehen müsse? Ja, ich wollte stillhalten unter seiner Hand und warten, wollte die Hand küssen, die mich schlägt, und geduldig liegenbleiben in aller Not und allen Schmerzen, wie Tersteegen es so schön sagt: »Sieh, ich leg' mich willenlos, wie ein Kind in Vaters Schoß, schließ' die Augen, streck' die Hände: Herr, wohlan, dein Werk vollende!« — Und plötzlich kam ein Strömen der Liebe Gottes über mich, wie ich es nie zuvor erfahren hatte. Es war wie eine Woge von Kraft und Licht, die mich überflutete und durchströmte. Ich wagte nicht, mich zu bewegen und blieb ganz stille liegen unter dieser seligen Berührung, die mir alle Not und alle Schmerzen bei weitem aufwog. Es war an einem strahlend schönen Sonntagmorgen, als dieses unvergeßliche Erlebnis über mich kam. Im Dorf läuteten die Glocken. Ich war ganz allein im Hause, Anni und Hans waren spazierengegangen, und als sie heimkehrten, brachten sie mir Sträuße erster Frühlingsblümchen. Ich aber lag noch lange in tiefem Frieden und in unbeschreiblicher Seligkeit.

Von diesem Tage an konnte ich mich wieder etwas bewegen, ein wenig aufstehen und langsam anfangen, wieder zu gehen und zu arbeiten. Die kranke Frau konnte ich aufnehmen, und den

Sommer hindurch blieb ich arbeitsfähig. Hans und Anni gingen fort, und ich bekam eine alte Abwäscherin, die mir nachmittags das Geschirr wusch und die Küche putzte. Die übrige Arbeit besorgte ich selbst.

Aber der Herr hatte schon wieder eine männliche Hilfe für mich bereit. Oh, wie treu hat er je und je für mich gesorgt! Eines Tages kam ein junger Mann, den ich damals bei jenem Besuch im Sarnerland kennengelernt hatte. Er war von Beruf Bäcker, arbeitete aber schon seit Jahren lieber als Gärtner und bot mir nun für Gartenarbeiten seine Hilfe an. Als ich ihm von meiner Geldknappheit sprach und von der Unmöglichkeit, einen Gärtner zu halten, sagte er, daß er keinen Lohn beanspruche, wenn er nur eine Zeitlang neben mir leben dürfe. Da nahm ich ihn mit Freuden auf, denn ich wußte, daß er ein idealgesinnter, gottsuchender Mensch war. Ich kannte ihn als solide und tüchtig. Es war Oswald Eymann, der mir bald zu einer guten, treuen Stütze wurde, nicht nur in der Gärtnerei, sondern auch im Hausdienst, im Bauen sowie in allen jenen Dingen, die ich lieber in den Händen eines Mannes sah. Zunächst kam er nur für einige Monate, bis das Umgelände des Hauses in einen Gemüse- und Blumengarten verwandelt war. Im nächsten Frühling aber kam er wieder, um dann dauernd bei uns zu bleiben. Etwa zehn Jahre lang ist dieser treue, tüchtige, junge Mann bei mir gewesen und hat durch schwere Jahre hindurch die Lasten des Betriebes mit mir getragen. Wie dankbar bin ich noch heute für den Dienst Oswald Eymanns! Damals im Rothause erlebte er mit mir den armseligen Anfang und unser seliges Armsein im Dienste des Meisters.

27 In Gottes Erziehungsschule

Nach und nach wurde mein Aufenthalt in dem stillen Winkel bekannt; Besucher kamen, nach mir zu schauen, und elende oder unglückliche Leute suchten Hilfe. Wie das zuging, wußte ich nicht, denn ich hatte niemanden gerufen oder eingeladen und dachte, noch im Verborgenen zu leben. Ich nahm aber jeden auf, der kam, als mir vom Herrn gesandt, und teilte mit, was ich hatte, ohne eine Vergütung zu fordern. Einige trugen freiwillig zum Haushalt bei, andre gaben nichts, wie die Verhältnisse es mit sich brachten.

In dieser Zeit wurden mir verschiedene Arbeitsanträge gemacht. Einer meiner früheren Lehrer wollte ein Haus gründen für unterleibsleidende und infolgedessen gemütskranke Frauen. Er fragte mich, ob ich bereit sei, die Leitung dieses Hauses zu übernehmen. Ein älterer früherer Kollege dachte daran, eine Privatklinik für Geburtshilfe in Zürich einzurichten, und wünschte mich dafür als Leiterin. Zweimal wurden mir Stellen angeboten zur Leitung der Frauenabteilung eines Kurhauses, einmal in Deutschland, das andere Mal in der Schweiz. Die Kreise der Frauenbewegung, denen ich durch Frau Fischer-Dückelmann etwas bekanntgeworden war, forderten mich auf den Kampfplatz der Welt unter Vorwürfen über meine »Flucht in den öden Winkel und in eine Arbeit, die meiner unwürdig« sei.

Bei solchen Gelegenheiten trat wohl der Versucher an mich heran: »Greif zu oder laß dir wenigstens Türen offen! Warum willst du hier versimpeln? Du bist ja tüchtig, intelligent, hast viel gelernt und könntest es zu etwas Großem bringen in der Welt!« Auch mein früherer Plan zur Reform der Geburtshilfe tauchte wieder auf in meinen Gedanken. Aber — merkwürdig — er stand nicht mehr greifbar vor mir. Schon in der Einsamkeit, unter dem starken Leben des Geistes waren alle eigenen Anschläge in den Hintergrund getreten und verblaßt. Etwas anderes, aber noch nicht klar Umschriebenes stand jetzt im Vordergrund meines Sehnens, und das veranlaßte mich, alle Angebote und Pläne abzulehnen. Ich wußte: sie waren Versuchungen für mich, in denen ich standzuhalten hatte vor meinem Herrn. Ich wollte ausharren in Gottes Schule und nur von ihm bestimmen lassen, wo und wie ich arbeiten solle. Am »Sein in Christo« lag mir auch jetzt mehr als am »Tun für ihn«, und mir selber konnte und wollte ich nicht mehr leben. Gott aber in seiner Treue nahm mich beim Wort und führte mich an seiner Hand einen Weg, der meinem natürlichen Menschen sehr peinvoll war, dem inwendigen Menschen aber Friede und Freude und großen Gewinn brachte, bis — auch die Gebeine fröhlich wurden und Leib und Seele ihren Schöpfer lobten. Aber es war ein langer, mühseliger Weg bis dahin, und ich habe nicht immer mutig und fröhlich ausgeharrt in Gottes Erziehungsschule, nicht immer war ich gehorsam dem Leiten des Heiligen Geistes.

Die Hausgeschäfte kamen mich hart an, und immer wieder wollte meine Körperkraft darunter erlahmen; dann habe ich wohl geseufzt, manchmal sogar gemurrt: Habe ich deshalb fünf Jahre Medizin studiert, daß ich nun kochen, waschen, putzen und Töpfe scheuern muß? Aber der Herr ließ mich so lange die niedersten Arbeiten verrichten, bis ich sie fröhlich und demütig tat. Dann erst wurde mir eins ums andre abgenommen. Nur das Kochen hatte ich fast fünf Jahre lang selber zu besorgen. Wenn das Feuer in dem elenden kleinen Herd nicht brennen wollte und die enge Küche ganz voll Rauch war, habe ich manchmal in Ungeduld und Ärger geklagt: Nein, das ist doch nicht mehr zum Aushalten! Dann schämte ich mich und dachte: Du stehst um Gottes willen hier und willst nicht einmal ein bißchen Rauch ertragen? Ging ich aber still und betend ans Werk, siehe, dann brannte das Feuer besser, denn Geduld gibt Geschicklichkeit. Als ich endlich gelernt hatte, mich mit einem stillen »Ja, Herr« in das elende Herdlein zu fügen, da ließ der Hausherr einen neuen setzen. — Besonders beschwerlich war mir das Pfannkuchenbacken. Es machte mich gewöhnlich ganz elend, denn Hitze und Dunst waren groß dabei in der kleinen Küche. Wenn ich dann dachte: Nein, dies Geschäft ist einfach zu viel für dich, wurde ich halb krank davon; tat ich es aber willig und betend, dann blieben die üblen Folgen aus. Ja, wahrlich: »Die Gottseligkeit ist zu allen Dingen nütze.«

Abends, wenn alle Hausgenossen im Bett waren, ging ich heimlich in die Küche, um Kartoffeln zu schälen und Gemüse zu rüsten für den andern Tag. Nebenher wachte ich bei meinem Blechkasten, bis das Schwarzbrot, das vier Stunden backen mußte, fertig war. Das waren oft schöne, stille Stunden unter Nachdenken und Gebet. Manchmal aber wollten mich Müdigkeit und Verzagtheit überfallen, denn oft wurde es gegen zwölf Uhr, bis ich im Bett war, und morgens um fünf Uhr mußte ich wieder aufstehen, um allen Anforderungen des Tages genügen zu können. Nach und nach bekam ich einige freiwillige Helferinnen, auch zog ich Gäste zur Mitarbeit im Haushalt heran, was manchen verwöhnten Töchterlein sehr gut getan hat.

Neben den Hausgeschäften pflegte ich Kranke, oft auch nachts, massierte und gab ärztliche Konsultationen. Für exakte ärztliche Arbeit, die ich wohl gern getan hätte, reichten die Verhältnisse und Einrichtungen nicht. Auch wollte ich es vermeiden, irgend etwas gegen die Gesetze des Landes zu unternehmen, und beschränkte mich darum auf ganz einfache, naturgemäße Behandlungen, wie ich sie vor meiner Studienzeit bereits ausgeübt hatte. Schon im ersten Sommer habe ich der Sanitätsbehörde in Zug meine Studienausweise und Zeugnisse eingesandt und angefragt, ob ich auf Grund dieser Ausbildung in meinem Hause Bader, Packungen, Kneippsche Güsse, Massagen und Diätkuren verabfolgen könne. Es wurde mir erlaubt. Dann hatte ich eine Badewanne, eine Sitz- und Fußwanne gekauft, sowie ein großes Blech für Güsse. Von meinem Schlafzimmer teilte ich durch einen Vorhang die Hälfte ab und benutzte den so gewonnenen Raum für meine Behandlungen. Die Badewanne wurde in einen Vorraum gestellt. Und eine Massagebank, die zugleich auch zu Untersuchungen diente, stand in meinem Arbeitszimmer. Da weder Wasserleitung noch Ablauf in der Etage vorhanden waren, mußte alles Wasser hinauf- und wieder hinuntergetragen werden. Für die Bäder wurde der Waschkessel geheizt. Als aber der nicht genügte, erstand ich für wenig Geld einen großen, alten Kessel, den wir im Freien über einige Backsteine setzten, zwischen denen ein Feuer gemacht wurde. Je nach der Windrichtung wurde dieser Kessel im Osten oder Westen des Hauses aufgestellt. Wenn aber während des Feuers der Wind umschlug, dann hatten wir den Rauch in den Wohnräumen. Dies alles gehörte zu dem sehr bescheidenen Anfang meiner ärztlichen Praxis.

Bei trockenem Wetter versagte manchmal die Wasserleitung. Anfangs erschrak ich darüber; aber dann rief ich alle Hausbewohner zusammen. Jeder mußte seinen Emailkrug aus dem Zimmer bringen, und ich stellte mich mit dem meinigen an die Spitze. Dann ging es mit Gesang auf den Nachbarhof, wo wir am fließenden Brunnen Wasser schöpfen durften. Das wurde so lange wiederholt, bis aller Bedarf gedeckt war. So wurde aus der Not eine kleine Belustigung, und das allgemeine Wassertragen war damit eingebürgert. — Nicht alles ging so glatt vor sich; viel Not und Beschwerden mußte ich in der Stille tragen; aber alles, auch das Geringste, diente mir zur Erziehung in Gottes Schule.

Ganz sichtlich und merkwürdig hat der Herr mich in Beziehung auf Geld und Gut erzogen. Bei meiner Bekehrung schon hatte ich nicht nur mich selbst, meine Arbeit, mein Können und Wissen dem Herrn hingegeben, sondern auch alles, was ich verdienen oder sonst an Gütern dieser Welt einnehmen würde. Für meine Person wollte ich mein Leben lang besitzlos bleiben, und so gut ich es verstand, lebte ich nach dem Wort der Schrift: »Gold und Silber sind mein, spricht der Herr.« Nie hatte ich diese Stellungnahme zu bereuen, denn bis ins Alter hinein hat der treue Gott mich mit allem Notwendigen wunderbar versorgt. Aber dieses Leben in persönlicher Besitzlosigkeit wollte gelernt sein, und der Herr nahm mich auch darin beim Wort. Wenn alles, was durch meine Hände ging, ihm gehörte und nicht mir selber, dann mußte ich ihn doch um alles bitten, was ich auszugeben hatte, und ihm für alles danken, was ich empfing, auch für jede Mahlzeit, die ich einnahm, für jedes Kleidungsstück, das ich anzog, für das Dach über dem Kopf und den Boden unter den Füßen. Das war doch reine Logik, die ich im täglichen Leben anzuwenden hatte. Es war dies nicht immer so einfach, und besonders zu Anfang sah es in meiner Kasse manchmal bedenklich aus. Ich verstand nicht viel vom Rechnen und mußte auch das lernen, denn über anvertrautes Gut hat man genau Buch zu führen. Wenn meine monatliche Abrechnung nur um zehn oder zwanzig Rappen nicht stimmte, mußte ich so lange suchen, bis der Fehler gefunden war.

Manchmal wollte Sorgengeist über mich kommen: Wie sollte ich bei solcher Haushaltsführung nur bestehen? Woher sollte ich für die oft so notwendigen Anschaffungen das Geld nehmen? Blieb ich aber still vor Gott, alle Fragen und Sorgen vor ihn bringend, dann kam stets zur rechten Zeit das Geld, das wir brauchten; oft war die Summe wie abgezählt. Bald merkte ich, daß ich nichts anschaffen oder sonstwie ausgeben durfte, ohne den Herrn alles Geldes zu fragen, und überflüssige Dinge durften nicht gekauft werden. Bog ich irgendwie von dieser Linie ab, dann geriet ich in Sorgen, und sah ich mich nach Menschenhilfe um, dann gab es Verwicklungen. Blieb ich aber treu, dann durfte ich immer wieder erfahren, daß mein Vater im Himmel sehr reich ist und sehr gütig, daß er die Seinen nicht kärglich oder freudenlos durchbringt, sondern oft königlich erhält. Wie köstlich waren solche Erfahrungen!

Einmal, es war einige Jahre später, als schon großer Andrang von Hilfesuchenden im Rothaus war, handelte es sich um eine Betriebserweiterung, für die ich etwa sechstausend Franken benötigte. Eine Patientin, die schon längere Zeit bei mir war und sich eingehend nach diesen Umständen erkundigte, bot mir diese Summe von sich aus an. Ich sagte ihr, das könne ich nicht annehmen; denn ich wisse ja nicht, ob ich immer in der Lage sein würde, die Summe zu verzinsen. Sie sagte, sie wolle ja keine Zinsen, sie wolle mir das Geld schenken. Da fragte ich sie, ob denn ihre Eltern damit einverstanden seien; ich wollte nicht gegen den Willen der Familie so viel Geld von ihr nehmen. Ich ging damit fragend vor den Herrn, und jene Frau holte die Einwilligung ihrer Eltern ein, die ihr schriftlich gegeben wurde. Dann erst durfte ich das Geld nehmen »als vom Herrn« und ihm von Herzen dafür danken. — So regulierte der Herr im kleinen wie im großen meine Einnahmen und Ausgaben und hielt mich in steter Abhängigkeit von ihm.

Schon gegen Ende des ersten Sommers kamen immer mehr Hilfesuchende zu mir, darunter allerlei Leute, die nicht gerade leicht zu ertragen und zu behandeln waren. Mit meinen Kranken gab ich mir viel Mühe; aber manchmal schlug auch mein bestes ärztliches Können nicht an, oder ich machte Fehler aus Mangel an Erfahrung. Wenn dann alle Mühe vergeblich schien und meine Sorge groß wurde, trieb es mich zu heißem Flehen auf die Knie, und stets trat eine Wendung zum Besseren ein. In wie manchen Fallen mußte ich mir sagen: Da hast du zu viel gehandelt und zu wenig gebetet! — Auch an meinem eigenen kränklichen Leibe erlebte ich Wunder der Gnade, wenn ich still und willig unter Not und Schmerzen in Gottes Liebe ruhte.

Manchmal hatte ich Widerspenstigkeiten oder ungebührliche Anforderungen von Gästen zu ertragen. Dann empörte sich wohl mein menschliches Gerechtigkeitsgefühl, und ich dachte: Nein, das geht zu weit, das darfst du dir nicht bieten lassen! Und allemal gab's eine schwüle Atmosphäre im Hause wie bei einem herannahenden Gewitter, das sich bisweilen auch entlud. Es war dann, als ob entfesselte Dämonen ihre Rechte geltend machten; und viel verborgenes Flehen und tiefe Beugung waren notwendig, bis der Hausfriede wiederhergestellt war. Blieb ich solchen Gästen gegenüber aber sanft und still, im Herzen betend: »Ja, Herr, um deinetwillen«, dann wurden die Leute wie von selber freundlich und bescheiden. Auch scharfer Beobachtung und liebloser Kritik war ich oft ausgesetzt. Wenn ich im Empfinden Unrecht zu leiden, etwa dachte: Der Herr weiß, wie es in meinem Herzen aussieht, er weiß, daß ich nur das Gute gewollt habe, und er wird »mein Recht hervorbringen, wie den Mittag«; ich brauche mich ja selber nicht zu verteidigen: dann kam mir meine Unschuld wohl heller, das feindliche Element aber um so giftiger vor, und der innere Friede blieb aus. — Auch von außen her kamen mir Anfeindungen und Verleumdungen, oft von gläubigen Leuten, die ich höher schätzte als mich selber. Das war sehr schmerzlich, und es ging nicht ohne schwere Kämpfe und viele nächtlich geweinte Tränen, bis ich solche Anfeindungen stille hinnahm, ohne »bitteres Wasser« damit zu schlucken. Der Herr aber zeigte mir, daß fast immer ein Körnlein Wahrheit solchen Ungerechtigkeiten zugrunde liegt. War »in mir, das ist in meinem Fleisch«, nicht ein »Abgrund voller Sündengift«? War ich nicht fähig zu alledem, was man mir andichtete? Sobald ich diese innere Stellung einnahm und »um des Gewissens willen vor Gott das Übel vertrug und das Unrecht litt«, wurde das Gift mir zur heilsamen Arznei. Oh, wie oft mußte der Herr dieses Mittel gebrauchen, um mich von Hochmut, Ärger oder Überheblichkeit zu heilen und mich bis ins Innerste hinein zu demütigen! Eines Tages aber konnte er mir eine der köstlichsten Gaben aus seiner Fülle schenken: die Feindesliebe. Es war ein unbeschreiblich seliges Erleben, als ich unter einer schweren Anfeindung plötzlich erkannte, daß ich auch dort lieben konnte, ja von ganzem Herzen! Diese kostbare Gabe ist mir nie mehr verlorengegangen; sie mußte sich aber oft noch in harten Prüfungen bewähren.

Wahrlich, Gott benutzt auch Menschen zu unsrer Erziehung, ganz besonders die uns feindlich gesinnten und die schwer zu tragenden. Es schien mir oft, als seien die am schwersten zu tragen und zu behandeln, die uns allzu freundlich gesinnt sind, die an uns hängen oder in uns gleichsam übergehen. Lehnte ich solche übertriebenen Zuneigungen ab, dann geschah es nicht selten, daß sie in Feindseligkeiten umschlugen. Manchmal fiel mir bei solchen Gelegenheiten das Wort Nietzsches ein: »Kannst du ein Freund sein? Kannst du an einen Menschen dicht herantreten, ohne in ihn überzugehen?« Schwalb pflegte zu sagen: »Der Herr bewahre mich vor meinen Freunden, meine Feinde halte ich mir selbst vom Halse.« Ohne dies rabiate Wort meines alten Freundes anwenden zu wollen, mußte ich es doch manchmal erfahren, auch im späteren Leben, daß es gar nicht leicht ist, die rechte Distanz zu den Menschen zu gewinnen. Am besten hat mir dabei das köstliche Wort Jonathans geholfen, das er seinem Freund David sagt: »Der Herr sei zwischen dir und mir, zwischen deinem Samen und meinem Samen — das bleibe ewiglich« (I. Sam. 20,42). Wo der Heiland im Mittel sieht, da regulieren sich die Beziehungen zwischen den Menschen nach und nach wie von selber.

Irdische Liebe, besonders wenn sie in Tiefen des Seelenlebens verankert ist, läßt sich oft schwer überwinden, weil sie dem inneren Bedürfen eines lebenshungrigen und trieb-kräftigen Menschen entspricht. Aber auch sie muß sich dem Geiste Gottes und seiner alles überwindenden Liebe unterordnen. Oft habe ich gerade in dieser Beziehung gefehlt, denn ich konnte es nur schwer drangeben, nach gleichgesinnten und gleichgestimmten Menschen auszuschauen, um mein einsames Ich mit einem geliebten Du zu ergänzen. Aber ich mußte es buchstäblich lernen, daß der Herr »ein eifersüchtiger Gott« ist, der keine anderen Götter neben sich duldet. — O heilige Weisheit, wie treu sind deine Absichten mit uns, wie wunderbar sind deine Führungen, sobald wir uns als Gottes Eigentum erkannt haben und nichts anderes mehr verlangen als ihn allein!

Wer jahrzehntelang im Idealismus dieser Welt gedacht und gelebt hat, der muß in vielem umlernen, wenn die Heiligung in Christo in ihm zu wirken beginnt. Mit meinen Sympathien und Antipathien hatte ich noch viel zu kämpfen, bis weiter Raum in mir wurde für die Liebe Gottes, die in unsere Herzen ja ausgegossen ist durch den Heiligen Geist, den wir empfangen haben, als wir gläubig wurden. Von Natur war ich ein leidenschaftlicher Mensch, starker Zuneigung und Abneigung fähig. Ich liebte das Schöne, Starke, Ideale im Menschen, und fühlte mich von allem Kleinlichen, Unwahren und Gemeinen abgestoßen. Solche Neigungen und Abneigungen waren mir früher etwas Selbstverständliches gewesen. Lebendiger Glaube aber wertet alles um; dabei lernt man sich selber hassen und andere anders beurteilen. Gott nahm mich hart in die Schule, auch in den Beziehungen zu den Menschen meiner Umwelt: Sobald ich in meinem Herzen jemanden bevorzugte und näheren Verkehr mit ihm suchte, gab es Eifersüchteleien, und die geistige Atmosphäre im Hause wurde getrübt. Das schlimmste aber war, daß mir dann irgendein anderer Mensch in meiner Umgebung schwer zu ertragen wurde, und das demütigte mich tief. Lag ich wegen solcher Abneigung dann beschämt und flehend vor Gott, wurde ich nicht erhört, bis ich eine besondere Zuneigung vor ihm niedergelegt hatte. Diese beiden Affekte ließ der Herr so lange gegeneinander in mir wirken, bis ich wissentlich keinen Unterschied mehr machte in meinem Verhalten zu den Menschen.

Wie glücklich machte es mich, als ich das Wort des Paulus erfaßte: »Ist einer für alle gestorben, so sind sie alle gestorben! Und er ist darum für alle gestorben, auf daß die, so da leben, hinfort nicht ihnen selbst leben, sondern dem, der für sie gestorben und auferstanden ist« (2. Kor. 5, 14—15). Wie wundervoll reguliert dieses Wort unser Verhältnis zu den Mitmenschen, und wie befreit es uns von irgendwelchem Zwang, für andere leben zu müssen! Wer um Jesu willen lebt, den kann und wird der Herr in Wahrheit auch brauchen für andere, den drängt die Liebe Christi allen Menschen zu sagen, daß er sie alle, alle mitgenommen hat an sein Kreuz und daß es nur darauf ankommt, dies zu erkennen und im Glauben anzunehmen.

Diese Erziehungsmethoden Gottes kamen meinem natürlichen Wesen hart an; aber dauernd unglücklich war ich nicht dabei, denn ich wußte ja in all diesen Kämpfen, daß die Hand Gottes über mir war. Und immer wieder erfuhr ich eine solch tiefe, zarte Liebe von ihm, wie die beste Mutter sie nicht zu geben vermöchte. Das tröstete mich und lehrte mich begreifen, daß Gottes Gericht nur Liebe und Güte ist. Manchmal aber, im Drangsal eines beschwerlichen Tages, schob ich Gott in den Hintergrund und lebte und schaffte in eigener Kraft und in trotziger Selbstbehauptung, stemmte gleichsam »die Schultern ins Rad« und veranlaßte auch andere dazu. Solchem Aufflammen der erdhaften Willenskraft, das wohl auch mit Ausbrüchen meines raschen, ungeduldigen Temperaments verbunden war, folgten Nachtstunden tiefsten Wehs. Dann lag ich in meiner Kammer am Boden und wußte mir vor innerer Not nicht zu helfen — bis Gott sich meiner erbarmte und seine Gnade wieder über mir leuchten ließ. So oft die diesseitige Welt durch mein Eigenleben die Oberhand in mir gewann, versank mir die Welt des Lichtes, und dann war ich tief unglücklich.

An mir selber war ich oft schwer enttäuscht, und das bildete meine größte Not. Nach den seligen Erfahrungen, die ich seit meiner Vekehrung schon hatte machen dürfen, hatte ich mir das Leben im Herrn und die Zubereitung zum Dienste für ihn doch anders vorgestellt, als ich es nun erlebte. Ich halte gehofft, der Herr werde mich bald sichtbar reinigen und heiligen, mir innere Gaben und Kräfte für den Dienst verleihen, um mir dann besondere Aufgaben anzuvertrauen. Statt dessen mußte ich die niedrigsten Arbeiten verrichten und kam mir immer fehlerhafter und unheiliger vor. Statt göttlicher Kraft spürte ich nicht selten satanische Mächte neben mir, und Charakterfehler, die ich längst überwunden glaubte oder noch nicht einmal erkannt hatte, traten nun hervor. Das waren tiefe Demütigungen! — Von der verwöhnten Frau aus der früheren Welt, von der stolzen, tugendhaften Idealistin war ja nichts mehr vorhanden. Das war mir schon recht; aber das »neue Wesen«, welches daraus hervorgehen sollte, kam mir doch gar zu erbärmlich vor. Ich hatte es mir anders gedacht. Wohl trug ich Jesus im Herzen und liebte ihn mehr als alles andre; ich wollte auch um jeden Preis den »Sterbensweg« gehen, den Weg des Gehorsams, des Dienens und der Enthaltsamkeit von allen Dingen, die im »Jagen nach dem Kleinod« mich hindern könnten. Aber ach, wie weit sah ich mich noch entfernt von diesem Wege — und wußte nicht, daß die züchtigende Vaterhand mich treulich darauf führte! Immer inbrünstiger suchte ich mich dem Herrn hinzugeben, aber der Leidenschaft meiner Hingabe schien die Annahme von Gottes Seite nicht zu entsprechen. So war ein steter Kampf in mir: ein Auf- und Abwogen, das mich nicht zur Ruhe kommen ließ. Erst viel später wußte ich, wie fest und treu der Herr mich damals in seiner Hand hielt, wie zweckmäßig und weise er zu Werke ging, als er mich hochstrebendes Wesen in dieser ganz gewöhnlichen Kleinwelt meine Lehrzeit durchmachen ließ.

28 Ernste Kämpfe

Der erste arbeitsreiche Sommer im Rothaus ging zu Ende, und langsam leerte sich das Haus. Der herannahende Winter fand mich allein mit Dora, einem etwa dreißigjährigen Mädchen aus dem Toggenburger Lande. Sie war gläubig und tüchtig in ihrer Art, aber leider schwindsüchtig. Auf Wunsch von Freunden war sie für den Winter zu mir gekommen, um sich in unserem guten Klima zu erholen und auch, damit ich nicht allein sein müsse. Wir richteten uns zusammen ein, so gut es ging; aber es ging eben nicht gut, denn meine bescheidene Rente wollte trotz einfachster Lebensweise kaum mehr reichen. Viele hatten den Sommer hindurch davon gelebt. Neues Geld sollte erst im Januar kommen, und der Unterhalt des Hauses erforderte mancherlei.

Mit Beginn der kalten Jahreszeit, die schon im Oktober einsetzte, begann mein früheres Leiden mich wieder zu plagen. Es hatte sich jetzt zu einer chronischen Ischias zusammengezogen, die mir große Schmerzen verursachte, besonders nachts. Trüb und schwer war diese Zeit, und starke innere Kämpfe begannen von neuem mich zu erschüttern. Es war, als sei ich finsteren Mächten preisgegeben, die mir einflüsterten: »Was hat denn alle Mühe und Arbeit dieses Sommers genützt? Was willst du denn tun in diesem einsamen Haus?« Ich begann an meiner Berufung zu zweifeln: ein Mensch wie ich konnte ja nicht gebraucht werden für Gottes Reich, und eine tiefe Depression überschattete mich.

Eines Nachts erwachte ich, von einer furchtbaren Angst gepackt, und fühlte mich am ganzen Körper wie von einer unheimlichen Macht geknebelt, die mich zu erdrosseln schien. Ich wollte rufen – und konnte nicht, mich bewegen – es ging nicht. Der Angstschweiß brach mir aus, und es schien mir, als sei ich verloren. Da rang sich aus meinem Innern etwas durch wie eine Gegenmacht – und erst lallend, dann aber klar und kräftig, wie ein Siegesruf kam der Name »Jesus« aus meinem Munde. »Jesus, Jesus!« Ich erwachte zu vollem Bewußtsein und sah eine scheußliche Gestalt mit haßverzerrten Zügen zurückweichen. Der Spuk war verschwunden und mit ihm meine vorherige Gemütsdepression. Seither wußte ich, daß dieser Name, »darinnen wir sollen selig werden«, mir tief ins Herz gedrückt war, und er wurde mein Talisman gegen die Mächte der Finsternis. Oh, wie oft habe ich ihn gebraucht, diesen »Namen voller Ruh und Kraft: Jesus!«

Noch einmal versuchte der Feind mich zu erschrecken. In einer der folgenden Nachte sah ich im halben Erwachen, wo das unterschwellige Bewußtsein noch in Tätigkeit ist, den gleichen Dämon an meinem Bett stehen und hörte eine hohnvolle Stimme sagen: »Alles ist Einbildung! Dieser Jesus existiert gar nicht«. Da erwachte ich zu klarem Bewußtsein, fuhr in die Höhe und sagte fest: »Wenn das Einbildung ist, so will ich in dieser Einbildung selig werden; es ist ja das Höchste und Beste, das ich kenne. O Jesus, Jesus, Jesus!« Die Gestalt verschwand, und ich konnte in Glaubensfreudigkeit mein Tagewerk beginnen. Seither hat mich kein Dämon mehr nachts beunruhigt. Aber an meinen Patienten wurde mir noch oft die Wirklichkeit der biblischen Dämonenschilderungen veranschaulicht. Im Laufe der Jahre lernte ich die Geister unterscheiden und ihnen unter Berufung auf Jesu Opfertod begegnen.

In meiner späteren Praxis behandelte ich einmal eine geisteskranke Patientin, die gut zeichnen konnte. Sie litt, wie viele Geisteskranke, an dämonischen Überfällen und schilderte mir solche Gestalten. Da veranlaßte ich sie, diese bildlich darzustellen, und sie brachte mir etliche Bilder, die den von mir gesehenen Dämonen genau glichen. Sie waren deutlich zu unterscheiden von armen Seelen Verstorbener, die ich damals auch noch bisweilen sah. Auf meine wiederholten Bitten nahm mir der Herr diese sensitive Fähigkeit später weg.

Die Kämpfe jenes einsamen Winters aber galten in der Hauptsache der Heiligung, nach der es mich so sehnsüchtig verlangte und die mir gar so lange fernzubleiben schien. Hatte der Herr doch gesagt: »Ihr sollt heilig sein, denn ich bin heilig.« Und stand nicht geschrieben, daß ohne die Heiligung niemand den Herrn sehen werde? Warum dauerte es denn so lange bei mir? Warum hatte ich noch keinen vollen Sieg über mein natürliches Wesen? In diese Kämpfe und Fragen hinein kam mir ein Büchlein von Pearfall Smith in die Hände. Der Inhalt stammte aus den Erweckungstagen von Oxford und hatte derzeit, wie ich später erfuhr, ziemlich viel Aufsehen erregt. Der Titel des Buches ist mir entfallen, vom Inhalt weiß ich auch nicht mehr viel. Die Hauptsache aber ist mir geblieben. Das nur kleine Buch handelte von der Heiligung, war sehr lebendig und warm geschrieben und stützte sich auf die Worte aus dem I. Johannesbrief: »Wer in ihm bleibt, der sündigt nicht« (3, 6). »Wer aus Gott geboren ist, der tut nicht Sünde, denn sein Same bleibt bei ihm; und kann nicht sündigen, denn er ist aus Gott geboren« (3,9). »Wer aus Gott geboren ist, der bewahrt sich, und der Arge wird ihn nicht antasten« (5, 18). Sehr dringlich wurde dem Leser der praktische Versuch zum Bleiben in Jesu und damit zur Heiligung ans Herz gelegt: »Versuch es nur erst einmal, zehn Minuten in der Gegenwart Jesu zu bleiben und bitte den Herrn, daß er es dich lehrt. Kannst du es zehn Minuten lang, dann kannst du es auch eine Stunde hindurch. Gelingt es dir eine Stunde, dann wirst du es auch zwölf Stunden durchführen. Und bist du im Geist und im Glauben einen ganzen Tag in dieser heiligen Gegenwart geblieben, dann kannst du es auch eine ganze Woche lang, und wenn es eine Woche lang möglich ist, dann geht's auch einen Monat. Bist du so weit in deiner Übung vorgerückt, dann kannst du das ganze Jahr, ja dein ganzes Leben in Jesu bleiben, und dann bleibst du ohne Sünde. Fordert denn der

Herr etwas Unmögliches, wenn er sagt: ‚Bleibet in mir?‹«

So ungefähr lautete der Hauptgedanke des Buches, und ich kann nicht beschreiben, welch durchschlagenden Eindruck dies damals auf mich machte. Wie hatte ich mich doch so gesetzmäßig abgequält, die einzelnen Tugenden zu erlangen: Sanftmut, Demut, Geduld und andres mehr, und nun war das so einfach mit der Heiligung, die uns in der Person des Erlösers ja schon vollkommen sichergestellt und angeboten ist! Was hinderte mich, diesen Weg sofort einzuschlagen? Mit großer innerer Freudigkeit habe ich mich zu Beginn der Adventszeit darangemacht. Und siehe, es ging! Jetzt waren es bald vier Wochen, daß ich in ihm bleiben konnte und »ohne Sünde« war, und mit kühnem Mut hatte ich mir als Weihnachtsgeschenk vom Herrn das Bleiben in ihm und die damit verbundene »Sündlosigkeit« für mein ganzes Leben gewünscht. — Wenn ich an meinen allzu jugendlichen Eifer von damals denke, muß ich wohl lächeln; aber es war mir heiliger Ernst damit, und ich fühlte mich reich und selig dabei.

Weihnachten kam; Dora lag mit Fieber zu Bett, da mußte ich die Vorbereitungen zum Fest eben allein machen. Fröhlich ging ich am 24. Dezember daran, als letztes die Küche zu putzen. Es begann bereits zu dämmern, als ich damit fertig war, und es blieben jetzt nur noch sämtliche Lampen zu reinigen. Zu Weihnachten sollte alles hell und blank sein. So breitete ich denn eine Schutzdecke über den sauberen Tisch und putzte Lampen; nachher wollte ich mich gründlich waschen, mein bestes Kleid anziehen, und wir wollten in Doras Krankenstube Weihnachten feiern. Wir hatten zwar keinen Tannenbaum, kein Festessen und keine Geschenke, aber das kümmerte mich wenig. Es war ja Weihnacht, und wir hatten einen hohen Gast bei uns, das wertvollste Geschenk, den Herrn selber.

So stieg ich wohlgemut mit der leeren Blechkanne in den Keller hinunter, um Petroleum zu holen, und — siehe da, die große Reservekanne war ganz leer. Zuerst erschrak ich; wo sollte ich nur so schnell Petroleum hernehmen? Selber ins Dorf gehen in meinen Putzkleidern? Das war doch kaum angängig; Dora war zu krank zum Ausgehen, und es war doch Heiliger Abend! Was war zu tun? Während ich im halbdunklen Keller stehend überlegte, verlor ich unmerklich den Blick auf den Herrn, und ein Schlänglein stieg aus meinem Fleische hoch: Hast du dieser Dora nicht schon vorige Woche gesagt, sie müsse Petroleum bestellen?

Und nun hat sie es vergessen! Plötzlich hatte sich der Himmel meiner Weihnachtsfreude bewölkt, und ein ganz solider Ärger begann sich meiner zu bemächtigen. Ich ging hinauf, mich für den Gang ins Dorf umzukleiden. Der Ärger wuchs, ich bemitleidete mich selbst und fühlte dabei, wie eine lähmende Müdigkeit mir in alle Glieder kroch – und dann war keine Kraft mehr vorhanden, der Sünde zu widerstehen, die schon längst an meiner Türe gelauert hatte: Ich ging zu dem kranken Mädchen hinein, um sie derb auszuschelten, wobei ich mit Worten nicht sparte. Da aber wurde mir sehr elend zumute. Was war geschehen? Aus all meinem Glück war ich hinausgeschleudert in die Finsternis! Das glich einer Austreibung aus dem Paradiese! Als ich dann mit meiner Petroleumkanne durch den knirschenden Schnee ins Dorf lief, stürzten mir die Tränen aus den Augen. Was hatte ich getan? Mein erbetenes Weihnachtsgeschenk war verwirkt, alle Weihnachtsfreude dahin. Ach Gott, ach Gott!

Als ich wieder zurückkam, fand ich im Hausgang ein Licht brennen und Dora mit finsterem Gesicht in der Küche stehen beim Ordnen der Lampen. Dieses Gesicht kannte und fürchtete ich bei dem kranken Mädchen. Oh, nun war auch sie unter die Sünde geraten, und da konnte es lange gehen, bis es wieder hell bei uns wurde! Von neuem stieg eine Unmutswelle in mir auf, und wieder schalt ich sie, sie solle nicht trotzen und sofort wieder ins Bett gehen; das Fieber würde sonst steigen. Da kam eine scharfe Antwort, und nun war der Höhepunkt erreicht! Ich ging ins dunkle Wohnzimmer, setzte mich an den Tisch, den Kopf auf die Arme gelegt, und begann fassungslos zu weinen. Ob Dora das in der Küche gehört hatte? Ich weiß es nicht; aber nach kurzer Zeit brachte sie die brennende Lampe herein und setzte sich mir gegenüber. Bald hörte ich auch sie heftig weinen; eine Zeitlang haben wir zwei einsamen Frauen so miteinander geweint. Dann mußte ich ihr die Hand über den Tisch hinüberstrecken und sie um Verzeihung bitten. Darauf bat auch sie unter Tränen um Verzeihung für manches Unrecht, das sie mir in Gedanken und Worten getan habe. Und siehe, da wurde es hell in unseren Herzen und in dem lieben Zimmer, hell und warm, und die Engel im Himmel konnten sich freuen über zwei Sünder, die Buße taten.

Jenen Weihnachtsabend im lieben Rothause wird Dora ebensowenig vergessen haben wie ich. Mir hat er bleibenden Segen gebracht, ein Weihnachtsgeschenk, das weit besser war als das, was mein Herz so leidenschaftlich begehrt hatte: Aus dem vermeintlichen Himmel selbstgewirkter Sündlosigkeit hat mich jene Petroleumkanne herausgeschleudert, und dieses Erlebnis hat mir von neuem gezeigt, »daß in mir, das ist in meinem Fleische, nichts Gutes wohnt«. In der Folge lernte ich immer mehr erkennen, daß der Kampf zwischen Geist und Fleisch, »die widereinander streiten«, notwendig ist, um christliche Charaktere heranzubilden, und daß im Mittel dieses Kampfes die ehrlich ringende Seele ihrem starken Heiland gegenübersteht, der ihr gemacht ist zur Heiligung.

Oft noch mußte ich Buße tun, und die Erfahrung der Sündenvergebung ist der selige Unterton meines Glaubenslebens geblieben. Meine Heiligung aber liegt in den Händen des großen Vollenders, der sie mir erwirkt und der es übernommen hat, mich umzugestalten in sein Bild von einer Klarheit zur anderen. Ihm allein sei und bleibe die Ehre!

29 Die Verklärung unseres nichtigen Leibes

In jenem bedeutsamen Winter — dem ersten nach dem wundervollen Winter in Biberegg — wurde mir noch eine weitere wichtige Erfahrung zu teil: Ich lernte Krankheiten des Leibes, diese oft so peinvollen Auswirkungen des Todeswesens, dem wir alle verfallen sind, vom Standpunkt des Glaubens einschätzen. Dabei erfuhr ich an mir und später auch an meinen Patienten, daß unsere Krankheiten in Gottes Hand eine nicht unwichtige Bedeutung für unseren Werdegang gewinnen können. Jede gottgewirkte Heilung aber erschien mir wie eine leise Verklärung des nichtigen Leibes.

Im Laufe des sehr kalten Januars wurde das Nervenleiden, das ich nun schon ein Jahr lang mit mir herumtrug, fast unerträglich. Wie es bei solchen Nervenentzündungen häufig der Fall ist, setzten die Schmerzanfälle — mit der Pünktlichkeit eines Uhrwerkes — immer zu gleicher Zeit ein. In jeder Nacht weckten sie mich um zwei Uhr. Dann wanderte ich oft stundenlang im Zimmer umher, um die Schmerzen nur einigermaßen ertragen zu können. So war es wochenlang gegangen. Schmerzstillende Mittel wollte ich nicht nehmen, denn ich wartete auf das Eingreifen des Herrn, das ich ja mehrere Male schon erfahren hatte.

Eines Tages schrieb mir eine Bekannte aus Zürich, sie leide ganz furchtbar an Ischias und wisse sich gar nicht mehr zu helfen; ich möge doch für sie beten. Arme Frau, ich versetzte mich lebhaft in ihre Lage, die viel ernster war als die meine. Sie war Witwe und betrieb ein kleines Ladengeschäft, um sich und ihre noch jungen Kinder durchzudringen. Ich begann inbrünstig für sie zu beten, die Not dieser bedrängten Seele vor dem Herrn ausbreitend. Während ich so flehte, bekam ich den inneren Eindruck, daß mein Gebet erhört sei, daß ich die Frau aber im Mai zu mir einladen solle. Darauf wurde ich innerlich getrieben, auch für mich selber jetzt endlich um Heilung zu beten. Ich tat es, tief versenkt im Anschauen des Herrn, und verharrte den Tag über in Gebetssammlung.

In der Nacht darauf schlief ich fester als gewöhnlich, und als ich erwachte, fühlte ich nicht wie sonst die heftigen Schmerzen; selbst nach einigen ängstlichen Bewegungen blieben sie aus. Ich machte Licht und sah zu meinem Erstaunen, daß es nicht zwei Uhr nachts, sondern sieben Uhr morgens war. Vorsichtig stand ich auf, immer noch in Erwartung der Schmerzen; aber sie kamen nicht und blieben auch den Tag hindurch aus. Ich war geheilt! – Mit Staunen und Anbetung stand ich vor dieser wunderbaren Tatsache, die ich nach all den ausgestandenen Leiden kaum begreifen konnte, die ich aber erlebte. Die Krankheit war fort und kam nicht wieder; sie hat auch weder Schwäche noch Verwachsung zurückgelassen, wie es sonst nach Ausheilung eines starken Ischias häufig der Fall ist. Ich war vollständig geheilt, konnte wieder tüchtig arbeiten, das Haus putzen und alles vorbereiten zum Empfang neuer Gäste im Frühling. Jeder neue Tag dieser wiedergeschenkten Gesundheit wurde mir zu neuem Dank und zu neuer Freude. Aber meine Freude galt fast weniger der Befreiung vom Leiden als der wundervollen Erkenntnis: »Das hat der Herr getan! So zart, so gütig und leise ist er gekommen, indes du schliefest. Oh, mein Heiland, jetzt wirst du mich auch weiter in deiner Hand halten. Könnte ich in Krankheitsnot je wieder verzagen, nachdem ich solche Barmherzigkeit von dir erlangt habe?« Nicht vergebens hatte ich unter Not und Schmerzen seiner geharrt, und wußte ich es nicht immer, auch in den größten Schmerzen: »Das gehört zur Erziehung in deines Gottes Schule«? Oft hatte ich das Wort des heiligen Franziskus vor mich hin gesagt: »Ihr Schmerzen, liebe Schwestern, ich danke euch, daß ihr mir so treu seid.« Dann ist er auch für mich gekommen, der Tag, an dem ich um Heilung nicht nur beten durfte, sondern mußte. Wieviel kostbarer und seliger waren solche Führungen Gottes als jene »Gesundbetereien«, die ich in der »Christian Science« und ähnlichen Sekten genügend kennengelernt hatte, um sie entschieden abzulehnen! Sie machten mir den Eindruck religiöser Kurpfuscherei, mit der ich nichts zu tun haben mochte.

Immer tiefer erkannte ich damals, daß wir uns auch in Krankheitsnöten unter die Zucht des Heiligen Geistes zu stellen haben und nicht einfach drauflos beten dürfen, um die lästige Krankheit loszuwerden.

Die Frau, für die zu beten ich so dringlich getrieben worden war, schrieb bald darauf, es sei besser mit ihr geworden; sie könne ihre Arbeit wieder einigermaßen leisten. Im Mai aber hoffe sie, eine Verwandte zur Vertretung zu bekommen, und wolle dann meine Einladung gerne annehmen, um sich einer Kur zu unterziehen. Warum wurde diese Frau auf mein Gebet hin nicht auch sofort ganz geheilt? Das erfuhr ich im Mai, als sie zur Kur bei mir weilte. Wie dringlich bedurfte sie dieser Stille vor Gott für ihren inwendigen Menschen! Der akute Anfall von damals war um der großen Not willen, für die ich zum Herrn gefleht hatte, vorübergegangen. Von den chronischen Rückständen aber konnte ich ihr durch Bäder, Massagen und Dehnungen helfen, was alles ebenfalls unter ernstlichem Beten geschah. An Leib und Seele erneut, ist sie nach mehreren Wochen zu ihren Kindern heimgereist.

Mich aber nahm der Herr viel tiefer noch in die Schule, indem er mich am eigenen Leibe erfahren ließ, in welch enger Beziehung Krankheit und Glaube zueinander stehen. In oft recht peinlichen Krankheitszeiten mußte ich weiterhin lernen, Sinn und Zweck auch körperlicher Leiden zu verstehen, um andere begreifen und behandeln zu können. Wenn ich davon noch einiges hier niederschreibe, so geschieht es, weil solche Erfahrungen mein späteres ärztliches Arbeiten mit seinen oft erstaunlichen Erfolgen verständlich machen. Mir ist dabei manchmal das Wort Nietzsches eingefallen: »Arzt, hilf dir selber, dann hilfst du auch deinen Kranken!« Das lernte ich dem inneren wie dem äußeren Menschen nach an mir praktizieren, um die erkannte Wahrheit und die gewonnene Methodik dann auch bei meinen Patienten anzuwenden.

Nach jenem ersten Winter im Rothaus brachte uns der Frühling mancherlei Gäste, und gegen Ende Mai war unser kleines Haus ganz besetzt. Da überfiel mich eine neue Erkrankung: An einem Fuß trat am Ballen eine entzündliche Schwellung auf, die ich ihrer ganzen Art nach für tuberkulös hielt. Es war eine ähnliche Affektion, wie ich sie als zwölfjähriges Mädchen durchgemacht hatte, als ich einige Monate ganz still liegen mußte. Die sich langsam steigernden Beschwerden hinderten mich immer mehr am Auftreten, und eines Tages stand ich vor der ernsten Frage: Was soll nun geschehen? Die Sache konnte ja sehr ernst werden und lange dauern. Durch meine früheren Erlebnisse ermutigt, blieb ich aber ganz still und fragte nur den Herrn: »Was willst du, daß ich tun soll? Sieh, ich bin bereit, alle Gäste fortzuschicken und im Winkel liegenzubleiben, bis du mich wieder aufstehen und wandeln heißest!« Da bekam ich den Mut, trotzdem weiterzuarbeiten und mich nebenher in einfachster Weise selbst zu behandeln. Ich legte mir einen faustgroßen Ballen feuchten Töpferlehms unter den kranken Fuß, machte eine feste Bandage darum, zog einen wollenen Strumpf darüber, und arbeitete ruhig weiter. Bei den Gästen entschuldigte ich mich wegen dieser Aufmachung mit einer Entzündung, die vorübergehen werde. Abends trat Fieber ein. Ich machte für die Nacht einen Rumpfwickel und ging am nächsten Morgen mit neuer Lehm-unterlage wieder an mein Tagewerk. So trieb ich es etwa sechs Wochen lang, nachts das Fieber durch Wickel bekämpfend. Während dieser Zeit nahm ich nichts andres zu mir als täglich den Saft von zehn bis zwölf Apfelsinen in Zuckerwasser und etwas Zwieback dazu. Das alles geschah unter einfältigem Gebet, aufschauend zum Herrn, wegblickend von »Wind und Wellen« der Verhältnisse. Die Gäste merkten wohl nicht viel von meinen heimlichen Nöten. Dora aber schaute dieser Roßkur, wie sie es nannte, mit großer Mißbilligung zu, doch half sie mir treulich dabei. Nach jenen sechs Wochen war ich gesund. Oh, wie dankte ich dem Herrn, als ich zum erstenmal wieder einen festen Schuh anziehen konnte!

So ging es von einer Schwachheit zur andern — und die Kraft Gottes mehrte sich im Hause. Einige Jahre später, als die Arbeit im Rothaus schon einen beträchtlichen Umfang angenommen hatte, erfaßte mich wiederum eine ernste Erkrankung. In einer Turnstunde, wie ich sie jeden Morgen erteilte, hatte ich einen Sprung vorgemacht und wurde danach von halber Bewußtlosigkeit befallen. Ich mußte mich gleich nachher mit qualvollen linksseitigen Kopfschmerzen ins Bett legen. Am nächsten Morgen bemerkte ich, daß die vordere Hälfte des rechten Fußes gelähmt war. Es hatte also eine kleine Hirnblutung stattgefunden. Hingeben durfte und wollte ich mich der Krankheit nicht, denn es war Sommer, und viele Patienten bedurften meiner. Der Küchendienst lag damals schon in andern Händen. So konnte ich halbe Tage im Bett bleiben. Meinen Gästen konnte ich, wenn auch unter großer Mühe, Konsultationen erteilen und die notwendigsten ärztlichen Behandlungen, bis auf die Massagen, machen. Aber wieviel Gebet und Glaubenskampf gehörte dazu, um den Betrieb dennoch aufrechtzuerhalten! Auch von dieser Krankheit war ich nach etwa zwei Monaten geheilt, so daß selbst die Lähmung des Fußes verschwand.

Durch die anstrengende Arbeit, besonders die vielen Massagen, bekam ich schon in den ersten Rothausjahren eine Halsschwellung, die sich langsam zu einem Kropfübel gestaltete, das mir oft große Beschwerden verursachte und ein Herzleiden mit sich brachte, das sich in späteren Jahren verschlimmerte. Aber nie durfte ich einer Krankheit Herrschaft über mich einräumen.

Je inniger und treuer ich mich in meinen häufigen Krankheitsnöten dem Herrn hingab, um so größer und wunderbarer erlebte ich seine Führung und sein Eingreifen zur rechten Zeit. Und das nicht nur an mir selber, sondern auch an meinen Patienten. Mußte ich mich einmal ins Bett legen, so nahm ich das zur inneren Sammlung aus Gottes Hand, und oft ist mir eine solche Zeit zu großem innerem Segen geworden.

Ein Gebet um Heilung, das ich aus eigenem Wünschen, aus persönlicher Leidensscheu oder in ärztlichem Eifer für andre vor Gott brachte, wurde nie erhört. Sobald ich aber nach seinem Willen, getrieben vom Heiligen Geist, in ernstlichem Flehen vor Gott lag, trat jedesmal Heilung ein. Aber bevor ich so um Heilung beten durfte, ging es durch ernste Prüfungen und durch Gerichtsstunden. Mein Leben zu Gott hin mußte in Ordnung sein; keine unvergebene Sünde durfte zwischen ihm und mir liegen, wenn er mir als mein Arzt begegnen wollte. Wie heilsam ist mir diese Schule geworden! Stilles Tragen aller Leiden, bis der Herr selber durch den Heiligen Geist Lösung und Befreiung wirkt nach seinem Willen — das war meine Losung in kranken Tagen. Das hatte ich auch meinen Patienten zu verkünden.

In diesen Linien der Einfachheit und Tapferkeit, des geduldigen Tragens auferlegter Leiden und der Bejahung des Lebens vollzog sich unser Betrieb im Rothause. Bei meinen Kuren und Krankenbehandlungen hatte ich Fleischesüberwindung, nicht Fleischespflege im Auge — mit der Zielrichtung auf ewige Dinge, nach dem Wort des Apostels Paulus: »Wisset ihr nicht, daß die, so in den Schranken laufen, die laufen alle, aber einer erlangt das Kleinod? Laufet nun also, daß ihr es ergreifet! Ich laufe aber also, nicht als aufs Ungewisse; ich fechte also, nicht als der in die Luft streicht; sondern ich betäube meinen Leib und zähme ihn« (I. Kor. 9, 24—27). Es war junges, frisches, frohes Leben unter uns, das vielen unserer Gäste zu ganz neuem Dasein für ihren äußeren wie inneren Menschen verholfen hat.

Zur Ehre meines Geschlechtes muß ich sagen, daß die meisten Mädchen und Frauen, sogar auch alte Frauen, sich unserem Regime mit Freude und Hingabe, oft auch mit Begeisterung unterzogen haben. Eines Tages besuchte mich ein junger katholischer Priester, dessen Familie mir bekannt war und der gern einmal schauen wollte, was wir da im Rothaus machten. Als ich ihm unsere einfachen Einrichtungen zeigte und unsere Lebensweise ein wenig beschrieb, da meinte er lachend: »Wenn ich in der Lage wäre, mich zu verheiraten, was ich meinem Stande nach ja nicht bin, würde ich mir kein Mädchen zur Frau erwählen, das bei Ihnen erzogen ist.« Als ich ihn höchst belustigt fragte: »Warum denn nicht? « da sagte er: »Die wären mir zu schneidig! « Später habe ich im Gegenteil oft Dank geerntet von Ehemännern, deren Gattinnen als Mädchen bei mir erzogen worden oder als Frauen in meiner Behandlung gewesen waren. Für mich aber gehörte es zu den Freuden meines Lebens, an der inneren und äußeren Gesundung meines Geschlechtes mitzuarbeiten.

Tüchtige und tapfere Frauen bilden einen wertvollen Untergrund für jedes Volk. Auch im Leben des Geistes kommen diejenigen besser voran, die zur rechten Zeit gelernt haben, in Zucht und Arbeit zu leben und ihr Außen-Ich nicht wichtig zu nehmen.

Viele junge Mädchen gingen als freiwillige Helferinnen durch unser Haus und mußten überall wacker mit angreifen. Manche von ihnen haben sich auch im späteren Berufsleben als tüchtig, treu und tapfer bewährt, denn nicht jedes Mädchen findet seinen Lebensweg in einer Ehe. Ich lehrte alle meine »Töchter«, ihr Geschick, wie immer es auch sei, aus Gottes Hand anzunehmen.

Selbst Schwächliche, mit unheilbaren Leiden Behaftete gewannen Lebensbejahung und Zielstrebung zum Ewigen hin im Glauben an den, »welcher unsern nichtigen Leib verklären wird, daß er ähnlich werde seinem verklärten Leibe nach der Wirkung, damit er kann alle Dinge sich untertänig machen« (Phil. 3, 21).

30 Unter Gottes Wort

Während des hier beschriebenen Werdeganges im Rothaus nahm mein ganz persönliches Leben unter Gottes Wort seinen stetigen Fortgang. Alle Tage, am Morgen in der Frühe und oft auch am Abend nach vollbrachtem Tagewerk, las ich in der Bibel. Ich tat es immer noch kniend, in gleicher Ehrfurcht wie zu Beginn meines Glaubens, ohne Zweifel und ohne Grübelei, ganz einfach Gottes Wort auch wörtlich annehmend. Und wie mannigfaltig und deutlich hat der Herr schon damals durch die Bibel zu mir geredet! Wie manche Frage wurde mir beantwortet, wieviel Licht mir geschenkt! Manchmal, besonders im ersten Jahr meiner Arbeit, wenn es so gar dunkel um mich wurde und so schwer, daß der Mut mir sinken wollte, gab mir der Herr, ohne daß ich danach gesucht hatte, ein Wort, das gerade für die gegebene Lage paßte und mich wunderbar erquickte. — Aber während des ersten Jahres im Rothaus wagte ich es noch nicht, öffentlich aus der Bibel vorzulesen und mit andern zu beten. Es schien mir, ich dürfe das nicht, weil ich zu unheilig dafür sei. Unser gemeinsames Glaubensleben bestand damals im Singen geistlicher Lieder, in allgemeinen wie auch einzelnen Gesprächen und im Vorlesen guter Bücher.

In jenem Winter aber, den ich allein mit Dora im Rothaus verlebte, wurde es mir zu dringlicher Notwendigkeit, dem Worte Gottes in unserem Hause Raum zu schaffen, damit es nicht nur in meinem Herzen, sondern auch in unserem Zusammenleben sich auswirke. Ich sprach mit Dorn darüber und beschloß mit ihrer Einwilligung, für uns beide damit zu beginnen. Zu diesem Zweck ließ ich Anfang Januar ein Losungsbuch der Brüdergemeine kommen, und wir lasen nun gemeinsam jeden Morgen die darin gegebenen Abschnitte. Danach sangen wir ein Lied aus dem Kirchengesangbuch und nahmen dann unser Frühstück ein.

An einem Morgen, den ich bis heute nicht vergessen habe, lasen wir aus der Geschichte Sauls, wie er den jungen David liebgewinnt und wie durch dessen Saitenspiel der böse Geist von dem König abläßt. Dora stand, wohl infolge ihrer Krankheit, schon seit einigen Tagen unter einem finsteren Geist, wie es manchmal der Fall war, und ich hatte den Herrn ganz innig für sie gebeten um seinen Heiligen Geist. Während ich nun diese im Losungsbuch angegebene schöne Schriftstelle las, wurde ich so stark davon bewegt, daß ich nach der Lesung die Augen schloß und — betete. Es war das erstemal, daß ich mit einem andern betete. Mir klopfte dabei das Herz, als wolle es zerspringen, und Dora sagte mir nachher, ihr habe »bi dem kuriose Tue« das Herz bis an den Hals geklopft. Aber ihr »böser Geist« war gewichen. Ob das Gottes Antwort war auf mein Gebet für Dora? Ich nahm es so an und betete nun jeden Morgen mit ihr, obwohl ich merkte, daß sie sich innerlich dagegen sträubte. Nach und nach aber öffnete sie das Herz dafür, und unser Zusammenleben wurde dadurch viel reibungsloser als vorher. Nun war es, als sei ein Bann gewichen, und ich blieb konsequent bei diesen Lesungen mit nachfolgendem Gebet, auch als im Frühjahr wieder Gäste zu uns kamen.

Aus diesem primitiven Anfang entwickelte sich etwas sehr Merkwürdiges, das vielen zur Erweckung, etlichen zur Bekehrung, mir selbst aber zu immer tieferer Offenbarung gedient hat: Wenn ich ganz langsam, innerlich hingegeben, die angeführten Schriftstellen las, dann die Augen schloß und, alles um mich her vergessend, betete, sagte ich im Gebet Dinge, die ich nie gedacht und gewußt hatte. Es war, wie wenn mein äußerer Mensch mit seinem bewußten Denken und Wollen dabei ausgeschaltet und mein inneres Wesen geöffnet würde für das lebendige Wort, das nun gleichsam in mir redete. Was ich dabei sagte, war Dank und Anbetung für das inwendig Gehörte und Empfangene. Aus dieser Gebetsversenkung mußte ich mich allemal herausreißen, um wieder in die irdische Welt zurückzufinden, der ich für eine Weile wie entrückt gewesen war.

Sobald wir nachher beim Frühstück saßen, wurde ich mit Fragen bestürmt: »Sie haben dies oder das im Gebet gesagt, was bedeutet das?« ... »Wie haben Sie das gemeint?« Dann habe ich darüber gesagt, was ich ja soeben erst empfangen hatte und langsam anfing zu begreifen. Dabei merkte ich, wie viele Schriftstellen mir durch mein bisheriges Bibellesen schon bekannt geworden waren. Unter diesem Erleben bekam ich einen immer größeren Hunger nach Gottes Wort, so daß ich mich jeden Morgen von neuem darauf freute, es zu lesen. Es war, als »äße« ich das Wort und als sei es die mir notwendige Nahrung für den Tag.

Einmal sagte mir eine in biblischen Dingen kundige Frau: »Wissen Sie auch, was Sie da sagten im Gebet und beim Frühstück? Das sind ganz tiefe Wahrheiten!« Ach, ich wußte es nicht, es war mir auch einerlei, wie das genannt wurde, wenn ich nur weiter darin leben durfte; denn es war unbeschreiblich selig und besser als alles bisher Erfahrene. Aber diese merkwürdige Gnadengabe verpflichtete mich zu viel vorsichtigerem Wandel, als ich ihn seither geführt hatte. O wie oft lag ich damals in Buße und Flehen vor Gott, wenn ich irgendwie gesündigt hatte, immer in der Angst, das göttliche Wort und das Beten würden mir genommen, denn ich kam mir immer elender und unwürdiger dabei vor!

Etwa zwei Jahre lang ging es so weiter unter Gottes Wort und Gebet, und die Wirkungen davon blieben nicht aus. Es ist mir nicht möglich, zu berichten, was alles in jenen Jahren im Rothaus geschah; ich selber wußte es ja kaum. Gott allein weiß, wozu er sein Wort sendet und was er damit ausrichtet. — Begreiflicherweise machte sich auch Satan auf, uns zu verstören. Angefochtene und besessene Leute machten mir oft viel zu schaffen; aber immer wieder mußten die unsauberen Geister weichen und dem Geiste Gottes Raum lassen. Es war eine schöne, segensreiche Zeit damals, voll Jugendkraft und Daseinsfreude, wohl auch voller Fehler und Mängel, die aber immer wieder zugedeckt wurden durch die Gnade und Barmherzigkeit des Herrn, die uns alle Tage neu war. »O, wie könnt' ein Mund erzählen, was du deiner Herde bist!«

Im dritten Jahr der Arbeit im Rothaus gab es eine. Änderung in unserem Leben unter Gottes Wort. Ein mir damals unbekannter Zürcher Pfarrer hatte sich als Erholungsgast bei uns eingestellt. Wahrscheinlich war ihm irgend etwas zu Ohren gekommen, über das er sich informieren wollte. Ich fuhr mit dem Lesen und Beten am Morgen unbekümmert fort. Nachdem der Herr Pfarrer das ein paarmal miterlebt hatte, bat er mich um eine Unterredung unter vier Augen, bei der er mir etwa folgendes sagte: »Was treiben Sie denn da? Das ist doch etwas recht Ungewöhnliches und auch Ungeschicktes. Denken Sie nur, diese hochgeistlichen Gespräche beim Frühstück! Da bleibt einem ja der Brei (den wir damals jeden Morgen aßen) im Halse stecken. Sie könnten das alles doch vorher sagen und Morgenandacht halten wie andre Leute auch.« Auf meine Einwendung, daß mir das unmöglich sei, ich hätte es ja nicht gelernt, sagte er: »Ach was, eine gescheite Frau wie Sie, die schon so viel geistig gearbeitet hat, sollte nicht einmal eine einfache Morgenandacht zustande bringen?« Als ich mich mit dem Wort des Paulus wehrte: »Das Weib schweige in der Gemeinde« und ihm erklärte, ich hätte nie daran gedacht, Wortverkündigung zu betreiben, das sei doch Sache des Mannes, da lachte er und meinte: »Na, Sie studierten ohne Bedenken Medizin und wollen jetzt solch engen Kreis um sich ziehen?« Ich war erschrocken und verwirrt über diese Rede, besonders als er sagte: »Schweigen Sie denn etwa in der Gemeinde, wenn sie solche Gespräche führen?« Du mußte ich an das Wort des Herrn denken: »Wenn diese schweigen, werden die Steine reden.« Nein, schweigen von dem, was mich so mächtig bewegte, konnte ich nun nicht mehr, aber zu »reden« wagte ich auch nicht. Als der Herr Pfarrer mein Zögern bemerkte, sagte er: »Gleich morgen fangen Sie an, und Sie werden bald sehen, daß es geht und daß ich Ihnen jezt zu einem notwendigen Entschluß verhelfe...« Da sagte ich zu.

Dann aber kam ich in einen heftigen Zwiespalt: Der Pfarrer hatte ja durchaus recht, doch was sollte daraus werden? Ich fürchtete, im öffentlichen Reden zu verlieren, was mir doch alle Morgen in jenem versenkten Beten geschenkt wurde: Gottes lebendiges Wort. Aber konnte ich denn vorher im Kämmerlein auf den Knien nach stillem Lesen des Wortes nicht noch besser beten? Und dann mit dem sicherlich auch Geschenkten hinuntergehen, um es ganz einfältig weiterzugeben? Ja, das war wohl möglich, aber dazu mußte ich ja erst umlernen! In jener Nacht schlief ich nur wenig. Ich hatte Angst, wie man sie etwa vor einem schwierigen Examen hat.

Der Lehrtext des nächsten Tages lautete: »Also hat Gott die Welt geliebt, daß er seinen eingeborenen Sohn gab, auf daß alle, die an ihn glauben, nicht verloren werden, sondern das ewige Leben haben.« Ich nahm mir vor, darüber etwas zu. sagen; das konnte doch nicht so schwer sein? Ich mußte diese dumme Angst einfach überwinden. War der Rat des klugen Mannes gottgewollt, dann würde mir gewiß auch weiterhin das Wort Gottes geschenkt werden. Geschähe dies aber nicht, dann könne ich ja zu meiner vorigen Gewohnheit zurückkehren. Damit tröstete ich mich und schlief endlich betend ein.

Am andern Morgen ging ich sehr zaghaft hinunter und setzte mich an meinen gewöhnlichen Platz am Fenster, wo der kleine Tisch mit der Bibel stand. Nachdem ich die ganze Schriftstelle gelesen hatte, deren Schluß mein Tertwort bildete, nahm ich all meinen Mut zusammen, zog das Bibeltischchen vor mich hin und kündigte den etwa fünfzehn bis zwanzig Zuhörern an, daß ich über das zuletzt gelesene Wort gern einiges sagen möchte. Was ich sagte, weiß ich nicht mehr, aber es war wenig und schlecht, kam stockend und verlegen heraus, und erstaunte oder verlegene Gesichter schauten mich an. Der Herr Pfarrer aber nickte mir ermutigend zu. Nachher beim Frühstück waren alle schweigsam. Da machte der Pfarrer einige humorvolle Bemerkungen, welche die gedrückte Stimmung verscheuchten. Ich sagte, daß er es sei, der mich zu diesem kühnen Unternehmen verführt habe, und damit war für dieses Mal die Spannung gelöst.

Dies war mein erster Versuch der Wortverkündigung, die später eine solch tiefe Bedeutung für uns gewonnen hat, und die in meiner künftigen Arbeit soviel Raum einnehmen sollte. Aller Anfang ist schwer. Aber so schwer ist mir der Anfang auf keinem Gebiet geworden wie auf diesem allerwichtigsten meines Lebens. Und das war wohl richtig so. Der Pfarrer blieb noch eine Woche bei uns und hielt mich wacker fest auf dem nun bestrittenen Wege; dann schied er freundschaftlich von mir. Später kam er des öfteren wieder. Er hat mir damals einen wertvollen Dienst geleistet, für den ich ihm noch heute danken würde, wenn er nicht längst gestorben wäre.

Etliche Jahre später, als ein lieber Missionar Bibelstunden bei uns hielt, fragte ihn einer unserer Brüder in meiner Gegenwart, wie er über das Frauenreden in der Gemeinde denke; da sagte der gläubige Mann, den wir alle sehr schätzten: »Ich bin dagegen, daß Frauen reden; ich bin auch dagegen, daß Männer reden. Aber ich bin dafür, daß der Heilige Geist rede. « Wie freute und ermutigte mich diese Antwort! Das war ja von Anbeginn mein Sehnen und Verlangen gewesen, daß allein Gottes Geist mich leite und mir Herz und Lippen öffne, zu nehmen und zu geben, wie es Gott gefällt.

In der Folgezeit hatte ich noch viele Kämpfe zu bestehen, bis ich gelernt hatte, alle Tage des Herrn zu harren, damit er mir gäbe, was mir und andern gerade notwendig war. Wenn ich abends, oft sehr müde, in mein Zimmer kam, mußte ich die Andacht für den nächsten Morgen noch vorbereiten. Das geschah auf die denkbar einfachste Weise: Zuerst mußte es zwischen Gott und mir in Ordnung sein, nicht etwa durch Gewissenserforschung, sondern durch Beugung und Gehorsam. Ach, ich wußte es ja jeden Abend, daß ich sündig sei vor dem heiligen Gott und seiner Vergebung bedurfte. Da gab es oft eine schnelle, strafende Belichtung, und manchmal wurde ich gemahnt, am nächsten Tage etwas gutzumachen, was ich durch mein rasches Wesen angerichtet hatte. Ein stilles: »Ja, Herr,« ein Glaubensblick auf ihn und einfache Anbetung mit wenig Worten genügten, daß seine Gnade mich wieder um^ hüllte. Dann, noch auf den Knien, las ich den Bibeltext für den andern Tag, bat Gott innig, mir zu geben, was, wir alle so notwendig brauchten, und legte mich nieder in seiner Hut, ihm vertrauend auch für die Wortverkündigung des nächsten Tages. »Wasche mich rein, hülle mich ein, decke mich zu, bring mich zur Ruh.« ... Wie oft erlebte ich darauf buchstäblich das Wort: »Den Seinen gibt es der Herr im Schlaf.«

Am Morgen bewegte ich, nach einem kurzen Gebet, beim Ankleiden das gegebene Bibelwort in meinem Herzen, Und ging dann, ohne mich mit etwas anderem zu beschäftigen, sofort hinunter zur Andacht. Es wurde ein Lied gesungen, kurz gebetet, und mit wenigen Ausnahmen, die meistens durch mein Verschulden, zuweilen auch durch äußere Störungen kamen, strömte mir dann zu, was wir brauchten.

Anfangs hielt ich mich in der Verkündigung an die im Losungsbuch gegebenen Texte, später, als ich mutiger und freier geworden war, betrachteten wir fortlaufend größere Bibelabschnitte: einen Propheten oder die Evangelien oder Apostelbriefe, wozu ich gerade innerlich geleitet wurde. Kommentare oder sonstige Schriften über die Bibel besaß ich nicht. Ich durfte auch später solche Hilfsmittel nicht gebrauchen, nur in der »Berleburger Bibel« las ich zuweilen. Ein selbstgewähltes geistliches Thema mit Bibelstellen zu belegen und damit die Heilige Schrift für menschliche Gedankengänge zu benutzen, war und ist mir bis heute unmöglich. Ich mußte mich im Gehorsam unter das Wort beugen, durfte auch nichts verkündigen, was ich nicht empfangen und selber erlebt hatte.

Aber ohne oft schwere Versuchungen ging auch dieses Leben unter Gottes Wort nicht ab. Es mochte am Ende meines dritten Sommers im Rothaus sein, als wir das Matthäusevangelium betrachteten. Ich fühlte mich körperlich und seelisch ermüdet und sollte nun an das vierundzwanzigste Kapitel herantreten. Da weigerte ich mich vor Gott, in dieser Weise fortzufahren, denn wir hatten einige schwermütige Patientinnen im Hause, denen ich mit solch »harter Rede« zu schaden wähnte. Eine gewisse Auflehnung wollte in mir aufsteigen, und schlimme Gedanken überfielen mich: War der Herr nicht zu streng gegen uns? Hatte die katholische Kirche nicht recht, wenn sie ihren schwachen Kindern die Bibel vorenthielt? War es richtig, ohne Auswahl den ganzen biblischen Inhalt darzubieten? Indem ich mich solchen Gedanken hingab, trat mit verderblicher Negation der Teufel an mich heran: »Siehst du wohl, mit deiner Wortverkündigung stimmt es nicht. Du bildest dir ein, daß du dazu berufen bist, schadest den Menschen nur, die dir zuhören, bringst manche noch ins Irrenhaus, wenn du fortfährst. Laß nur die Hand davon, es gibt bessere Leute dafür, als du bist...« Immer dunkler wurde es in mir und schließlich überflutete mich eine solch furchtbare Schwermutswelle, daß es mir fast untragbar wurde, weiterzuleben. Drei Tage ging es so, ohne daß es mir möglich gewesen wäre, zu beten oder eine Morgenandacht zu halten. Nur mit Mühe konnte ich meine Tagesarbeiten verrichten, und die Nächte waren kaum mehr erträglich. Da, in der dritten Nacht, als die Not aufs höchste gestiegen war, versuchte ich wieder zu beten. Es war ein Ringen wider die Macht der Finsternis. Ich sagte dem Herrn: »O mein Gott und Herr, du bist ja allmächtig, du kannst die Menschen, die hierherkommen, wohl schützen vor einem so schlechten Wesen, wie ich es bin! O töte mich doch lieber, nur laß es nicht zu, daß ich noch weiter den Menschen schade ...« Da wich die Schwermutswelle langsam von mir wie das Meer in der Ebbe. Gottes Hand hatte mich angerührt, Satan mußte weichen, und der Heilige Geist begann leise wieder zu strömen. Am nächsten Morgen konnte ich mit freudigem Geist das vierundzwanzigste Kapitel des Matthäus auslegen, das uns nun tagelang erquickte; auch die Schwermütigen wurden darunter gesegnet.

Beim nächsten Kapitel empfing ich klare Linien über das Wesen der klugen wie auch der törichten Jungfrauen und begann mit Freuden die Verkündigung. Da plötzlich hieß es in mir: »Nach

dem allem gehörst du ja auch noch zu den törichten Jungfrauen.«
Ich erschrak heftig, dann schoß mir eine Glutwelle ins Gesicht; ich
mußte aufhören zu reden und öffentlich bekennen, was Gottes
Geist mir soeben gesagt hatte. Erschreckt schauten mich die Leute
an ich aber mußte hinausgehen, um mich vor Gott zu beugen. Oh,
nun galt es zu wachen und zu beten, daß der Heilige Geist kein
solches Urteil mehr gegen mich fällen müsse. Nachher sagten mir
einige Zuhörer: »Wenn Sie das von sich sagen müssen, was sollen
denn wir tun?« Ich sagte, das sei ihre Sache, es müsse jeder für
sich selbst vor Gott stehen. — In dieser Weise erzog mich der
Herr unter seinem Wort.

Meinen Gästen ließ ich von Anfang an volle Freiheit, die Andachten zu besuchen oder ihnen fernzubleiben. Die meisten aber
beugten sich gern mit mir unter Gottes Wort. Viele wurden auch
davon beeinflußt; manche erlebten früher oder später eine echte
Bekehrung. Aber wissentlich gedrängt habe «ich niemanden dazu; denn ich fand immer, das sei allein Gottes Sache.

In späteren Jahren war einst eine amerikanische Missionarin
unter meinen Patientinnen. Sie hatte eine »Moody-Schule« besucht und erzählte mir von der dort geübten Praxis, die Schüler
vom Geiste Gottes selbst unterweisen zu lassen und sie nur insofern zu leiten, daß man sie nicht auf Nebenwege geraten ließ. Was
sie da schilderte, war sehr ähnlich dem, was ich in der heiligen
Schule des Meisters ganz für mich allein erlebt hatte. Nach und
nach fand ich auch Gemeinschaft mit andern Gotteskindern und
einiges Verständnis für meinen ungewöhnlichen Weg. Aber damals im Rothaus war ich einsam; ich hatte wohl Gefolgschaft und
einige Mitstreiter im Dienst. Doch fehlte es mir am Verkehr mit
andern Gläubigen .und an richtiger Führung, bis ich nach
Hauptwil kam und Pfarrer Stockmayer sich meiner ein wenig
annahm. Das war, soweit ich mich entsinne, im Frühling 1908.

Als ich diesem Gottesmann in einer ersten Sprechstunde gegenübersaß, mußte ich ihm Bericht geben über mein seitheriges
Leben und über meine Bekehrung. Dabei hörte er mich schweigend mit durchdringenden Blicken an, dann sagte er ohne weiteres: »Wir wollen beten«, und ich kniete neben ihm nieder. Nie
vergesse ich dieses Gebet. Es war das erstenmal, daß ein Mann
Gottes mit mir betete. Zuerst pries er den Herrn für sein Wundertun an uns Menschenkindern und dankte ihm in bewegten Worten dafür, daß er mich gefunden und heimgebracht habe; dann

fuhr er wörtlich fort: »Und nun, Herr, binde deiner Magd die Hände, daß sie dir nicht dreinfährt, und wirf sie ins Gefängnis, damit sie dir nicht davonläuft!« Damals erstaunte und erschreckte mich dieses Gebet. Später aber erkannte ich, wie tief mich Stockmayer sofort durchschaut hatte.

Von da an kam ich häufig nach Hauptwil, fast alljährlich bis zum Tode des seltenen Mannes, dem ich so viel verdanke und dessen Wortverkündigung großen Einfluß auf mich gewonnen hat. Sie war dem so ähnlich, was ich selber in Gottes Schule erlebte: »Gott Geheiligte, Abgesonderte für ihn handeln nicht nach eigenem Programm und setzen, ihr« Kräfte nicht ein nach eigenem Ermessen; sie bekommen Tag für Tag ihr Programm vom König. Durch Stehen vor ihn lernen sie immer tiefer eindringen in seine Erkenntnis, sowohl durch Stunden stillen Verkehrs mit ihm wie durch angestrengtes Arbeiten in seinem Auftrag.« - »Das Licht ist uns dazu gegeben, daß es uns töte und zu neuem Leben erwecke, daß es uns löse von Menschenfurcht und von Furcht vor den Verhältnissen. Mit jedem Schimmer Licht binden uns, neue Liebesseile an das Herz Gottes und an seinen Altar«. Solch und ähnliche Gedanken waren mir wie Heimatluft, wie etwas nahe Verwandtes; und mit großer Freude habe ich zu den Füßen dieses Mannes gesessen und seinen Worten gelauscht die aus einer Tiefe und Reife kamen, wie ich sie sonst selten gefunden habe. Auch einigen seiner Mitarbeiter in Hauptwil verdanke ich viel. In einem Bibelkurs dort wurde mit dis Knechtsgestalt Jesu so tief offenbart, daß ich sie in ihrer Niedrigkeit und der darin verborgenen Herrlichkeit nie mehr vergessen konnte.

Als ich dann erkannte, daß die Verkündigung des Wortes Gottes mein Hauptberuf sein werde, fühlte ich die Lücken meiner Erkenntnis so deutlich, daß ich dachte, noch eine Bibel- schule besuchen zu müssen. Stockmayer aber hielt mich energisch davon zurück: »Nein, Sie dürfen sich nicht mehr auf eine Schulbank setzen; lassen Sie sich weiter lehren vom Heiligen Geist!« Wie gut war es, daß ich ihm gehorchte!

Gottes lebendiges Wort nahm zu unter uns: Eines Tages sagte mir Oswald Eymann, nachdem er etwa drei oder vier Jahre neben mir gearbeitet hatte, Gott rede auch zu ihm in seinem Wort. Da riet ich ihm, es mir jedesmal zu sagen, wenn er wieder Licht empfangen habe über eine Stelle der Heiligen Schrift, und dann veranlaßte ich ihn, in den Morgenandachten frei darüber zu reden.

Anfangs war er sehr zaghaft und schüchtern; ich wußte hinter ihm sitzen und vorher wie nachher beten. Bald wurde er freier, und Gottes Geist begann durch ihn zu strömen. Es war oft sehr köstlich, was dieser schlichte, treue junge Mann zu sagen hatte. Er ging dann ebenfalls regelmäßig nach Hauptwil und wurde mit der Zeit ein guter Verkündiger des Wortes Gottes. Ich erinnere mich noch deutlich, wie Oswald einmal im Beisein jenes Pfarrers, der mir damals zum freien Reden verholfen hatte, eine Andacht hielt, und zwar so geistvoll und lebendig, daß der Pfarrer mich nachher überrascht fragte: »Wie kommen Sie denn zu diesem vortrefflichen Mitarbeiter?« Ich aber hoffte und ersehnte, daß noch manche bei uns diese köstliche Gabe empfangen möchten. Und mein Hoffen war nicht vergebens. Echtes, tiefes Geistesleben ist aus den kleinen, armen Anfängen hervorgewachsen und hat vielen dazu gedient, das eine Notwendige zu erlangen, das alles andre ersetzt.

> Wort des Lebens, lautre Quelle,
> Die vom Himmel sich ergießt,
> Lebenskräfte gibst du jedem.
> Der dir Geist und Herz erschließt!

»Denn gleichwie der Regen und Schnee vom Himmel fällt und nicht wieder dahinkommt, sondern feuchtet die Erde und macht sie fruchtbar und wachsend, daß sie gibt Samen, zu säen, und Brot, zu essen: also soll das Wort, so aus meinem Munde geht, auch sein. Es soll nicht wieder zu mir leer kommen, sondern tun, was mir gefällt, und soll ihm gelingen, dazu ich's sende« (Jes. 55, 10–11).

31 Rasches Wachstum

Die drei Probejahre gingen ihrem Ende entgegen, ohne daß, mir volle Klarheit von Gott gegeben worden wäre für mein Weiterarbeiten und für einen wirklichen Beruf in seinem Dienst. Was war nun zu tun?

Inzwischen hatte sich der Betrieb im Rothaus in überraschender Weise vergrößert. Immer mehr Gäste und Patienten fanden den Weg zu mir, nicht nur arme, die ich stets und entgeltlich aufnahm, sondern auch vermögende Leute, die mir reichlich alle Mühe lohnten, so daß unsere Verhältnisse sich schnell besserten und wir allerlei Vergrößerungen vornehmen konnten.

Schon am Ende des zweiten Sommers hatte ich ein Stück Wiesenland hinzugemietet, um welches Oswald einen hohen Plankenzaun errichtete und dahinter eine Turnhalle baute, in der auch bei Regenwetter Liegekuren gemacht werden konnten. So hatten wir nun ein regelrechtes Luftbad. Die liebe Mutter Henggeler sah diesem Unternehmen mit großem Mißtrauen entgegen; sie fragte den katholischen Pfarrer, ob an diesem ehrbaren und frommen Ort so etwas geduldet werden dürfe, und man erlaubte es nicht eher, als bis ich ein Schriftstück unterschrieben hatte, in welchem ich versprechen mußte, daß nie ein Mensch unbekleidet oder nur im Hemd über die kleine Straße zwischen dem Haus und dem Luftbad gehen dürfe.

Nun, ich tat's mit Humor, was sollte ich anders machen, um die guten Leute zu beruhigen? Sodann baute Oswald eine einfache, aber recht wohnliche Hütte mit einem flachen Dach. Er selbst logierte zusammen mit einem männlichen Gast oder Volontärarbeiter in diesem Bau, den wir »Villa Roma« nannten. Auf ihrem flachen Dache wurde ein Sonnenbad errichtet, wo auch Bäder in sonnenwarmem Wasser gegeben wurden.

Einmal besuchte uns einer der Zürcher Professoren von der medizinischen Fakultät. Er wollte eben auch einmal sehen, was wir da trieben. Als ich ihm unser Luftbad und das Sonnenbad zeigte und ihm meine Kurweise ein wenig beschrieb, da meinte er lächelnd: »Das ist ja alles suggestiv, was Sie hier machen; aber Sie haben Erfolg, also tun Sie es ruhig weiter.« So waren damals noch die Ansichten über derartige Kuren. Heute ist das wesentlich anders. Man hat die Heilkraft von Sonne, Luft und Licht, von Rohkost und Diätkuren, die ich damals schon eingeführt hatte, längst anerkannt. Über die Erfolge meiner damaligen Kuren war ich selbst oft überrascht, aber auch beschämt. War es denn wirklich all das äußere Geschehen, das so wohltuend auf meine Kranken wirkte? War es nicht immer wieder Gottes Gnade, die eingriff und sich so heilend und belebend erwies? Ach, daß nur Gott die Ehre gegeben werde! Das war so oft mein stilles Gebet.

Immer mehr Ärzte überwiesen mir Patientinnen, besonders solche, mit denen sie nichts anzufangen wußten. Einmal berichtete mir ein vornehmes Fräulein, ihr Arzt habe sie mit folgender

Bemerkung zu mir gewiesen: »Die Frau ist ein Original, vielleicht halten Sie es dort aus, vielleicht auch nicht; Sie müssen sich aber nicht wundern, wenn Sie zur Kur Treppen scheuern müssen.« Nun, dieses Fräulein hielt es nicht nur aus, sondern war bald sehr glücklich unter uns und beteiligte sich sogar an einem Kochkurs für vegetarische Küche, den ich derzeit gab. — Was Rang und Stand meiner Gäste betraf, machte ich nicht den geringsten Unterschied unter ihnen; irgendwelche Verwöhntheiten wurden gar nicht berücksichtigt. Wir aßen in den ersten Jahren alle an einem Tisch. Da kam es vor, daß ein Fabrikmädchen neben einer Professorengattin ihren Platz fand oder daß eine Köchin neben einer Gräfin saß — das war mir einerlei, und es ging überraschend gut.

In dem schönen Hause der Mutter Henggeler mieteten wir schon im zweiten Jahre eine ganze gut möblierte Etage, und später wurden überall im Dorf noch Zimmer gemietet, so daß wir am Ende der Rothauszeit unsere Gäste in neun verschiedenen Häusern untergebracht hatten. Im fünften Jahr ließ ich vom Dorfzimmermann nach meiner Zeichnung eine Wohnhalle im Rothausgelände bauen, die man wie eine Jahrmarktsbude aufstellen und abschlagen konnte. Es war eine originelle Pfahlbaute mit acht kleinen Stuben, deren jede einen abgeschlossenen Balkon hatte. Die Zwischenwände waren halbhoch, so daß das Ganze ein luftiger, Heller Ein-heitsraum war. Jede Zelle enthielt ein gutes Bett, einen Kleiderschrank, Klapptisch und Waschtisch. Diese Stüblein vermieteten wir um einen Franken im Tag und deckten damit vollständig die Zinsen. Mein Hauswirt ließ im vierten Jahr eine Vergrößerung am Hause machen, zu der ich beitragen mußte, indem ich das Rothaus für drei weitere Jahre mietete und einen erhöhten Zins im voraus zahlte. Wir bekamen nun einige Zimmer mehr, einen kleinen Speisesaal, Wasserleitung und Ablauf durchs ganze Haus, ja sogar eine kleine Zentralheizung.

Das alles kam uns im Blick auf den bescheidenen Anfang recht luxuriös vor. Unsere einfache Lebensweise aber behielten wir bei, und primitiv genug blieb der Betrieb ohnehin. Der kleine Speisesaal faßte nur neunundzwanzig Personen; die dreißigste ging mit dem besten Willen nicht mehr hinein.

Hochsommer aber waren wir oft fünfzig oder sechzig Personen. Dann wurden die Mittags- und Abendmahlzeiten auf der Baumwiese eingenommen, die an der Westseite des Hauses lag. Dort hatte Oswald Tische und Bänke eingerammt, wie sie in ländlichen Gartenwirtschaften primitivster Art zu finden sind. Die Tische wurden mit Wachstüchern bedeckt, und die Bedienung, welche die jüngeren Gäste besorgten, geschah mittels eines Treppleins, das vor dem Küchenfenster errichtet wurde, durch das hindurch man die Speisen reichte. Wenn die jungen Mädchen mit ihren Schüsseln in hellen Kleidern treppauf und -ab und durchs Gras liefen, gab das ein buntes, lustiges Bild. Die älteren Frauen aßen mit mir unter einem Zeltdach, das an der Hausmauer angebracht war. Die übermütigen Mädel nannten es das Honoratiorenzelt. Wenn nun etwa während des Essens ein Platzregen fiel, dann nahm jeder seinen Teller und sein Besteck und floh eilends ins Haus. Dort setzte sich jeder hin, wo es ihm gerade paßte. Manche bevorzugten einen Platz auf der Treppe. Unter dem Zeltdach aber blieb man so lange sitzen, bis das Segeltuch sich trichterförmig senkte und ein kleiner, dreckiger Wasserstrahl auf den Tisch lief. Dann mußten auch wir flüchten. Das war wohl originell, und niemand beklagte sich darüber; aber auf die Dauer wurde es doch recht mühselig. Und wenn ich abends spät mit meiner Krankenpflegerin im Dorf herumwanderte, um den dort untergebrachten Patienten Umschläge und Lehmpackungen zu machen, so war das wahrlich nicht »gemütlich«. Mein ärztliches Gewissen hat mich oft gestraft, wenn ich sehen mußte, wie primitiv manche meiner Kranken schlafen und wohnen mußten. Wieviel habe ich nachts in Not und Angst für sie gebetet, daß der Herr seine Hand über ihnen halte, damit doch nichts Ungeschicktes passiere! Wenn die guten Erfolge auch nicht ausblieben, so wußte ich doch, daß es in dieser Weise auf die Dauer nicht weitergehen konnte.

Was sollte ich nun beginnen? Wäre es nicht besser, ich würde mein Zelt dort abbrechen und mich einem tüchtigen Arzt anschließen zur Arbeit in einem Kurhaus? Könnte ich so nicht doch in meinem Vaterland arbeiten? Aber nein, ich wollte ausharren, bis ich klare Weisung vom Herrn empfinge. So wartete ich betend auf irgendeine Wegleitung.

Eines Tages, es war gegen Ende des fünften Sommers, kam der Besitzer des Rothauses ziemlich aufgeregt zu mir mit dem Bericht, ich sei »wegen unbefugter ärztlicher Praxis« schon vor einiger Zeit bei der Zuger Sanitätsbehörde verklagt worden, und man würde mir von dort aus wohl einmal »das Handwerk legen«. Doch der Präsident habe mich bis jetzt verteidigt; ich solle diesem Herrn, der in Unterägeri wohne, doch einmal einen Besuch machen, um mich über diese Sache genau zu informieren. Mich regte diese Nachricht nicht sonderlich auf; sie kam mir eher erwünscht, weil sie doch Klarheit in meine Verhältnisse zu bringen schien. Ich ging sogleich damit ins Kämmerlein auf die Knie, den Herrn bittend, mir doch nun klare Leitung zu geben für meinen künftigen Beruf und dazu auch Menschen zu gebrauchen, gleichviel, ob sie mir wohl oder übel gesinnt seien. Von neuem gab ich mich ihm hin, in voller Bereitschaft zu gehen, wohin er mich sende, sei es auch weg aus dieser Arbeit, die mir trotz aller Schwierigkeiten doch schon ans Herz gewachsen war. Würde man sie mir verbieten, so wollte ich das als Zeichen annehmen, daß ich dort fortziehen müsse.

In voller Ruhe machte ich mich einige Tage später auf den Weg zu dem im Ägerital gut bekannten Präsidenten der Sanitätsbehörde. Der würdige alte Herr empfing mich freundlich mit den Worten: »Na, endlich finden Sie den Weg zu mir! Ja, ja, man Hat Sie schon lange verklagt, und von Rechts wegen hätten Sie schon längst nicht mehr so arbeiten dürfen; aber sehen Sie, ich stehe hinter Ihnen. « Als ich darauf ganz erstaunt sagte: »Aber, Herr Sanitätsrat, Sie kennen mich ja gar nicht! « >— tatsächlich sahen wir uns gegenseitig zum erstenmal — da sagte er lächelnd: »O, wir beobachten Sie schon lange. Sie sind gut beleumundet im ganzen Ägerital, und überdies habe ich ja auch Ihre Studienausweise und Zeugnisse geprüft. Sie schaden niemandem; arbeiten Sie ruhig weiter, praktizieren Sie im Maße Ihres Könnens. Ich stehe schützend und verantwortend hinter Ihnen. « Das hatte ich nicht erwartet; es kam mir so merkwürdig und nicht recht begreiflich vor, und kurz entschlossen fragte ich den alters Herrn: »Bitte — ach, verzeihen Sie diese Frage — wollen Sie mir nicht sagen, warum Sie mir gegenüber so handeln? « Da sah er mir fest in die Augen und sagte ernst: »Auf eine offene Frage gehört eine offene Antwort, und die sollen Sie haben: Ich interessiere mich sehr für das Ägerital, und es liegt mir am Herzen, daß diese schöne Landschaft bekannt und besucht werde; Sie aber bringen Leute hierher, und es werden durch Sie noch viele kommen. Sehen Sie, deshalb stehe ich hinter Ihnen und lasse Sie nicht fallen. Nun arbeiten Sie weiter hier im Tal, und wenn Sie eines Rates oder einen Stütze bedürfen, dann kommen Sie nur zu mir. «

Nun befand ich mich auf realem, festem Boden, und während

ich still heimwärts wanderte, da wußte ich: Das ist vom Herrn geschehen! Du hast hierzubleiben, und er wird dir deinen Beruf in klaren Linien vorzeichnen. Nun hatte ich Gottes Antwort auf all mein Harren und Fragen, und eine tiefe, dankbare Freude erfüllte mich. Wohl sagte ich: »Ach, Herr, ich bin zu gering aller Barmherzigkeit und aller Treue, die du an mir tust«; aber immer wieder tönte es in meinem Herzen: »Das Warten der Gerechten wird Freude werden.« Rückblickend erkannte ich nun Gottes wunderbares Führen und Erziehen von meiner Bekehrung an bis hierher. Es waren ja schon sieben Jahre verflossen, seit ich mich in seine Hände gelegt hatte, Jahre voller Arbeit und voll reichen Erlebens. Aber was sind sieben Jahre in Gottes Zeitrechnung für ein ganzes Menschenleben, das hineinführt in die große, weite Ewigkeit? Oh, wie wird es einmal sein, wenn dort am Throne Gottes und des Lammes »ein jeder seine Harfe bringt und sein besondres Loblied singt!«

32 Mein Beruf

Es folgte nun eine Zeit stillen Wartens vor Gott. Ich stand gleichsam vor einem großen Prinzipal, um Unterweisung und Programm zu empfangen für meinen »Lebenstag«. Ach, daß er zwölf Stunden haben möchte im Dienste des Meisters! Die irdische Seite meines künftigen Berufes war ja führungsgemäß gegeben und ohne weiteres aufzunehmen; sie hieß: ärztliche Praxis. Ich durfte sie im ganzen Ägerital ausüben, aber das lag mir fern; nur eine Hauspraxis in vollem Umfang hatte ich im Sinn. Ein Kurhaus galt es zu gründen, in welchem exakte ärztliche Arbeit mit ernstem Glaubensleben verbunden sein würde. Der Herr, dem für Zeit und Ewigkeit mein Leben gehörte, sollte der Mittelpunkt jenes Hauses sein. Meine ärztliche Arbeit aber würde im Dienst der göttlichen Barmherzigkeit vielen Kranken und Elenden zugute kommen. Daneben sollten, wie bisher im Rothause, aber in weit größerem Ausmaße, natürliche Heilfaktoren angewendet werden: Luft- und Sonnenbäder, Turnen, Schwimmen, Massage, Diätkuren und Arbeitstherapie. Zur Lebensbejahung und zur Überwindung der Weichlichkeit und der Abhängigkeit vom Leibesleben wollte ich auch weiter meine Patienten anleiten. Das alles aber sollte sich der Hauptsache, dem Evangelium, unterordnen.

Zu solchem Dienst war ich durch Gottes Führung und in seiner Schule ja zubereitet und erzogen worden. Und zwar sagte mir die Erfahrung der letzten Jahre, daß die Verkündigung des Wortes Gottes und die darauf beruhende Seelsorge meine vornehmste Aufgabe sein werde. So nur, das wußte ich von Anfang an wohl, konnte ein Werk entstehen, das zur Verherrlichung Gottes und zum Segen für viele dienen dürfte. Und danach verlangte mein ganzes Wesen, dafür gab ich mich immer von neuem dem Herrn hin.

Daß ich ein solches Werk nicht ohne geeignete Mitarbeiter von ähnlicher innerer Führung gründen und betreiben könne, war mir selbstverständlich. Diese zu finden und zum Gleich-klang des Lebens und Arbeiten zu führen, schien mir die Nächstliegende Aufgabe zu sein. Durch eifriges Studium der Paulinischen Briefe hatte ich ein hohes Ideal evangelischer Gemeinschaft gewonnen, dem nachzustreben ich ernstlich bemüht war. Eine Schar gläubiger Männer und Frauen hoffte ich um mich sammeln zu können, die sich klar bewußt als Eigentum Jesu erkannt hätten und ehrlich gewillt wären, ihm nachzufolgen und sich ihm für die Aufgaben seines Reiches zur Verfügung zu stellen. Daß die vom Herrn mir bestimmten Weg- und Arbeitsgenossen schon bereit seien, nahm ich im Glauben an; es galt nur, sie von ihm zu erbitten. Und er hat sie mir zugeführt, einen um den andern, durch die Jahrzehnte meines Dienstes hindurch, bis heute. Sie waren nicht immer ganz so, wie ich selber sie mir ausgesucht hätte, und wurden doch deutlich vom Herrn mir zur Seite gestellt. Das geschah oft auf so seltsame Weise, daß ich einiges davon berichten will.

Etwa zwei Jahre hatte ich im Rothaus mit dem Einsatz aller meiner Kräfte gearbeitet, als mir die Last zu groß und die innere Einsamkeit fast unerträglich wurde. Eines Morgens lag ich deshalb im Gebet vor Gott, ihn mit heißen Tränen anflehend, mir eine Gehilfin meiner Mühsal zu senden. Indes ich so betete, läutete der Briefträger; ich erhob mich schnell, trocknete die Tränen, die ich vor Dora verbergen wollte, – und empfing einen Brief aus Schlesien von einer mir unbekannten Dame, die bei mir anfragte, ob ich ihre jüngste Tochter, die Johanniterschwester sei, als Mitarbeiterin bei mir aufnehmen wolle. »Ehe sie rufen, will ich antworten«, hat der Herr gesagt. Aber wie ging dies hier zu, und was bedeutete es? Ganz einfach und natürlich begab es sich; und doch so göttlich, daß ich staunend davor stand, als es mir nach und nach bekannt wurde.

Ein Brief von mir war auf Umwegen in die Hände einer Münchener Malerin gekommen. Es war dies die als Studentenmutter bekannte, mir später so liebgewordene »Tante Lis« von Scheve. Sie hatte sich für die Gedanken, die ich in jenem Brief aussprach, begeistert und ihn deshalb weitergeschickt an ihre Verwandten in Schlesien, und damit kam er in die Hände der Dame, die eine Arbeit wie die in meinem Hause für ihre Tochter suchte. Auf diese Weise kam Vally von Scheve zu mir. Sie wurde meine erste Krankenpflegerin, hat treu und tapfer die Mühsal der ersten Zeit mit mir getragen, und heute noch, nach mehr als dreißig Jahren, verbindet mich eine innige Freundschaft mit ihr. Ein halbes Jahr später kam, zunächst als Patientin, ihre älteste Schwester zu mir, die nachher jahrelang meine Hauptmitarbeiterin war. Käthe von Scheve nahm mir mit der Zeit die Führung der Haushaltung ab und arbeitete mit mir in der Verkündigung des Wortes Gottes und in der Seelsorge.

Auf ähnliche Weise kam es zu noch einer Verbindung. An Heinrich Schwalb, den schon erwähnten Sohn meines alten Freundes, hatte ich einmal ausführlich geschrieben, was aus mir geworden war. Ich schilderte in dem Brief unser Leben im Rothaus, mein Hoffen und Warten auf weitere Leitung von oben und mein Sehnen, ganz nur für Gott und sein Reich mich einzusetzen. Der junge Idealist konnte den Brief nicht für sich behalten, sondern gab ihn in Davos, wo er ja wohnte, ohne mein Wissen weiter. Da kam er in die Hände der Familie Krische; der Vater, von Beruf Bäckermeister, war wegen Erkrankung seiner Frau mit der Familie nach Davos gezogen, wo er ein Nahrungsmittelgeschäft betrieb. Durch den Dienst eines Gottesmannes war er hier zum Glauben gekommen und sehnte sich nach irgendwelcher Betätigung im Dienst der Inneren Mission. Da seine Frau inzwischen gestorben war, hielt ihn nichts mehr in Davos, und er kam auf jenen Brief hin ins Rothaus mit seiner Tochter Erna, die er mir zunächst als Patientin anvertraute. Vater Krische und seine Tochter wurden Mitbegründer des Werkes, das nun entstehen sollte, und haben fast zwei Jahrzehnte lang mit mir an ihm gedient. Erna Krische wurde mir bald schon wie eine Tochter aufs Herz gelegt. Sie war eine klare, starke Persönlichkeit, eine lautere Seele, die nach ernsten Kämpfen den Weg absoluten Glaubens fand. Um sie zu vollenden, mußte Gott sie durch tiefe Leiden führen. Erna hatte schwere Gicht, die trotz allen Kämpfens dagegen nach und nach eine fast vollständige Lähmung bewirkte. Aber auf ihrem peinvollen, beinahe dreißig Jahre dauernden Krankenlager ist sie vielen zum Segen geworden durch die tapfere Gottgelassenheit, mit der sie ihre Leiden trug, und vor allem durch ihre treue Fürbitte, in der sie auch mir oft wertvollen Dienst geleistet hat.

In Hauptwil lernte ich eine ältere Schwester kennen, die dort in der Seelsorge diente. Es war Friederike Almstedt, eine Ostfriesin, deren urwüchsige, grundständige Art mich lebhaft anzog. Sie hatte als Damenschneiderin in Hannover gearbeitet. Dort war sie, eine fromme Katholikin, mit Pfarrer Stockmayer bekannt geworden und durch seinen Dienst zum evangelischen Glauben gekommen. Sie war eine stille Seele, mir innerlich verwandt durch ihren Hang zur Mystik. Als diese liebe Schwester, ganz deutlich vom Herrn geleitet, sich zu mir stellte, war mir das eine große Freude. Sie war die Älteste unter uns und wurde später von den Dorfleuten, für deren Kinder sie treulich sorgte, die »Ländli-Großmutter« genannt. Still und treu, betend und dienend hat sie unsere Nähstube geleitet. Als sie im siebzigsten Lebensjahr schwer erkrankte, ist sie durch ihre heitere und kindliche Art zu leiden manchem zum Vorbild geworden. In jener Zeit litt sie an solch starkem Herzklopfen, daß die Bettdecke auf- und niedergestoßen wurde von den heftigen Schlägen des kranken Herzens. Wenn wir sie nach ihrem Befinden fragten, dann pflegte sie lächelnd zu sagen: »Ja, das äußerliche Herz tut wie verrückt, das inwendige aber ruht voll tiefen Friedens in Gott. Ich bin so glücklich.« Als das Ende der lieben Schwester nahe kam, erkrankte auch ich, so daß wir uns einige Zeit nicht sehen konnten. Da raffte sie sich eines Tages aus großer Schwachheit auf, zog ein festliches Kleid an und trat zu meiner Überraschung feierlich an mein Bett. Nie vergesse ich diesen Anblick: eine stille Verklärung lag auf ihrem Antlitz und über ihrer ganzen Gestalt — da wußte ich: Jetzt ist diese teure Seele reif zum Heimgang. Sie durfte ihn bald darauf antreten.

Auf solche und ähnliche Weise hat der treue Gott mir manche Mitarbeiter zugeführt, um sie gleich mir, in harter, aber seliger Schule auszureifen. Mit dieser kleinen Erstlingsschar, unter der auch Oswald Eymann sich befand, glaubte ich, eine selbständige Diakonie gründen zu sollen, die den inneren Kern des Werkes bilden würde und die bereit sein müßte, den uns gestellten Aufgaben an Kranken, Schwachen, Verirrten und Suchenden jeglicher Art nachzukommen. Alle Hauptposten des äußeren Betriebes sollten in Händen von Diakonissen und Diakonen liegen, die sich eine Jungschar heranbilden würden für das Leben in Gott und für einen Dienst im Gehorsam des Glaubens. Ein weiterer Freundeskreis aber, der nach und nach zu gewinnen wäre, sollte die Arbeit ideell und finanziell unterstützen.

Als ein hohes »christliches Ideal« stand meine Dienstberufung vor meinem inneren Auge. Damals wußte ich nicht, wieviel menschlicher Idealismus sich dabei noch einmischte, und wie manche meiner hohen Pläne mir der heilige Gott noch zerschlagen würde. Aber wie etwas Schöpferisches, das zur Gestaltung drängte, lagen diese Gedanken und Pläne in mir. Und voll Glaubenszuversicht ging ich daran, sie zu verwirklichen, wohl wissend, daß ich geraume Zeit dafür gebrauchen würde.

Ich verfaßte nun eine kleine Schrift, in der ich alles niederlegte, was ich im Herzen trug. Etwas ungestüm und ungeschickt suchte ich darin meine Ideen gleich auch zu organisieren. Diese Schrift verteilte ich unter denen, die gerade im Hause weilten. Sie fand sehr warme Aufnahme. Etliche Schweizer Freunde verpflichteten sich sofort zu Geldbeiträgen. Da ein solches Werk, wie es uns vor Augen stand, in der Schweiz noch nicht existierte, lag ihnen daran, daß es zu dieser Gründung käme. Und schon am Abend des Tages, an dem mein innerer Auftrag bekannt wurde, waren fünfundsechzigtausend Franken dafür gezeichnet. Nach einigen Wochen schon lagen einhundert-tausend Franken auf einer Züricher Bank für das zu gründende Kurhaus bereit. Auch Zahlen reden ihre deutliche Sprache, oft eindringlicher noch als viele Worte!

Nun hieß es, ans Werk gehen. Da gab es viel zu planen und vorweg zu organisieren. Wir brauchten nicht zu eilen, denn für mehr als zwei Jahre war das Rothaus noch gemietet. So konnten wir ruhig und besonnen vorgehen. Ich machte eine größere Reise durch Deutschland, um mir einige Kenntnis moderner Kurhäuser mit naturgemäßer Lebensweise zu verschaffen, und besuchte die Anstalt Jungborn von Dr. Just am Harz, die große adventistische Anstalt Friedenshort bei Magdeburg und Dr. Lahmanns Sanatorium Weißer Hirsch bei Dresden. Mit mancherlei Eindrücken beladen kam ich zurück, und das war nun wirklich ein Heimkommen, denn fortan sollte die Schweiz mir ja zur bleibenden

Heimat werden.

Neuntes Kapitel : Die Gründung der Kuranstalt Ländli

> Einen anderen Grund kann niemand legen
> außer dem, der gelegt ist,
> welcher ist Jesus Christus. I. Kor. 3, 11

33 Wo der Herr nicht das Haus baut, so arbeiten umsonst, die daran bauen

Zunächst galt es jetzt, einen geeigneten Bauplatz zu finden; denn von dem Gedanken, das Rothaus zu kaufen oder zu erweitern, hatten wir abgesehen. Oswald Eymann, der längst das ganze Ägerital ausgekundschaftet hatte, fand das »Ländli« am passendsten für unsern Zweck. Dies war ein großes Bauerngut an einer Halde im Ostwinkel des Ägerisees, nach Osten und Norden durch Höhenzüge vor rauhen Winden geschützt, nach Süden und Westen aber vor weit offenem Gelände am See gelegen. Dicht an der Seestraße lag das »Wirtshaus zum Ländli«, das seinen Namen von der dortigen »Schiffslände« führte, einer Anlegestelle des kleinen Dampfers, der damals auf dem See verkehrte. Das wäre ja alles ganz günstig gewesen, aber leider sei, so hatte Oswald zu seinem Bedauern erfahren, das Anwesen nicht zu kaufen. Mich ließ das ruhig; Gott würde uns schon den rechten Platz zeigen, auf dem wir wohnen und arbeiten sollten. Um nicht die Habgier eines Grundbesitzers zu erregen, mußten wir ja zurückhaltend vorgehen. Ganz gelegentlich wollte ich mich bei dem Ländliwirt, der mir gut bekannt war, nach den in der Gegend üblichen Preisen erkundigen.

Mit diesem Manne hatte ich während meiner ersten Zeit im Rothaus ärztlich zu tun gehabt. Damals war er als erster Patient aus dem Ägerital mit einer hochgeschwollenen Hand zu mir gekommen. Er hatte eine Maus fangen wollen, war dabei ausgeglitten und hatte sich eine arge Verstauchung zugezogen. Da der Bauer die andere Hand bei einem Einfall verloren hatte und schon jahrelang eine Prothese trug, war er durch diese neue Verletzung recht hilflos und daher dankbar, eine sachgemäße Behandlung zu finden. Als er um die Rechnung fragte, erbat ich statt dessen eine Fuhre schöner Steine zur Einfassung meiner

Gartenbeete. Während der Behandlung, die allerlei Gespräche mit sich brachte, gewann ich von ihm den Eindruck eines gutgesinnten, soliden Mannes, und er lernte auch mich und meine innere Stellung ein wenig kennen. Seither bestanden freundliche Beziehungen zwischen uns. Wir sahen uns dann und wann im Postwagen oder im Dorf.

So traf ich ihn auch jetzt wieder auf einer Fahrt von Zug herauf und brachte meine Frage an. Er war sichtlich überrascht, daß wir Land zu kaufen suchten, und lud mich ein, doch in diesen Tagen einmal zu ihm zu kommen. Es schien mir, als wolle er sich im Postwagen nicht weiter auslassen. Ich ging also zu ihm, und dort im Ländli erfuhr ich folgendes: Der noch rüstige Mann, der seit einigen Jahren Witwer war, wollte sich wieder verheiraten mit einer Witwe, die ebenfalls ein Bauerngut besaß, das sie nicht aufgeben wollte. Da seine Söhne nach Amerika ausgewandert waren, sei er genötigt, das seine zu verkaufen. Es sei ein Käufer da: ein Arzt aus Schwyz; der wolle ein Kindersanatorium dort bauen. Der Kaufvertrag läge schon seit Wochen fertig, aber er könne sich nicht entschließen, ihn zu unterschreiben. Dann sagte er in seinem treuherzigen Ägeri-Dütsch: »Lueged Si, mini Famili labt sid meh als hundert Iohre do uf dem Guet, und jetzt sölls i fröndi Hand chu? Das wird mir schwär. Da Tokter ischt schu rächt, er zahlt au, was mueß si, aber ich känne ihn nüd. Ja, wann Sie's chaufe täted – das war öppis anders: Sie känne-n-ich. « (»Sehen Sie, meine Familie lebt seit mehr als hundert Jahren hier auf dem Gut, und jetzt soll es in fremde Hände kommen? Das wird mir schwer. Dieser Doktor ist ja recht, er zahlt auch, was notwendig ist, aber ich kenne ihn gar nicht. Ja, wenn Sie es kaufen würden, das wäre etwas anderes, denn Sie kenne ich. «) Da wurde es mir seltsam zumute, wie Schicksalswehen berührte es mich.

Hierauf durchwanderte der Bauer mit mir das ganze Ländligrundstück. Ich fand es sehr schön, mit prächtiger Aussicht auf See und Berge. Vier Bächlein rieselten hindurch zum Ägerisee, und ein passender Hügel für ein Hauptgebäude lag in der Mitte. Die sanft ansteigende Halde, jedem Sonnenstrahl ausgesetzt, würde sich vortrefflich eignen für meine Kuren. Und welch ideal schönes Luft- und Sonnenbad ließe sich anlegen auf einem romantischen Plateau an der obersten Grenze, die achthundert Meter überm Meer liegt! Mir klopfte das Herz vor Freude. Sollte Gottes Weg uns hierher führen? Sah es nicht so aus? Hatte der

Ländliwirt darum so lange gezögert, dem fremden Manne seinen Kaufvertrag zu unterschreiben, weil wir uns auf diesem schönen, geschützten, fruchtbaren Stück Erde anbauen sollten? — O Gott, wie wunderbar sind deine Wege!

Aber nein, vielleicht war es doch nur ein Herzenswunsch von mir — solch großes Gut konnten wir ja weder bezahlen noch bewirtschaften! Ich sagte es dem Bauern; da erklärte er sich bereit, mir auch nur einen Teil des Gutes zu verkaufen und für das übrige Vorkaufsrecht zu geben. Ich solle aussuchen, was mir am besten passe. Da bezeichnete ich ihm kühn das schönste Stück, zwischen zweien der Bäche gelegen, in dessen Mitte der Hügel sich erhob, der mir für das Hauptgebäude so gut zu passen schien und dessen obere Grenze das herrliche Plateau fürs Luftbad bildete. Der Besitzer ging sofort auf meinen Wunsch ein.

Den Preis, den er verlangte, fanden die Geschwister für den großen Platz nicht zu hoch. Oswald triumphierte, und Erna bot mir sofort die ganze Kaufsumme an, die genau ihrem Vermögensanteil vom Vater her entsprach. War das alles nicht göttliche Antwort genug? Oder handelten wir nicht doch nach den Wünschen unserer Herzen? Ich zögerte noch einige Tage, Gott inständig bittend, unsere Pläne zu durchkreuzen, wenn es nicht nach seinem Willen sei, uns dorthin zu führen. Aber der Weg blieb frei. Da unterschrieb ich den Kaufvertrag. Es war im März 1908, nachdem ich vier Jahre lang im Rothaus gearbeitet hatte. So kamen wir zu dem Ländli, dem schönsten Stück Land am Ägerisee.

Nach einigen Jahren schon war das ganze Anwesen in unseren Händen. Nach und nach wurde sogar noch Nachbargut hinzugekauft, und heute (dreißig Jahre später) ist der Grundbesitz der »Kuranstalt Ländli« — diesen Namen ließen wir für das Werk bestehen — mindestens doppelt so groß wie das damalige ganze Ländligut. Kleine Ursachen, große Wirkungen! War es nicht eine kleine Maus gewesen, die sich nicht fangen ließ? War das Unheil, das sie angerichtet hatte, nicht Ursache der Sympathie des Ländliwirtes geworden, die letzten Ende zu diesem Kauf führte? Ja, wahrlich: »Es ist dem Herrn nicht schwer, durch viel oder wenig zu helfen«.

Bei der Gründung des Ländliwerkes ist viel und anhaltend gebetet worden; alle Tage breiteten wir unsere Anliegen vor Gott aus, und wir haben nicht »umsonst gearbeitet«, wiewohl es einmal so schien und obgleich es sich später erwies, daß der Bau mit großen Schwierigkeiten verbunden war. Unsere Unkenntnis im Bau- und Rechnungswesen, in Bankgeschäften und Gesetzesparagraphen warf uns in besonderer Weise auf den Herrn, dem wir durch alles hindurch vertrauten.

Zürcher Freunde veranlaßten den Stadtbaumeister Kruck, uns mit seinem Rat zu helfen. Auf seine Veranlassung gründeten wir im November 1908 eine Genossenschaft; denn die Zahl der Freunde wuchs schnell, und die Gelder, die für das entstehende Werk gegeben waren, mußten irgendwie gesetzlich eingeordnet werden. Das Präsidium dieser Genossenschaft übernahm Jakob Schmid-Gysin, der später einer unserer treuesten Mitarbeiter geworden ist. Durch seine Tochter Dora, die als Patientin derzeit ins Rothaus gekommen war und dort ihren Lebensweg gefunden hatte, lernte ich die Familie Schmid kennen, die später nach Ägeri übersiedelte und sich neben dem Ländli ein Haus baute. Auch in den Führungen dieser lieben Familie war die Hand Gottes deutlich zu erkennen. Dora Schmid wurde bei uns Oberschwester im Krankendienst, nachdem sie in Deutschland ihre Ausbildung dafür erhalten hatte. Zu ihr gesellten sich später noch Toni Schöttle und Elisabeth Henze. Diese drei Schwestern waren die ersten Krankenpflegerinnen für den vorgesehenen Diakonieverband.

Kruck hatte sich der Finanzierung der Sache angenommen und uns geraten, zu den damals gegebenen Geldern eine gleich große Summe bei der Bank in erster Hypothek aufzunehmen, was der legale und gesunde Weg für solche Unternehmungen sei. Allerdings könnten wir auch ganz langsam, im Maße der vorhandenen eigenen Mittel, ein kleines Haus nach dem andern bauen. Nach eingehender Beratung in der Genossenschaft, die damals aus zwölf Männern und Frauen bestand, und nach ernstlichem Gebet entschieden wir uns für den erstere Weg, der es uns ermöglichte, von Anfang an in größerem Umfange zu bauen. Ende November 1908 konnte mit dem Bau der Anstalt begonnen weiden. Den Grundriß hatte ich selber entworfen, und Architekt Heß ging mit viel Verständnis auf meine Ideen ein. Es war ein fröhliches Bauen mit Gebet und Fleiß, indes der Betrieb im Rothaus ungehindert weiterging. Als es in dieser Bauperiode wieder Frühling und Sommer wurde, da freuten sich viele unserer Gäste mit uns an dem prächtigen Gelände und dem schönen Bau, der dort oben entstand. An manchen Sonntagnachmittagen sind wir allesamt hinausgepilgert, um auf Ländliboden ein fröhliches Picknick zu halten. Ich hatte ein kleines tragbares Harmonium zu diesem Zwecke gekauft; das wanderte mit uns und begleitete unsere frohen Lieder.

Eines Tages aber fiel in diese Freude eine große Sorge. Kruck teilte uns ganz betroffen mit, daß er trotz seiner ernstlichen Bemühungen von keiner Zürcher Bank das zum Weiterbau notwendige Geld erhalten könne. Das sei etwas sehr Befremdliches, wie es ihm in seiner Praxis noch nicht vorgekommen wäre. Die Herren von der Bank begründeten ihre Weigerung damit, daß das Unternehmen in den Händen einer »etwas phantastischen Frau« liege, und man könne noch nicht absehen, was daraus werden würde. Was war nun zu machen? Das Baugeld reichte nur noch bis zum Herbst jenes Jahres. Kruck riet uns, zu versuchen, das notwendige Geld von der Zuger Kantonalbank zu erhalten, wohin seine geschäftlichen Verbindungen nicht reichten. Andernfalls müßten wir warten, bis von privater Seite die weitere Bausumme zusammengebracht sei. Der halbfertige schöne Bau aber müsse, um nicht schwer geschädigt zu werden, vor dem Winter noch unter Dach. Nun wußten wir uns tatsächlich nicht mehr zu helfen, denn in solchen Geldsachen waren wir recht unerfahren. Törichterweise beauftragten wir einen Rechtsanwalt mit der Beschaffung des Geldes. Dieser, ein uns fremder Mann, berichtete, es sei nach seinen Informationen unmöglich, mehr als fünfzigtausend Franken von der Zuger Kantonalbank zu erhalten; das weitere Geld müßten wir auf privatem Wege zu bekommen suchen. Die Zahlkraft unserer derzeitigen Freunde aber war vorläufig erschöpft, und wir waren nun in schwerer Lage. Hatten wir den Herrn so schlecht verstanden? Und war er es nicht, der das Haus baute? Ach, dann würden wir ja umsonst daran arbeiten!

Ich bestellte traurigen Herzens beim Architekten und beim Baumeister den Weiterbau ab und ordnete nach Bestimmung der Genossenschaft an, daß man mit dem bewilligten Kredit nur noch bis zur Vollendung des Rohbaues gehen solle; das Haus sei unter Dach zu bringen, und dann müsse man eben abwarten. Inzwischen aber beteten wir gemeinsam weiter, und ich selbst blieb unentwegt im Vertrauen und Aufmerken vor dem Herrn stehen. Da wurde es mir im Gebet gezeigt, daß ich mich ganz persönlich an den Direktor der Zuger Kantonalbank wenden und ihn um einen Besuch bitten solle. Ich tat es mit Einwilligung der Freunde sofort und erhielt von ihm eine höfliche Zusage.

Der Tag des Besuches kam heran. Ich sollte allein mit diesem Herrn reden, aber es wurde mir sehr bange zumute, denn es war das erstemal in meinem Leben, daß ich mich mit einer Bankangelegenheit befassen und mit einem Bankdirektor verhandeln sollte. Ich lag vor Gott und fragte ihn, wie das zu geschehen habe und was ich sagen müsse. Da hieß es ganz deutlich in mir: die Wahrheit. Als ich dann dem würdigen alten Herrn gegenübersaß, der gemessen und reserviert, aber nicht unfreundlich mir zuhörte, war sofort alle meine Ängstlichkeit vorüber. Vollkommen offen schilderte ich ihm die Arbeit, die ich bisher getan, und das Werk, das ich mit dieser Anstalt zu gründen hatte, als eine Sache des Glaubens und des Gebets. Ich wußte damals noch nicht, daß ich es mit einem frommen Katholiken zu tun hatte, der mich besser verstand, als ich es ahnte. Später erfuhr ich, daß die Herren von der Bank mit den Herren von der Sanitätsbehörde befreundet seien, und wahrscheinlich hatte der Präsident der letzteren den Bankdirektor für mich interessiert. Das alles war mir bei dieser Unterredung aber noch verborgen. Nachdem ich das Notwendige berichtet hatte, legte ich dem Direktor meine Bücher vor, die sehr einfach, aber exakt geführt waren und die eine kleine Bilanz der drei letzten Betriebsjahre enthielten. Dann zeigte ich ihm unsere Betriebsräume in ihrer Enge und lud ihn darauf ein, mit mir auf den Bauplatz zu kommen.

Es war ein strahlend schöner, goldig-blauer Oktobertag, und während wir am Ufer des Sees entlanggingen, merkte ich, daß mein Begleiter ein großer Naturfreund und stolz auf seine Heimat, das Zugerland, war. Als das neue Haus auf dem Hügel in Sicht kam, da wurde der alte Herr sehr lebhaft: »Ah, das ist ja Zugerstil, in dem Sie da bauen! Ein echtes Ägeribauernhaus in prächtigem Format. Das ist Heimatschutz! Wie mich das freut!« Und während wir hinanstiegen, ließ er weiter seine Ansichten darüber aus, wie es ihn immer schmerze, wenn solch eine schöne Gegend durch Bauten in falschem Stil verunziert werde. Dann stieg er mit mir durch alle Räume des Rohbaues, den ich ihm erklären mußte. Ganz unvermittelt fragte er mich: »Wie kommen Sie denn zu Ihren Mitarbeitern?« —»Auch das ist Sache des Gebets und des Glaubens, Herr Direktor.« — »Werden Sie auch weiter Unbemittelte aufnehmen?« — »Ja, soweit es möglich ist, werden wir alle ohne Unterschied berücksichtigen, die zu uns kommen wollen. « Dann sind wir langsam zurückgewandert. Mitten auf dem Weg aber blieb er plötzlich stehen und fragte mich: »Wieviel Geld brauchen Sie noch, bis alles fertig ist dort oben? « Ich sagte: »Einhundertundfünfzigtausend Franken. « — »Das wird etwas knapp sein für das Format, in dem Sie bauen. Ich biete Ihnen von meiner Bank zweihunderttausend an, als erste Hypothek zu dem üblichen Zinsfuß. « Ich sagte: »Das ist mir recht; wollen Sie dann bitte die Formalitäten besorgen? « Das war kurz, kühl und sachlich abgemacht, aber mir klopfte das Herz dabei, und ich mußte an das Schriftwort denken: »Gold und Silber sind mein, spricht der Herr«. Bezog sich das nicht auch auf die Gelder der Bank? Ja, freilich, die ganze Erde ist des Herrn, und es kommt nur darauf an, alles und jedes von ihm zu erbitten und aus seiner Hand dankbar anzunehmen. Aber der Herr gibt nicht, wie die Welt gibt. Er will gebeten sein auch um solches Gold und Silber, das auf den Banken liegt. Ihm allein gebührt die Ehre für dieses so auffallende Erlebnis. Einundeinhalb Jahre später, als der Bau vollendet und der Betrieb im Gange war, kam der Direktor mit dem Bankrat, um alles zu besichtigen. Bei dieser Gelegenheit bot er mir unter vier Augen noch einen Blankokredit an, »damit Sie unbesorgt arbeiten können. «

Als im Jahre 1911 der Betrieb im Ländli fertig eingerichtet und bereits in vollem Gange war, traf mich ganz unvorbereitet wiederum eine schlimme Nachricht: mein treuer Beschützer, der Präsident der Sanitätsbehörde, war plötzlich gestorben. Wie sollte es nun werden? Ich wußte, daß einige Herren dieser Behörde mir nicht wohlgesinnt waren. Würde ich hier weiter praktizieren dürfen? Das war eine ernste Frage für das junge Werk. Was war da zu tun? Ich tat zunächst gar nichts anderes, als im Glauben und Vertrauen auch diese Not vor dem Herrn auszubreiten. Dann meldete ich mich schriftlich bei dem Nachfolger des Verstorbenen, der in Baar wohnte, und bat ihn um eine Unterredung. Sie wurde mir gewährt, und ich machte mich betend auch auf diesen Weg. Der Doktor war unvorhergesehen zu einer Geburt gerufen, die ihn festhielt, so daß ich wieder abfahren mußte, ohne ihn gesprochen zu haben. Aber auch dieser Umstand diente mir zum Besten. Seine Frau empfing mich, und ich konnte etwa eine Stunde lang mit ihr reden. Ich fand in ihr eine feine, für das Frauenstudium sehr interessierte Frau, deren Wohlwollen ich, wie ich bald bemerkte, gewinnen durfte. Ich schilderte ihr meine Lage und bat sie, bei ihrem Mann ein gutes Wort für mich einzulegen.

Längere Zeit erfuhr ich nichts weiter. Eines Tages wurde mir dann der Besuch der Zuger Sanitätsbehörde gemeldet. Vier mir unbekannte ältere Ärzte standen vor mir, unter ihnen der Kantonsarzt, der Gerichtsarzt und der Präsident. Sehr förmlich und kühl begegneten mir die Herren, ließen sich den Betrieb schildern und nahmen Einsicht in mein ärztliches Journal. Der Kantonsarzt meinte kritisch: »So, derartig schwierige Fälle behandeln Sie hier auch?« Als ich den Herren die Anstalt zeigte, ergab sich ein unbeachteter Moment, in welchem mir der Sanitätspräsident auf die Schulter klopfte und leise und schnell sagte: »Meine Frau läßt Sie grüßen, seien Sie unbesorgt, ich stehe für Sie ein.« Was wollte ich mehr? Ich dankte im stillen dem treuen Gott, aus dessen Hand ich auch diese neue Hilfe annahm.

Einige Male haben die Herren mich noch offiziell besucht. Nach und nach wurden sie mir freundlich gesinnt, schickten mir auch Patientinnen, die gute Kuren machten, und schließlich kamen sie zur Kontrolle nicht mehr. Ich hatte mich mit dem Dorfarzt, Dr. Waeber, in Verbindung gesetzt, der einmal in der Woche zu Konsultationen heraufkam und mit dem ich schwierige Fälle besprach. Wir haben etwa zwölf Jahre lang sehr gut und kollegial miteinander gearbeitet. Ich lernte ihn als einen gewissenhaften Arzt schätzen. Als ich nach zweiundzwanzigjähriger Tätigkeit im Ägerital meine Praxis niederlegte, wurde er leitender Arzt in der Kuranstalt Ländli.

Mit tiefer Dankbarkeit denke ich an dies alles zurück, sowie an die gütigen Männer und Frauen, die mir zur Seite gestanden haben, und danke dem Herrn, »der die Herzen der Menschen lenkt wie Wasserbäche«.

34 »Um zu sterben«

Es war am 21. November 1909, an einem kühlen, trüben Sonntagnachmittag, als ich allein vom Rothaus nach dem Ländli wanderte, in jener geschlossenen Innerlichkeit, die mir in ernsten Momenten, in Wendungen und Entscheidungen meines Lebens eigen ist. Trüb und grau war die Landschaft, und dunkel lag der See, aber in mir war es weit und licht trotz des ernsten Anlasses, der mich an jenem Tage den See entlangführte.

Dort oben auf dem Hügel des alten Ländlianwesens war das große, neue Haus nun im Rohbau fertig, und heute sollte die »Aufrichtfeier« stattfinden. Das erfüllte mich mit hoher Freude, denn als ein Haus vieler Gebete war es dort vor meinen Augen entstanden; gleichsam jeder Stein war erbetet worden. Opfer der Begeisterung und Gaben des Glaubens waren reichlich herzugeflossen, und wie treulich hatte der Herr in dem allen für uns gesorgt! Ein frohes, gesegnetes Planen und Bauen war es gewesen. Und nun sollte dieses Haus öffentlich dem Herrn geweiht werden. Vor etwa einhundertundfünfzig geladenen Gästen wollten wir Zeugnis ablegen für den, dem unser Leben und unser Dienst gehörte. Mein Herz war freudig bewegt, dem Herrn der Herrlichkeit die Ehre zu geben.

Langsam, in Gedanken versunken, ging ich den See entlang. Da plötzlich, an einer Biegung des Weges, lag das große, rote Dach des Ländlihauses vor meinen Augen. Ich sah es zum erstenmal, denn am Abend vorher erst war es fertig geworden. Die Ziegel hatten so lange auf sich warten lassen, und dann hatte man alle Kräfte herangezogen und angespannt gearbeitet, um den Bau zum Fest noch unter Dach zu bringen. Nun lag, es da als etwas Neues in der Landschaft am Ägerisee, das große rote Dach. Mit Wucht fiel dieser Anblick auf mich, und bis ins Innerste gebannt, blieb ich einige Augenblicke stehen.

Da geschah etwas, was mir dann und wann begegnet, wenn in ein starkes inneres Bewegtsein eine Überraschung, hineinfällt. Es kam etwas über mich, das ich eine Herzensvision nennen möchte, eine Art inneren Schauens. Das Sichtbare entschwand der Wahrnehmung und ich »sah« etwas, das nicht da war und doch kam. Ich sah, ohne bewußte Meditation, unter dem großen, roten Dach da vor mir eine Anhäufung von Elend, ein Wogen von Not und Jammer, ein Drohen finsterer Mächte, Leid und Tränen, Bosheit und Sünde, Arbeit, viel Arbeit, Kampf und Sieg — ja, auch Sieg und Segen —, aber alles wogte durcheinander und legte sich wie eine schwere Last auf mein Herz.

Was war das? War es eine Anfechtung, eine Versuchung, oder kam es von oben? Meinen Gedanken, meiner Phantasie konnten solche Bilder kaum entstammen, denn ich ging mit hohen Idealen meinem neuen Arbeitsfeld entgegen, und grüblerisch oder schwarzseherisch war ich nicht. Man konnte damals noch nicht wissen, welche Katastrophe über die Erde kommen und ihre

Wogen auch in die Häuser des Glaubens und der Barmherzigkeit senden werde. Es war mir auch noch nicht klar, was eine ärztliche, zumal psychiatrische Praxis gerade in solchen Zeiten mit sich bringen könnte, und die große Schwierigkeit des Zusammenwirkens ärztlicher und evangelischer Arbeit in einem Haus und von einer Person war mir damals in ihrem vollen Umfang ebenfalls noch nicht bekannt.

Aus mir selbst konnte jenes Bild also nicht kommen. In jenen Augenblicken kam ich nicht dazu über das nachzudenken, was mich mit einer Welle von Angst und Schwermut überfallen hatte. Fliehen hätte ich mögen, weit, weit weg! Nur nicht unter jenes Dach gehen! Und doch ging ich weiter, aber mit zögernden Schritten, ohne die Herzensfreudigkeit und den hohen Mut des vergangenen Augenblicks.

»Mein Gott, mein Gott, was soll da werden unter jenem Dach?« So schrie es in meinem Herzen beim Weitergehen. Es war gut, daß ich meine Festrede sorgfältig aufgeschrieben in der Hand trug und sie dort oben ablesen konnte, sonst wäre sie gewiß falsch herausgekommen, denn ein Wogen schwerer Gedanken ging durch meine Seele, wie es einer Festrede nicht wohl angestanden wäre. — Ist jenes Haus dort oben nicht dennoch »ein Gebilde von Menschenhand, das die Elemente hassen«? War nicht viel Eigenkraft, persönliches Wirken und Ausleben darin? Wie viel Gnade war uns noch not, um es vollends hinauszuführen, um alle Zweige des Betriebes einzurichten, zu gebrauchen und zu leiten im Geist des Glaubens! Würde mein Glaube ausreichen, um es so zu gestalten, wie es vor meiner Seele stand? Waren meine Ideale nicht zu hoch und kühn? Waren wir nicht zu weit gegangen in der großzügigen Anlage des Werkes? Konnte eine schwache Frau wie ich solch großes Unternehmen leiten? Nein, wahrlich nicht! Und woher sollten die Mittel kommen, die große Banksumme zu verzinsen? Woher sollten wir weiteres Betriebskapital nehmen? Wie bald würden unsere Quellen erschöpft sein! Und die Mitarbeiterschaft, die Diakonie, die mein hoher Idealismus schon im Geist organisiert hatte? War es überhaupt möglich, so etwas zu schaffen? — Aber hieß der Herr, dem ich bis jetzt vertraut hatte, nicht »Wunderbar, Rat, Kraft«, und hatte er mich bis hierher nicht sichtlich geleitet? Oh, mein Gott, bleibe du nur bei mir, laß mich in allem Treiben und Wirken nur feststehen vor dir und den Blick nicht verlieren auf dich, den Anfänger und

Vollender des Glaubens! Bleib du der Erste in dem, was da jetzt gegründet wird, auf daß du am Ende meiner Tage auch der Letzte sein kannst über diesem Werk!

So ungefähr stürmten die Gedanken in mir, die schließlich zum Gebet wurden, und dann ist es still, ganz still geworden in meinem Herzen. Noch einmal, jetzt ziemlich nahe am Ziel, mußte ich stehenbleiben, und da war es, als höre ich mein eigenes Herz ganz leise reden: »Ja Herr, ich gehe unter jenes Dach, ich gehe willig — um zu sterben an allem, was vor dir nicht taugt. Gehe du nur mit mir, o Jesus!« — »Ich gehe, um zu sterben.« Da wußte ich, es war der Herr, der dies Erlebnis in mir gewirkt hatte, und leise, still und fest wurde da etwas ausgemacht zwischen ihm und mir.

Sicher und glaubensmutig konnte ich nun den Hügel hinansteigen — zum Fest. Und dann kamen sie nach und nach heran, alle Festgenossen, auf demselben Weg, den ich eben gegangen war: die lieben Geschwister, meine treuen Mitarbeiter und Mitbeter, auch die Patienten vom Rothaus und alle Geladenen: die Baumeister, Werkführer, Arbeiter, die Freunde aus der Nachbarschaft und die Dorfmusik; auch der katholische Pfarrer der Ortschaft erfreute uns durch sein Kommen. Als ich dann in der tannengeschmückten Festhalle auf dem Podium stand, konnte ich ruhig und freudig mein Zeugnis ablegen, aus dessen noch vorliegender Niederschrift ich einige Sätze hier wiedergebe.

»Wenn dieses Haus, in welchem wir heute die Richtfeier begehen, einmal vollendet ist, dann wird man an der Front desselben als Wahlspruch, eingehauen in Stein, die Worte lesen: ‚Jesus Christus, gestern und heute und derselbe auch in Ewigkeit. Und wer künftighin diesen Hügel besteigt, der wird auf der Terrasse vor dem Haus ein großes Kreuz von Eichenholz aufgerichtet sehen als unser Wallfahrtzeichen. Über der Eingangstür, auf dem Schlußstein des Portals, wird »Heilig dem Herrn« eingemeißelt sein, und auch von den Wänden dieser Innenräume werden, eingeschnitten in Holz, Worte Gottes den Besucher grüßen. Diese äußeren Zeichen werden niemanden darüber in Zweifel lassen, wem dieses Haus geweiht ist und welchem Hauptzweck es dienen soll... Nicht auf menschlichem Willen und fleischlicher Kraft ist es gegründet, es ist ein Werk des Glaubens und des Gebets, es ist Gabe und Eigentum des Herrn ... Wir wollen hier nichts anderes als dem König aller Könige in Einfalt dienen, und es ist unser größter Wunsch, daß, solange dieses Haus hier auf dem Hügel steht, sein Name darin verherrlicht werde.«

35 Fröhliches Schaffen in heiligem Ernst

Die Wahrheit und Wirklichkeit, die ich an jenem Herbstsonntag im Jahre 1909 klar erkannt hatte, wurde mir manchmal verdeckt und verdrängt von den Forderungen des Augenblicks, besonders in der ersten Zeit des freudigen Schaffens, da ich noch jung und frohgemut, rasch und gewandt war und das Leben »in meiner Hand« oft so schön fand. Jenes Erlebnis blieb aber dennoch grundlegend und maßgebend für unsere Arbeit im Ländli.

Dem Aufrichtfest folgte eine Zeit emsigster Tätigkeit. Manche Nachtstunde mußten wir zu Hilfe nehmen, um alles Notwendige zu planen, zu zeichnen, zu berechnen, zu nähen und zu sticken, bis für ein solch großes Hauswesen alles bereitet war. Dann mußten wir das Rothaus räumen und etwas verfrüht ins Ländli übersiedeln. Als wir, eine kleine Schar gläubiger Männer und Frauen, dort einzogen, war das Haus noch recht unfertig; nicht einmal Haustüren waren darin, und Schlosser, Schreiner, Maler hatten noch wochenlang zu tun. Wir wohnten, kochten, aßen und arbeiteten derweil im Erdgeschoß, und nur notdürftig war für jeden die Schlafstätte bereitet. Den Innenräumen fehlte noch jener liebe Schmuck, der einem Haus die Wohnlichkeit verleiht. Mit Fleiß und Geschick haben viele Hände, auch Köpfe und Herzen, daran geschafft, ein jedes nach dem Maß seiner Kraft und seiner Begabung. Hohe Freude erfüllte uns alle. War es nicht »ein Haus dem Herrn«, das wir da einrichteten? Mußte da nicht alles schön werden und weihevoll wie bei einem Tempelbau?! Und glich unser Arbeiten daran nicht einem »Levitendienst«? So faßten wir es auf in unserer gläubigen Hingabe. Ehrfurcht vor der Heiligkeit Gottes, dankbare Annahme der Gnade in Christo und ein Wissen um die Unbedingtheit seiner Nachfolge: das waren die Grundzüge, die uns bei der Einrichtung des Hauses leiteten. War einer der Räume fertiggestellt, dann gingen wir alle miteinander hinein, um ihn mit Gebet und Danksagung dem Herrn zu weihen. Und jeder der Wohn-und Arbeitsräume erhielt als Wahrzeichen ein Gotteswort. Über dem Podium, von dem aus das Wort verkündigt werden sollte, stand in großen, gotischen Buchstaben geschnitzt: »Der Herr siehet.« Und ringsum an den Wänden des weihevollen Raumes grüßte uns mahnend und erweckend, was Lukas durch den Heiligen Geist von der ersten Gemeinde berichtet: »Sie blieben beständig in der Apostel Lehre und in der Gemeinschaft und im Brotbrechen und im Gebet..., sie waren einmütig beieinander und hielten alle Dinge gemein« (Apg. 2, 42—44). Das war es, wonach wir uns von ganzem Herzen ausstreckten. Im anschließenden Wohnraum stand das Wort: »Wer mir dienen will, der folge mir nach, und wo ich bin, da soll mein Diener auch sein« (Joh. 12. 26). Im Eingangsraum wurde eine der Wandflächen bedeckt mit dem Gesang der anbetenden Seraphim: »Heilig, heilig, heilig ist der Herr Zebaoth, alle Lande sind seiner Ehre voll« (Jes. 6, 13). Und an den Wänden des Speisesaals stand ringsum das Gebet des Herrn. Auch in den Wirtschaftsräumen sollte Gottes Wort seine Stätte haben. So wählte die Haushälterin für die Küche die Weissagung des Sacharja: »Es werden alle Kessel in Jerusalem und Juda dem Herrn heilig sein« (14,21). Und unser Bäckermeister, Vater Krische, ließ an die Wand seiner Backstube schreiben: »Wirket Speise, die da bleibet in das ewige Leben« (Joh. 6, 27). Der Buchhalter, Gottlob Haisch, wählte aus der wundervollen Nehemiastelle (4, 10—12) für sein Büro das Wort: »Mit der einen Hand taten sie die Arbeit, und mit der andern Hand hielten sie die Waffe.« In der Glättestube, wo es immer so viel zu tun gab, stand für alle zur Mahnung geschrieben: »Man sieht keine Mühe in Jakob und keine Arbeit in Israel« (4. Mose 23, 21). Und in der stillen Nähstube, wo unsere liebe Schwester Almstedt waltete, stand das Wort: »Lobe den Herrn, meine Seele, und vergiß nicht, was er dir Gutes getan hat« (Ps. 103, 2).

Schneller, als wir es für möglich gehalten hatten, wurde die Einrichtung fertig, und am 8. Januar 1911 konnte mit einer ernstfreudigen Einweihungsfeier, zu der auch auswärtige Gäste kamen, die Kuranstalt Ländli dem Betrieb übergeben werden. Die Wogen des Dankes und der Freude gingen hoch, und ein »Ländlilied ohne Worte« tönte in manchem Herzen, auch in dem meinen — besonders als der Frühling kam und die Gartenanlagen gemacht wurden, die meine besondere Liebhaberei waren. Diese Freude! Jeder Baum, der gepflanzt wurde, war wie ein Stück von mir selber. Jeder Blumenschmuck, sorgfältig ausgewählt, einheitlich gruppiert, redete seine liebliche Sprache! Alles war erbetet, zuvor innerlich geschaut — so entstand eine Pflanzung nach der andern in dem schönen Garten, im Luftbad, im ganzen prächtigen Gelände.

Eine Schaffenslust ohnegleichen erfüllte mich und verlieh mir fast übernatürliche Kräfte. Das ganze erste Jahr im Ländli stand unter diesem Hochschwung des Gelingens: Ein großes Freuen lag über dem jungen Werk, das von den in immer größerer Zahl kommenden Gästen geteilt und vermehrt wurde. Aber leise, fast unmerklich, wie Diebe in der Nacht, schlichen sich dunkle Mächte mit hinein. Es war, wie wenn der Versucher hinter mir stünde und mir zuflüsterte: »Siehe, das alles gehört dir, halt es fest, freu dich daran, du hast es und kannst es.« Selbstgefühl und Besitzesfreude, Eigenleben, wie ich es nie zuvor gekannt hatte, begann sich in mir zu regen. In der Hochspannung des Schaffens hatte ich anfangs den Versucher nicht bemerkt und die in mir wachsende Sünde nicht erkannt. Aber der Herr in seiner Treue ließ mich nicht los. Er redete mit mir in seinem Wort, leise mahnend, eindringlich, dann aber gewaltig aufrüttelnd durch ein furchtbares Unwetter, das sich im Mai 1912 über unserer Gegend entlud. Herabstürzende Wassermassen drohten das Haus zu unterwühlen und zerstörten die wunderschönen Gartenanlagen fast gänzlich. Deutlich und wuchtig hat jene Katastrophe zu uns geredet, besonders zu mir. Es war, wie wenn ein Schleier weggezogen würde, und alles lag nun bloß und entdeckt vor meinen Augen. Ich erkannte meine Schuld und beugte mich unter die gewaltige Hand Gottes. Da hat er mir von neuem ins Herz geschrieben, daß wir nicht zu selbstischer Lebensfreude, zu ästhetischen Genüssen oder zu Zwecken eines hohen Ideals ins Ländli geführt seien, sondern ihm zu dienen und unser Leben zu verlieren um seinetwillen. — Der innere Kampf, der nun folgte, war heftig; er bestand im Losleiden und Losringen vom Ländli, das dem Herrn vollkommen geopfert werden mußte. Es kostete ein Stück meines Herzens, — aber was hat das zu bedeuten gegenüber den ewigen Werten, die aus solchen Kämpfen hervorgehen! Ich bin damals frei geworden vom Ländli, ganz frei! O wie gut war das, wie danke ich noch heute dem Herrn für diese Befreiung! Sie half mir alles still ertragen, was später über mich kommen sollte. Das Ländli ist mir zur göttlichen Schule, zur reichen Arbeitsstätte, zum Kampfplatz des Lebens geworden, vor allem zu einer Stätte der Offenbarung Gottes, aber zur Heimat — nie. Und so wollte es der Herr, dessen bin ich gewiß.« »Denn wir haben hier keine bleibende Stadt, sondern die zukünftige suchen wir.«

Um die Weihnachtszeit 1910 betete ich dringlich und anhaltend um ein Gotteswort für die Einweihungsfeier und den Betriebsanfang der Anstalt. Da bekam ich mehrfach mit voller Deutlichkeit das Wort vom Gang nach Morija und von der Opferung Isaaks. Erst in der Folgezeit habe ich recht begriffen, was gerade dieses Wort für das Ländli und für mich selbst bedeutete.

Immer tiefer lernte ich den Sinn eines fruchtbaren Lebens verstehen. Sobald ich in irgendeiner Weise mich selber suchte oder auch nur anschaute, gab es Mißerfolge und Demütigungen; aber wo ich schweigend litt, Ungerechtigkeiten stille hinnahm und Lasten trug, ohne zu klagen, da wuchs ganz im Verborgenen ewiges Leben hervor und eine Fruchtbarkeit, die mich oft verwunderte und zu frohem Danken stimmte. Und immer von neuem wurde mir das Wort ins Herz gegeben: »Es sei denn, daß das Weizenkorn in die Erde falle und ersterbe, so bleibt's allein, wo es aber erstirbt, so bringt es viel Früchte« (Joh. 12, 24). — Das Erdreich, in dem wir ersterben müssen, um fruchtbar zu werden für Gottes Reich, ist immer da, wo wir nach Gottes Willen stehen. Für mich und viele andere war es das schöne, liebe Ländli, das wir durch die Ungewitter einer schweren Zeit hindurchglauben und hindurchbeten mußten.

Man hat das Ländli mein Lebenswerk genannt. Ich habe das immer abgelehnt und wollte es lieber einer Geburtsfrucht vergleichen, die, als sie das Licht der Welt erblickte, das Bild meines inneren und äußeren Werdeganges an sich trug. Was könnten wir Frauen denn Besseres sein als Gebärerinnen in einer sterbenden Welt; als solche, die ihr Leben hingeben und es verbrauchen lassen, um ein neues hervorzubringen? Ja, wahrlich: »Wo es erstirbt, so bringt es viele Früchte.«

Ebenfalls erhältlich:

Harvey Cushing
The life of Sir William Osler, Volume 1.
SEVERUS 2010 / 15,5x22 / 700 S. / 39,50 Euro
ISBN 978-3-942382-26-7

Harvey Cushing
The life of Sir William Osler, Volume 2.
SEVERUS 2010 / 15,5x22 / 696 S. / 39,50 Euro
ISBN 978-3-942382-30-4

Anton Freiherr von Eiselsberg
Lebensweg eines Chirurgen
SEVERUS 2010 / 15,5x22 / 580 S. / 39,50 Euro
ISBN 978-3-942382-27-4

Karl Alexander Leimbach
Untersuchungen über die verschiedenen Moralsysteme
SEVERUS 2010 / 12x19 / 136 S. / 19,50 Euro
ISBN 978-3-942382-00-7

Graf Johann Heinrich Bernstorff
Erinnerungen und Briefe
SEVERUS 2010 / 15,5x22 / 276 S. / 24,50 Euro
ISBN 978-3-942382-25-0

Besuchen Sie uns auch unter: **www.severus-verlag.de**